1809 WELLINGON'S ARMY 1814

U0839415

威灵顿公爵

[英] 查尔斯·欧曼——著
褚玲敏——译

阿瑟·韦尔斯利的大军

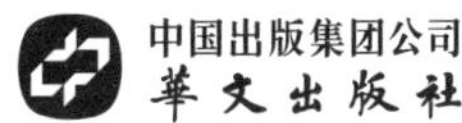
中国出版集团公司
華文出版社

图书在版编目（CIP）数据

威灵顿公爵阿瑟·韦尔斯利的大军 / (英) 查尔斯·欧曼著；褚玲敏译. -- 北京：华文出版社, 2020.6

（华文全球史）

ISBN 978-7-5075-5270-6

Ⅰ. ①威… Ⅱ. ①查… ②褚… Ⅲ. ①韦尔斯利（Arthur Wellesley, 1769–1852）—生平事迹 Ⅳ. ①K835.615.2

中国版本图书馆CIP数据核字(2020)第053817号

威灵顿公爵阿瑟·韦尔斯利的大军

作　　者：[英] 查尔斯·欧曼
译　　者：褚玲敏
选题策划：
插图供应：029—85504182
责任编辑：康艳
出版发行：华文出版社
社　　址：北京市西城区广外大街305号8区2号楼
邮政编码：100055
网　　址：http：/ / www.hwcbs.com.cn
电　　话：总编室010—58336239
　　　　　发行部010—58336212
经　　销：新华书店
印　　刷：三河市国英印务有限公司
开　　本：710×1000　1 / 16
印　　张：26.75
字　　数：416千字
版　　次：2020年6月第1版
印　　次：2020年6月第1次印刷
标准书号：ISBN 978-7-5075-5270-6
定　　价：100.00元

版权所有　侵权必究

出版前言

随着中国开放的大门越开越大，关注世界各国尤其是西方国家文明的源流、发展和未来已经成为当下世界史研究的一个热点，为了成系统地推出一套强调“史源性”且在现有世界史出版物中具有拾遗补阙价值的作品，我们经过认真论证，推出了“华文全球史”系列，首次出版约为一百个品种。

“华文全球史”系列从书目选择到人名地名的规范，从书稿中图片的采用到译者的确定，都有比较严格的遴选规定、编审要求和成稿检查，目的就是要奉献给读者一套具有学术性、权威性的高质量的世界史系列图书。

书目的选择。本系列图书重视世界史学科建设，视角宽阔，层级明晰，数量均衡，有所突出。计划出版的华文全球史中，既有通史，也有专题史，还有回忆录，基本上是世界历史著作中的上乘之作，填补了国内同类作品出版的空白。

人名地名规范。本系列图书中人名地名，译名规范，重视专业性。同时，在人名翻译方面，我们坚持“姓名皆全”的原则，加大考据力度，从而实现了有姓必有名，有名必有姓，方便了读者的使用。另外，在注释方面，书中既有原书注，完整地保留了原著中的注释；也有译者注，体现了译者的研究性成果。

书中的插图。本系列图书的一个重要特征是书中都有功能性插图，这些插图全方位、多层次、宽视角反映当时重大历史事件，或与事件的场景密切相关，涉及政治、军事、经济、社会、外交、人物、地理、民俗、生活等方面的绘画作品与摄影作品。功能性插图与文字结合，赋予文字视觉的艺术，增加了文字的内涵。

译者的确定。本系列图书的翻译主要凭借的是一个以大学教师为主的翻译团队，团队中不乏知名教授和相关领域的资深人士。他们治学严谨，译笔优美，为确保质量奉献良多。

“华文全球史”系列作为一套具有较高学术价值的优秀的世界历史丛书，对增加读者的知识，开阔读者的视野，具有积极的意义。同时要看到，一方面很多西方历史学家的观点符合事实，另一方面不少西方历史学家的观点是错误的，对于这些，我们希望读者不要不加分析地全盘接受或全盘否定，而是要批判地吸收外国文化中有益的东西。

华文出版社

2019年8月

前 言

正史中已经有很多关于威灵顿公爵阿瑟·韦尔斯利及其著名的伊比利亚半岛军队的描述。本书将包含一些对大部分学生来说新的内容，包括伊比利亚半岛军队的组织、士兵日常生活及心理状况。其实，要了解威灵顿公爵阿瑟·韦尔斯利的士兵们的功绩，仅仅阅读他们行军和战斗的编年史是不够的。虽然人们不会忽略战略战术问题，但在本书中，我将竭尽全力收集战略战术书籍解决不了的有关上述问题的信息。

在此，我要特别感谢我的朋友——牛津大学埃克塞特学院研究员卡特·托尼·阿特金森先生，他允许我使用伊比利亚半岛军队的旅和师的名单。一定程度

牛津大学埃克塞特学院徽章

上，这本书是在卡特·托尼·阿特金森先生1904年在《历史评论》上发表的有关同一主题的文章的基础上展开的，并且本书能让读者找到1808年4月到1814年4月任何时间点威灵顿公爵阿瑟·韦尔斯利麾下各部队的精确构成。另外，我还要向《英军史》的作者约翰·威廉·福蒂斯丘先生表示感谢，他回答了我许多问题。如果没有他的帮助，我很难解决这些问题。

查尔斯·欧曼

目 录

001 第 1 章
古老的伊比利亚半岛军队

013 第 2 章
关于伊比利亚半岛战争的文献

059 第 3 章
威灵顿公爵阿瑟 · 韦尔斯利：士兵和战略家

089 第 4 章
威灵顿公爵阿瑟 · 韦尔斯利的步兵战术：线列与纵阵

137 第 5 章
威灵顿公爵阿瑟 · 韦尔斯利的战术：骑兵与炮兵战术

163 第 6 章
威灵顿公爵阿瑟 · 韦尔斯利的副手：罗兰 · 希尔子爵、
威廉 · 贝雷斯福德子爵及林内多男爵托马斯 · 格雷厄姆将军

179 第7章
威灵顿公爵阿瑟·韦尔斯利的副手：托马斯·皮克顿中将及罗伯特·克劳弗德少将等人

207 第8章
伊比利亚半岛军队的组成：总部

221 第9章
伊比利亚半岛军队的组成：旅和师

237 第10章
伊比利亚半岛军队的组成：团

253 第11章
伊比利亚半岛军队团的内部结构：军官

267 第12章
伊比利亚半岛军队团的内部机构：士兵

279 第 13 章
伊比利亚半岛军队附属组织：德意志士兵和葡萄牙士兵

301 第 14 章
伊比利亚半岛军队的纪律和军事法庭

317 第 15 章
行 军

329 第 16 章
运力及随军妇女

341 第 17 章
围 攻

355 第 18 章
制服与武器

369 第19章

军需部门

381 第20章

宗教与威灵顿公爵阿瑟·韦尔斯利的大军

395 译名对照表

第 1 章

古老的伊比利亚半岛军队

精 彩
看 点

相关史料来源——军官的回忆录与公文——普通士兵的回忆作品——英军士兵在 19 世纪开始大规模写日记与回忆录——辉煌胜利激发大量文学作品涌现——法兰西局势激发严肃的思考——部分官兵转向宗教

过去九年编写《伊比利亚半岛战争史》的过程中，我做了大量笔记，收集了各方面的信息。这些信息虽然不是1808年到1814年各种战役的实际记录， 但本身具有极高的价值，并且能为伊比利亚半岛战争的总过程提供佐证。粗略地讲，这些笔记或者与威灵顿公爵阿瑟·韦尔斯利领导的那支著名军队的特点有关，正如他自己所说，“这支军队可以去任何地方，做任何事”；或者与这支军队的内部机制，即管理细节有关。在接下来的章节中，我会谈到军官和士兵，也会谈到伊比利亚半岛军队的日常生活、礼仪、习俗及伊比利亚半岛军队的组织和结构。我描述士兵的篇幅绝不少于记录军官的篇幅，并且还会留出几页讨论那些好奇心重的、通晓多国语言的军队追随者们。这些人紧跟在伊比利亚半岛军队后面，时常提一些不仅上校和副官，甚至让伟大的威灵顿公爵阿瑟·韦尔斯利也忧心忡忡的问题。

我们可以从像新闻报道、一般命令和团报这样的官方文件及军事法庭记录中收集到大量有趣的有关伊比利亚半岛军队生活的内部资料。但在很大程度上，我将利用非官方信息。非官方信息都是从一些参加过大战的人写的、流传下来的日记、回忆录和一系列当代信中收集来的。其中不乏一些曾经有争议的小册子。这些小册子流传了许多年。当时，伊比利亚半岛军队的一名幸存者在一篇文章中发现了他认为对自己、朋友，以及他所在的团和师有害的言论。这些言论中最著名和最多的是关于威廉·弗朗西斯·帕特里克·内皮尔在《伊比利亚半岛战争》出版的言论。这本书的陆续出版导致威灵顿公爵阿瑟·韦尔斯利军队中一些杰出的军官参加了抗议活动，包括威廉·贝雷斯福德子爵、劳里·科尔爵士、亨利·哈丁子爵、本杰明·德本等。其中，查尔斯·贝雷斯福德子爵是威廉·弗朗西斯·帕特里克·内皮尔的重要攻击对象。他也用不太好听的话回击威廉·弗朗西斯·帕特里克·内皮尔。这一系列“苛责”主要涉及阿尔布埃拉战役，但也有一系列更小的、没那么有趣的有争议的小册子，主要涉及《辛特拉公约》、约翰·穆尔爵士的退兵、1810年的布萨科战役、巴达霍斯战役和其他一些主题。

当然，回忆录和自传吸引了我大部分注意力。值得注意的是，普通士兵的作品并不比军官的作品少很多。如果有几十篇上校、上尉和中尉等人的日记和回忆录，那么至少有几十本中士、下士和列兵写的小书。这些作品大多十分古雅，印刷于地方的出版社，如珀斯、考文垂、赛伦塞斯特、劳斯、阿什福德，甚至科孚的出版社。一些军人或平民朋友经常劝说久经沙场的老兵写些让人津津乐道的故事，或者是某个乡村客栈的炉边故事。这些故事通常是很好的读物，但往往传达的是团队精神，而不只是伊比利亚半岛军队功绩的准确记录。这些朴实无华的老兵故事中有一两个展现了有关军队中那本令人愉快但过于自信的马塞兰·马尔博式回忆录的所有特征。我认为一一列出这些故事中最优秀的作品及其作者是一件值得做的事情。这些作品中的一两本，尤其是第九十五团中题为《步枪手哈里斯》的那本书，很值得出版，但我们仍在等待这本书出版的那一天。或许将来某一天，我们可以再次读到这些优秀的士兵故事①。值得注意的是，19世纪初，英军士兵和军官们开始大规模地写日记和回忆录，这是一个需要解释的现象。当然，我并不是说18世纪没有类似的作品。除了记录凯恩、斯蒂德曼、塔尔顿等人的军事史，有关个人冒险的记叙性文章也确实存在，这些文章由像侦察兵罗伯特·罗杰斯少校这样的军官或某名贫嘴幽默的匿名记者撰写。这名记者与坎伯兰公爵威廉参与了卡洛登战役——更不用说半杜撰的《卡尔顿上尉回忆录》。但这样的作品很少，普通士兵的作品更少。当然，也有一些

---

① 我相信，约翰·希普的书是在过去十年里士兵所写书中唯一被重印的一本。威廉·亨利·菲切特先生在他的《威灵顿公爵阿瑟·韦尔斯利的士兵们》一书中引用了詹姆斯·安东和其他人书中的几个章节。——原注

值得一提的普通士兵的作品，譬如，追溯到马尔伯勒公爵约翰·丘吉尔时期的士兵信、一两本印第安回忆录及美国独立战争时期罗杰·兰姆中士的《日记》。然而，这样的作品也是少之又少。但可以肯定的是，1805年到1815年，军队中军官与士兵的写作数量比整个18世纪的都要多。

那怎么解释这种现象呢？我认为有两个主要原因。首先，威灵顿公爵阿瑟·韦尔斯利指挥的所有战役都辉煌无比、鼓舞人心，使其麾下的军官和士兵们都感到自豪，他们比以往任何一代军官和士兵都更渴望把自己的功绩诉诸笔端。如果一个人关注美国独立战争时期的个人冒险故事，或者想记录七年战争期间的起起伏伏，那么他一定是位积极乐观的人，因为对大不列颠王国来说，美国独立战争很大程度上是一场灾难。然而，对每一位明登人或魁北克人来说，七年战争期间存在一段像泰孔德罗加堡垒或克洛斯特-坎彭的不幸记忆。人类本能地不喜欢回忆悲惨的经历，这就是为什么我们只能在几本回忆录中找到有关法国革命战争前期英军参加的战役，即1793年、1794年和1795年，约克和奥尔巴尼公爵腓特烈王子的军队不愉快的行军和战役记录。据我所知，对此，只有一些守卫士兵的带脚注的打油诗，还有苏格兰燧发枪卫兵团的约翰·史蒂文森中士和科尔德斯特里姆卫兵团的罗伯特·布朗下士的简单回忆录。对一场长时间的战役来说，这个产出十分小，因为战役期间，大约有三万支军队驻扎在战场上，并且出现过像法玛尔战役和维莱昂科希战役那样英勇的胜利。然而，并不是每一位参与者都可以愉快地回忆整个故事。因此，毫无疑问，这段时期的回忆录极其匮乏。

但我想，19世纪开始大量出现军事文学作品还有另一个完全不同的原因。我们可能会注意到，这种作品数量剧增开始于伊比利亚半岛战争爆发前。关于1801年征服埃及、威灵顿公爵阿瑟·韦尔斯利的总督之战中的印第安战役及短暂的梅达战役，都有一些十分优秀的个人故事记录。我认为这是因为在长期与法兰西军队进行革命战争压力下成长起来的那一代人比看到战争开始的人要严肃和聪明得多，并且他们明白大不列颠为之奋斗的结果的重要性及威胁英国存在的危险。在七年战争和美国独立战争期间，大不列颠王国曾处在危险之中，但其对手从来没有像红色共和国的雅各宾派那样可怕和可恶。路易十五和路易十六领导下的法兰西王国从没有

威廉·贝雷斯福德子爵

劳里·科尔爵士

亨利·哈丁子爵

约翰·穆尔爵士

坎伯兰公爵威廉

约克和奥尔巴尼公爵腓特烈王子

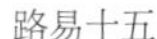

路易十五

路易十六

像马克西米利安·罗伯斯庇尔领导下的法兰西第一共和国那样令英国人感到厌恶和恐惧。在大不列颠的大部分地区，反革命战争很快演变成一场反对“共和主义、无神论和暴动三头怪物”的改革运动。为了自身的存在，也为所有使生命有价值的东西，如宗教、道德、宪法、法律、自由，大不列颠必须斗争。这种情感使大不列颠人渴望战斗，但他们的祖先从来没有这样做过。

在大不列颠人急切想做这件事的诸多原因中，可以肯定的一点是，他们想在战争中记录自己的个人经历。只有这样，我才能解释这样一个事实，即与之前的作品相比，随着战争的进行，当代的日记和日志会变得越来越优秀。后来写的自传和回忆录在争论中并不算数，因为在法兰西革命战争结束后很久，人们才开始编纂和印刷这些自传和回忆录，并且当时的人们已经理解了战争的伟大。但在战争期间，能

马克西米利安·罗伯斯庇尔

被记录下来的有价值的材料[①]数量之多令人震惊。在某些情况下，可以确信，我们应该把这些材料能被记录下来归功于我刚刚提到的原因。例如，我们当然应该将林内多男爵托马斯·格雷厄姆有趣的长篇军事日记归功于此。作为一名改革者，他毅然决然地参加了革命战争。正如谈到他非凡的职业生涯时我解释的那样，他在四十四岁时开始了军旅生涯，抵押财产组建了一个营，突然从一个正常的辉格党议员变成一位执着认真的士兵。他反对法兰西第一帝国及其思想——无论它们是在林内多男爵托马斯·格雷厄姆第一次拔剑时，是从雅各宾派的狂热滑稽行为中，还是在他后期，从拿破仑·波拿巴残酷的专制统治下表现出来的。他的日记从头到尾就是一个人的记录，他觉得尽其所能击败法兰西王国军队，自己履行了一个好公民的基本职责。

我认为，在这二十年多事的岁月里，许多一直忙于写作的人内心深处都有同样的想法。有人坦率地说，他们参军其实是违背了他们原本的生活计划，但因为他们看到了国家的危险，所以准备参与其中。“入侵的威胁点燃了每个男儿披上军装的热情。”[②]

如果没有爆发战争，那么在我曾经读过的回忆录和信的作者中，有些人可能会成为律师，如赫西·维维安男爵，或政治家、医生、公务员、商人。我想，在这段岁月里，军官们由于其他原因而不是由于与军队有家庭关系或者热爱冒险而参军的比例比以往任何时候都要高出许多。他们当中许多人都具有强烈的宗教倾向，我觉得这在18世纪的军队中是最不寻常的事情，尽管我们不能忘记詹姆斯·加德纳上校。一位年轻的日记作者记录在第一次参加的战斗时，他做了长长的祷告[③]。另一位士兵以寄给亲戚的最后一封信开始了征途，他说：“在努力履行军事职责时，一个人永远不会忘记他的宗教职责，履行军事职责而抛弃宗教职责的人与文明的牲畜无异。”[④]

伊比利亚半岛军队的军官主持祈祷会，并且建立了宗教协会。这并不完全是为

---

① 这些材料经常被送到出版社。——原注

② 参见约翰·金凯德：《步兵随记》，伦敦，1835年，第8页。——原注

③ 这是第十八轻骑兵团的约翰·伍德伯里。——原注

④ 参见《威廉·戈姆爵士传》，伦敦，1881年，第31页。——原注

林内多男爵托马斯·格雷厄姆

拿破仑·波拿巴

詹姆斯·加德纳上校

赫西·维维安男爵

了取悦威灵顿公爵阿瑟·韦尔斯利[1]，因为威灵顿公爵阿瑟·韦尔斯利十分古板，与所有乔治王时期辉格党主教的观点一样，无法容忍“狂热”。一些有趣的战争日记出自乔治·格里格、亚历山大·达拉斯和查尔斯·布思比等人之手。战争结束时，这些人成为牧师。普通士兵中的一两位作者有同样的倾向。在1812年的战役中，军需官威廉·瑟蒂斯正经历一场痛苦的转变。威廉·瑟蒂斯发现，对精神经历的回忆使他在那段时间对团命运的回忆变得迟钝和麻木不仁[2]。在一本由第四十三团一位爱尔兰中士写的书中，作者以更多篇幅描述了宗教思想而非行军和露营[3]。另一位同类型作者在标题页将自己描述为“英国步兵卫队服役二十一年，非委任军官十六年，卫斯理班长四十年，负伤一次，战俘两年”。[4]

总的来说，我认为我们掌握的有关这场与法兰西第一帝国战争后半段的军队内部生活信息在数量和质量方面的提高，不仅是因为英国面临的危险和危机激发了许多参与者的想象力，更多是因为军官队伍中有比以往更多深思熟虑和严谨的人。普通士兵也是如此。当然，其中最有趣的信息是由一群热情多话的人提供给我们的，他们被士兵们的冒险经历吸引而加入战斗，并且将士兵生活独特或幽默的一面记录下来。

---

① 参见1811年2月6日，威灵顿公爵阿瑟·韦尔斯利从卡尔塔舒发出的关于传道军官的公文。——原注

② 威廉·瑟蒂斯形容自己“在地板上滚来滚去，就像心烦意乱、痛苦地挣扎着的人，希望似乎永远不去想那些事”。威廉·瑟蒂斯：《在步枪旅的二十五年》，伦敦，1881年，第172页。——原注

③ 他把自己的回忆录叫《半岛战争前后第四十三轻步兵团中士回忆录》，其中包括他从天主教教徒转变为新教教徒的记述。——原注

④ 苏格兰燧发枪兵团的约翰·史蒂文森。——原注

第 2 章

关于伊比利亚半岛战争的文献

精彩看点

威灵顿公爵阿瑟·韦尔斯利公文的两个版本——《威灵顿公爵阿瑟·韦尔斯利的一般命令》——葡萄牙王国军队的《每日命令》——其他相关函件——法军文件——伊比利亚半岛战争结束后不久出版的个人出版物——伊比利亚半岛战争结束后很久出版的个人出版物——威廉·弗朗西斯·帕特里克·内皮尔的《伊比利亚半岛战争史》——英国方面其他伊比利亚半岛战争史著作——伊比利亚半岛战争史的法语作品——两位重要的伊比利亚半岛战争史史学家——围剿行动方面的重要著作——个人冒险类的重要著作——三种个人冒险类的作品

或许我们可以简单介绍一下伊比利亚半岛军队资料的主要来源。首先，我们必须引用官方资料，其中最重要的是威灵顿公爵阿瑟·韦尔斯利的公文。威灵顿公爵阿瑟·韦尔斯利的公文有两个系列。第一系列共十二卷，1837年到1839年，威灵顿公爵阿瑟·韦尔斯利在世期间由约翰·古尔伍德上校出版。第二系列或补充系列共十五卷，1858年到1872年，由第二世威灵顿公爵阿瑟·韦尔斯利出版。

约翰·古尔伍德上校编辑出版的这一系列对每位学习伊比利亚半岛战争史的学生来说都是绝对必要的资料，但也是最令人厌烦的资料，因为它并不完整。威灵顿公爵阿瑟·韦尔斯利不允许约翰·古尔伍德上校出版大量比较机密的书信，并且命令他省略其他书信的部分内容。威灵顿公爵阿瑟·韦尔斯利有一种强烈的观念，即应该压制大量的历史信息，但这一情况给现代历史学家造成了很多困难，因为现代历史学家不想只获得删减过的官方资料，而是想对战争进行全面完整的了解。为说明威灵顿公爵阿瑟·韦尔斯利的态度，引用威廉·弗朗西斯·帕特里克·内皮尔要求允许使用威灵顿公爵阿瑟·韦尔斯利所有的文章时，威灵顿公爵阿瑟·韦尔斯利对威廉·弗朗西斯·帕特里克·内皮尔的回答可能就足够了。“如果不伤害许多值得尊敬的人的感情也不使自己受伤，那么一个人就不能说出全部的真相。在阐述这个观点时，一个人会谈到许多往事来说明这一观察结果，也会提到威灵顿公爵阿瑟·韦尔斯利和其他人犯下的错误，尤其在滑铁卢犯下的错误。这些错误对威灵顿公爵阿瑟·韦尔斯利的行动产生了实质性的影响，以至于如果他压制他们，那么他就不能

约翰·古尔伍德上校

公平对待自己。如果通过公开宣传，那么他就会冒犯许多值得尊敬的人，而这些人唯一的缺点就是沉闷。”①

在威廉·弗朗西斯·帕特里克·内皮尔提出申请约十五年后，即1837年，威灵顿公爵阿瑟·韦尔斯利公文的约翰·古尔伍德上校版本出版。但当时，一些年老的半岛军官仍然在世，威灵顿公爵阿瑟·韦尔斯利仍坚持认为揭露过去的争执和错误不太好。相应地，在重印这一版本的威灵顿公爵阿瑟·韦尔斯利的公文时，人们经常省略一些段落，并且在绝大多数情况下，如果将责任归咎于某个人或者对任何个人施以责备，那么这个版本公文名字处都是空白的。这使这个版本阅读起来很令人厌烦。

① 威廉·弗朗西斯·帕特里克·内皮尔和阿伯德尔男爵亨利·布鲁斯：《威廉·弗朗西斯·帕特里克·内皮尔爵士传》，伦敦，约翰·默里出版社，1864年，第235页和第236页。——原注

因此，当读到，如“在最近的行动中，没有什么比某某军团的某某中校的行为更让我担心”[①]，或者“没有办法惩罚某某准将和某某上校犯下的军事违规行为”这样的句子时，读者都很恼火。或者威灵顿公爵阿瑟•韦尔斯利向英国皇家骑兵卫队的财政部政务次官写信时说的“我十分感谢你让我摆脱某某少将和某某上校。我已经见过某某将军，我想他会做得很好，某某也是如此”，[②]或者“某某看起来是疯子”“某某不是很明智”，读到这些地方时，读者会陷入绝望。这些隐去的通常都是高级官员，并且在任何伊比利亚半岛战争的记录中都会反复提到。因此，确认这些人名的唯一办法就是去档案室查看原始公文。如果通信是私人而非公开的，那么我们可以去阿普斯利邸宅查看相关书信。然而，很少有人有这种闲情或耐心去做这件事。因此，人们几乎无法获知威灵顿公爵阿瑟•韦尔斯利对中尉们的评价。

英国皇家骑兵卫队士兵

① 《威灵顿公爵阿瑟·韦尔斯利公文》，第559页。——原注

② 《威灵顿公爵阿瑟·韦尔斯利公文》，第485页。——原注

或许在1837年，出版者仍然有必要留下所有这些空白。毫无疑问，约翰·古尔伍德上校严格遵守了威灵顿公爵阿瑟·韦尔斯利的命令，但没有什么可以为约翰·古尔伍德上校出版巨著的松散编辑找借口。这些书没有目录，每个标题页也没有标出起止日期。我们如果要找出哪一卷里有1810年11月的一封信，那么必须取下第六卷和第七卷，找到第六卷最后一份公文的日期和第七卷第一份公文的日期。假设我们想知道1811年发送给林内多男爵托马斯·格雷厄姆将军或布伦特·斯潘塞爵士的信函的数量，那么除了快速浏览包含1811年信函的两卷，别无他法！一方面，我们发现在整个系列中有一个所谓的索引，但从其给出的少量标题来看，这个索引实际上毫无用处。读者发现查询索引徒劳无用，比如查询查维斯、卡萨尔·诺沃、卡斯特略·布兰科、维拉、圣皮埃尔等明显的地名，又如查询像皮埃尔·贝隆·拉皮斯、维克托·德·费伊·德·拉·图尔-莫布尔、邦尼特、路易·皮埃尔·德·蒙布兰、阿巴迪亚、彭内-维尔米、奥唐奈、德尔帕尔克、厄斯金、安森、维克托、巴纳德、约翰·贝克威思等人名。另一方面，我们会发现一些不实用的标题，例如在L分类下面，“谎言，

路易·皮埃尔·德·蒙布兰

卡斯尔雷子爵罗伯特·斯图尔特

鼓励”，或者在I分类下面，“英国军队战无不胜”。也许这个汇编中最荒谬的词条是“轻型师”，其中仅附有一个标注，即“1811年4月6日令人满意的行动”，好像这是唯一必须提及英军内这一杰出作战单位的信息。由于团下面根本没有任何标题，所以如果有人想看威灵顿公爵阿瑟·韦尔斯利对第五十二团或皇家苏格兰高地警卫团的讲话，那么他不会得到任何有效信息。

但约翰·古尔伍德上校版本的公文还有另一个缺陷，比缺乏目录或足够的索引条目还要糟糕。毫无例外，约翰·古尔伍德上校省略了《威灵顿公爵阿瑟·韦尔斯利公文》中所有的精确数据。用于解释团和师各自损失的伤亡表，每一次都归结为“死亡、受伤和失踪”三个光秃秃的总数，并且没有留下任何单位的痕迹。卡斯尔雷子爵罗伯特·斯图尔特所写的两卷书是第一次尝试描述伊比利亚半岛战争史的作品，这两卷书提供的有关兵力和武器亏损等重要话题的有用信息比约翰·古尔伍德上校提供的所有卷宗要多。卡斯尔雷子爵罗伯特·斯图尔特是位明智的作者，他意识到没有什么比军队组织结构表和整个伊比利亚半岛军队盟军的兵力更能服务于读者，并且明白塔拉韦拉或阿尔布埃拉这类战役的详细伤亡名单是不可或缺的。当约翰·古尔伍德上校在处理重要的报告时，他喜欢写备注："因为信息过于庞大，师、团和营的细节已经被省略。"[①]历史学家一点也不感激他的宝贵备注。

从约翰·古尔伍德上校的作品浏览到1858年至1872年第二世威灵顿公爵阿瑟·韦尔斯利出版的《威灵顿公爵阿瑟·韦尔斯利补充公文》，对读者来说，阅读这一版本是巨大的安慰。尽管这一系列有关伊比利亚半岛战争的材料相对较少，但其中包括大量私人书信，而早期出版物故意忽略了此类书信。此外，此系列书的编辑值得称赞，第二世威灵顿公爵阿瑟·韦尔斯利知道什么重要、什么需要解释，附加了大量有价值的备注，并且摒弃了约翰·古尔伍德上校采用的含蓄风格[②]。此外，第二世威灵顿公爵阿瑟·韦尔斯利还添加了大量书信解释威灵顿公爵阿瑟·韦尔斯利对记者的某些隐晦答复。实际上，这些书信不是他父亲威灵顿公爵阿瑟·韦尔斯利撰写的，而是写给他父亲威灵顿公爵阿瑟·韦尔斯利的书信，书中甚至还添加了一些必要的法文文件。总的来说，这些书十分出色，并且让人希望所有威灵顿公爵阿瑟·韦尔斯利文章的编辑都由同一人完成。

对任何学习伊比利亚半岛战争史的学生来说，第三系列官方出版物虽然不像深入报道那样"通常是必要的"，但十分有价值并需要不断加以处理。这就是从1809年到1815年七卷本的《威灵顿公爵阿瑟·韦尔斯利的一般命令》。这些都是当时的文件，它们都是在战争期间被收集和发行的。1811年印刷了《威灵顿公爵阿瑟·韦尔斯利的一般命令》的1809年到1810年卷，1812年印刷了1811年卷等。《威灵顿公爵阿瑟·韦尔斯利的一般命令》最后一卷或滑铁卢卷的印刷版是第三卫兵团巴肯中士作为印刷工，由英国军事出版社在巴黎出版发行。《威灵顿公爵阿瑟·韦尔斯

① 这种荒谬的言论可以在约翰·古尔伍德上校编纂的《威灵顿公爵阿瑟·韦尔斯利公文》第6卷，第28页中找到。——原注

② 由于此时，威灵顿公爵阿瑟·韦尔斯利的老一代部下已经不在人世了，第二世威灵顿公爵阿瑟·韦尔斯利能摒弃约翰·古尔伍德上校采用的含蓄风格。——原注

利的一般命令》中不仅包含所有严格意义上的文书、军队总司令发布的通知，还包括团以外所有军事法庭的宝贵资料、晋升记录、军官公报，关于工资发放和配给的制度，以及对组织、医院、仓库、物资、路线等相关所有细节方面的指示。如果有人想知道第四十二团什么时间从第一师划归到第二师、罗伯特·克劳弗德少将具体什么时间因为私人事务回家、西班牙比塞塔或葡萄牙新克鲁扎多在不同日期能兑换多少英国货币或是什么奖励使服役期满的人同意短期续约，那么这些书会满足读者的好奇心。这些书不能称为有趣的读物，但其中包含别处找不到的事实。

葡萄牙王国军队有一套与《威灵顿公爵阿瑟·韦尔斯利一般命令》完全相应的系列文件，一共六卷的年刊，名为《每日命令》。这套年刊是由威廉·贝雷斯福德子爵允许发行的，其中包含他签署的所有文件。每当有学生对在葡萄牙服役的某名英

19 世纪初葡萄牙王国军队士兵

国军官的军旅生涯感兴趣时，他能在这些卷册中找出此人的行动记录。这些卷宗查阅起来并不容易，因为它们没有年度索引，找到个人单独的信息通常需要很大的耐心。实际上，在英国无法看到这些卷册。我一位里斯本的朋友经过长时间的搜寻，帮我找到了一份副本，但我并不知道在葡萄牙还有另外一份。不过，利用这些文件，我们可以追踪任何英军和葡萄牙王国军队军官的服役记录。每天早上都有一条“命令”，当没有任何晋升、军事报告或法令时，威廉·贝雷斯福德子爵的参谋长仍会发布严肃的声明，表示没有消息，譬如下面这样的——

> 沙穆什卡总部，1811年1月7日
> 无任何新消息
> 莫西尼奥副官

这种情况平均每星期发生两次。

除了这些系列印刷品，档案室还有大量没有印刷的正式函件，并且这些函件都与伊比利亚半岛战争有关。这些函件不仅出现在英国陆军部，还出现在英国外交部和英国海军部。关于官方分类的神秘性，我举一个例子，所有与法兰西第一帝国囚犯有关的文件都必须在英国海军部记录中的交通和医疗小标题下查找。偶然发生的情况是，有人如果想了解某些特定场合抓捕的法兰西军官的姓名及其所在的团，例如让-德-迪厄·苏尔特元帅从波尔图撤退或者在巴达霍斯战役的表现，那么他必须去英国海军部的档案室。我们可以通过各类文件找到军官们的信息，但查找普通士兵的信息是一项艰巨的任务，因为普通士兵曾经被忽略团号并以任意批次打入监狱中，如诺曼的克罗斯、波切斯特、斯特普尔顿等。从监狱记录中查出在罗德里戈城被捕的第三十四团士兵的人数需要花一个星期的时间，因为他们可能被分成若干组去了十几个目的地中的任何一个。许多监狱登记册找不到封皮，翻找这些资料既耗时又耗力，因为这些监狱登记册无人问津。

威灵顿公爵阿瑟·韦尔斯利的公文几乎都已经印刷完毕，但只是添加到威灵顿公爵阿瑟·韦尔斯利每个公文“附件”的一小部分能印刷。这些通常值得人们粗略的查阅，并且十分重要。约翰·穆尔爵士与卡斯尔雷子爵罗伯特·斯图尔特通信中的大部分内容及约翰·穆尔爵士的下属，如戴维·贝尔德、詹姆斯·利特爵士、威廉·本廷克中将的许多信及一些有价值的汇报和数据，印在题为《1809年提交给英国议会的有关西班牙和葡萄牙的书信》中。据我所知，没有类似的书与1811年加的斯的林内多男爵托马斯·格雷厄姆将军指挥的战役或1813年到1814年弗雷德里克·梅特兰和约翰·默里在西班牙东部的行动有关。然而，关于后者的大量信息可能来自军事法庭有关约翰·默里的大量报道，因为他在这场有价值的塔拉戈纳包围中惨败。伊比利亚半岛上的其他英国小型部队的细节，比如多伊尔、斯凯雷、霍姆·里格斯·波帕姆爵士和安德烈·托马斯·布莱尼男爵等的军队的情况，都保留在手稿中，以方便查询者使用，但经常无人问津。无论对外交史学家还是纯粹军事史学家来说，外交部的档案室保管的内容都是很有价值的，因为斯图尔特、查尔斯·沃恩爵士、亨利·韦尔斯利男爵及英国政府派驻在马德里、塞维利亚和加的斯的其他代表过去常常将无数西班牙文件连同自己的书信寄回英国。这些文件不仅包括摄政官的官方文件，还包括很有价值的私人文件，以及将军和政治家的信，他们希望当他们的意见与本国政府的决议发生冲突时，英国方面能知道他们的意见。还有一些西班牙军官写的军事文件，他们不愿意为自己同事的错误负责。有时，政客们会在私下和保密的会议上提出十分古怪的计划和策略。查尔斯·沃恩爵士离开加的斯时把自己拥有的这些机密文件中的一部分保留了下来，并且没有将它们交给外交部。这些文件，连同查尔斯·沃恩爵士的私信，现在都保存在牛津大学万灵学院图书馆。

既然我们正在研究英国陆军，而不是伊比利亚半岛战争的一般历史，那我就只需要提示一下，人们可能会在巴黎、马德里、里斯本找到有关法兰西第一帝国、西班牙王国和葡萄牙王国军队的成千上万的未出版的文件，并且研究人员总是受到欢迎和礼貌对待。替初学者着想，可能值得注意的是，法兰西第一帝国的军事文件不是集中在一起，而是分别存在国家档案馆和战争部的档案馆。如果在其中一个存储库中找不到回信或书信，那么可能会在另一个库中出现。西班牙方面的记录“参差不齐”，一些活动记录完整，另一些则几乎不存在。例如，关于1809年奥卡尼亚战役的文件很少，胡安·卡洛斯·德·阿雷萨加军队的团和师并不存在一个完整的常规性

让－德－迪厄·苏尔特元帅

戴维·贝尔德

霍姆·里格斯·波帕姆爵士

威廉·本廷克中将

文件。我想，胡安·卡洛斯·德·阿雷萨加麾下官兵们的全部官方文件都在大溃败中被掠夺，并且被无知的掠夺者摧毁。最终，这些文件没有成为法兰西第一帝国的藏品。因此，只有胡安·卡洛斯·德·阿雷萨加和一些下属寄往西班牙战争部的少量书信留存于世。

官方记录就说这么多。要转到战争参与者的个人出版物上，我们必须在以下两种出版物间划清界限。一种是战争期间或战争结束后立即发行的出版物，另一种是战争结束多年后无论是否借助当代笔记或期刊的帮助而完成的出版物。当然，前者拥有一种特殊的吸引力，因为作者的叙述没有经过未来知识的粉饰。在写《科鲁尼亚》或《塔拉韦拉》时，一位军官如果脑子里还记着维多利亚和滑铁卢，那么他对战争的看法必然不同于一个不知未来会发生什么的人。因此，早期的材料是十分有价值的，但并不像后来写下的材料那么丰富。早期的材料主要以信和日记的形式存在，并且都不如正式的记录那么清晰。作为这类材料的典型，我们可以提到詹姆斯·威尔莫特·奥姆斯比和罗伯特·克尔-波特的《1808年到1809年战事日志》、霍克斯的《塔拉韦拉战事日志》、斯托瑟特的《1809年到1811年日记》及丹尼尔·麦金农将军的1809年到1811年日志，所有这些都是在日志最后一个条目编辑几个月内出版的。接下来则是由当代材料组成的图书，作者没有对原始手稿进行任何修改，只是在书写成后多年才发表。这些作品通常包含其他地方找不到的事实，其中最好的是第十六轻龙骑兵团的威廉·汤姆金森的日记[①]。提到它，我们可能会提到1899年出版的第九十五团乔治·西蒙斯的日志，标题为《一名英国步兵》[②]，威廉·梅纳德·戈姆爵士1808年到1815年的日志，[③]1911年才重见天日的乔治·沃尔爵士的1808年到1812年的信[④]及1852年印刷的弗朗西斯·西摩·拉尔庞的《私人日志》[⑤]。这些都有编者做的简短注释，但内容都是在伊比利亚半岛战争时期所写，从未经过修改。

这些书及次要的同时代图书站在同一阶级立场上，作为当时反映时代精神的

① 只印刷于1894年。——原注
② 由威洛比·弗纳上校编辑。——原注
③ 1881年出版。对士兵来说，这是无价的私人记录。——原注
④ 由乔治·沃尔爵士的亲戚，现任伊顿公学教务长、编辑。——原注
⑤ 弗朗西斯·西摩·拉尔庞是一名担任威灵顿公爵阿瑟·韦尔斯利的军法官的律师。——原注

材料。然而，数量更多的是另外一类书，这些书虽然由经历过战争的人所写，但它们出现的日期与书中事件的年代或多或少相距甚远。正史相对较少，原因是威廉·弗朗西斯·帕特里克·内皮尔的宏伟[1]卷册完全阻止了其他作者叙述整个战争的想法，这些人认为他们缺乏威廉·弗朗西斯·帕特里克·内皮尔的天才和表达能力。这是一个不幸，因为所有学习军事史的学生阅读的书，是由一个顽固的政治教徒编写的，他诽谤了托利党政府，对拿破仑·波拿巴极度夸张的钦佩，他在英国军队中有很多的对手，并且缺乏正义感。然而，我们必须感谢这本书是由一位曾亲历这些战役的人撰写的，他认真努力搜集所有第一手资料，并且遍寻可以访问的法兰西第一帝国和英国的官方文件。他的风格有他自己的优点，并且会让《伊比利亚半岛战争史》被人们视为英国经典，正如当人们读克拉伦登伯爵爱德华·海德的《大起义史》时那样，即使研究表明其中很多故事需要重建，并且其基于的论点缺乏公正性。

其他唯一出现的战争史图书是1832年出版的三卷罗伯特·骚塞和卡斯尔雷子爵罗伯特·斯图尔特的书[2]。罗伯特·骚塞是一位没有任何军事经历的文学家，他对伊比利亚半岛在战争中的几年发生的任何事情都不了解，但他唯一的优点是熟知西班牙的消息来源，并且对这些消息来源不加批判。罗伯特·骚塞写的这本书石沉大海，无法与威廉·弗朗西斯·帕特里克·内皮尔的著作相提并论，并且缺乏个人知识的权威性，但这是卡斯尔雷子爵罗伯特·斯图尔特著作的强项。1829年出版的卡斯尔雷子爵罗伯特·斯图尔特的两卷小书绝不是没有价值的，但这两卷小书有许多缺点，总是徘徊在正式的历史记录和个人回忆录的边缘。无论查尔斯·斯图尔特是否在场，卡斯尔雷子爵罗伯特·斯图尔特都会轻描淡写地谈论战争的情节。显然，卡斯尔雷子爵罗伯特·斯图尔特并没有费心思收集第一手资料。不过，这套书依然很有价值，因为它给我们提供了一位高级参谋的观点，并且这位高级参谋有机会从总部的角度看待每一段战事并拥有自己坚定的信念和理论。卡斯尔雷子爵罗伯特·斯图尔特还有一个优点，即爱好统计，他印刷了许多有价值的小册子和伤亡名单，威廉·弗朗西斯·帕特里克·内皮尔对这些信息的采用太过保守，约翰·古尔伍德上校

① 可能有些偏见或成见。——原注

② 几乎没有必要提及1818年琼斯的概述或1814年戈达德大量未经整理的当时的材料。——原注

威廉·梅纳德·戈姆爵士

弗朗西斯·西摩·拉尔庞（左）

罗伯特·骚塞

克拉伦登伯爵爱德华·海德

则完全压制这些信息。作为一般记录，这本书无法与威廉·弗朗西斯·帕特里克·内皮尔的书相媲美，并且被遗忘的程度不亚于罗伯特·骚塞的四开本著作。当然，我省略了对研究英国军队帮助不大的外国消息来源，尽管它们对战争的一般研究不可缺少。如果我们可以根据马克西米利安·塞巴斯蒂安·富瓦死前就出现的卷册来判断，那么他未完成的《伊比利亚半岛战争》将是一本带有明显偏见的书。在第一卷中，马克西米利安·塞巴斯蒂安·富瓦对英国军队的描述带有苦涩的讽刺，这与他在《日志》中对英国军队优点的描述形成了奇怪的对比。几年前，《日志》中很大一部分内容由阿梅代·吉罗·德莱恩以《马克西米利安·塞巴斯蒂安·富瓦将军的军事生活》为名出版。读完正史中卡斯尔雷子爵罗伯特·斯图尔特对英军的贬低后，阅读这

马克西米利安·塞巴斯蒂安·富瓦

封坦率的信很有意思。这封信写道，1811年，在前线上的一次会战中，他承认英国步兵对法兰西第一帝国步兵的优越性，“我坚持自己的这种观点，”他补充道，“并且从来没有透露过它，因为军队中的士兵不仅要恨对手，还要鄙视自己。”[①]马克西米利安•塞巴斯蒂安•富瓦对自己的看法十分保守。因此，只读过他关于伊比利亚半岛战争的正式叙述的人不会怀疑这一点。

另一本法语历史著作是让-巴普蒂斯特•茹尔当的《西班牙战争》。1903年，这部著作由格鲁希子爵发行，尽管其很大一部分已经被用于迪卡斯男爵皮埃尔•埃马纽埃尔•阿尔贝的《约瑟夫•波拿巴国王的生平和信》中。这本书涵盖了直到维多利亚时期的整个伊比利亚半岛的战争，并且以对让-德-迪厄•苏尔特、安德烈•马塞纳、奥古斯特•德•马尔蒙及拿破仑•波拿巴本人来说十分敏感的批评而引人注目。作为对让-巴普蒂斯特•茹尔当行为的自我平反，这本书并不令人满意。奥古斯特•德•马尔蒙的自传仅涵盖他从1811年5月到1812年7月作为指挥官的十五个月的传记。洛朗•德•古维翁•圣西尔和路易•加布里埃尔•絮歇对自己作战时期十分有趣的叙述完全与加泰罗尼亚自治区和伊比利亚半岛东部有关。洛朗•德•古维翁•圣西尔的叙述根本不涉及英国事务，路易•加布里埃尔•絮歇对待对抗弗雷德里克•梅特兰和约翰•默里的战役比他以前对西班牙王国军队胜利的记述要草率得多[②]。其他同时代人和目击证人的法语正式叙述大多与作者参加过的特定战役有关，如1817年出版的保罗•蒂埃博关于让-安多什•朱诺入侵葡萄牙的作品充满了故意的不准确之处，1823年出版的拉佩纳的《1810年到1812年安达卢西亚征服》和《1813年到1814年战争》只涉及让-德-迪厄•苏尔特元帅的军队。这里需要提一下两位德意志军官，即曾在西班牙王国军队服役的舍佩勒和曾在法兰西第一帝国军队服役的里格尔的两本书，其中前者的著作十分有价值[③]。

在研究伊比利亚半岛的历史学家中，有两位特别值得注意。其中一位是西班牙

① 马克西米利安·塞巴斯蒂安·富瓦：《日志》，第98页。——原注

② 据说1829年发行的路易·加布里埃尔·絮歇写得还不错的两卷书很大程度上是他的副官洛朗·德·古维翁·圣西尔的作品。——原注

③ 瓦卡尼的《意大利战争简史》严重冒犯英国政府，因为他主要关注意大利人在加泰罗尼亚的活动。——原注

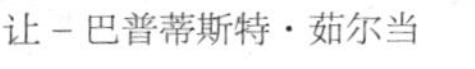
让－巴普蒂斯特・茹尔当

安德烈・马塞纳

洛朗·德·古维翁·圣西尔

奥古斯特·德·马尔蒙

政治家孔德·德·托雷诺，他年轻时参加过伊比利亚半岛战争，并且在1838年出版了三部巨著。这三部著作仅次于威廉·弗朗西斯·帕特里克·内皮尔的著作，是有关伊比利亚半岛战争最伟大的著作之一。孔德·德·托雷诺是使用第一手资料的权威，如果人们想了解伊比利亚半岛战争中具体事件的西班牙版本，那么应该咨询他。孔德·德·托雷诺是一位伟大的细节大师，当然他也可以粗略叙述。有时我们需要记住孔德·德·托雷诺有一定偏袒性，在西班牙的将军和政治家中有他特别喜欢的人也有他的对手，特别是拉·罗马尼亚侯爵佩德罗·卡洛。总体而言，孔德·德·托雷诺是一位高尚、有判断力的历史学家。提到孔德·德·托雷诺的作品，就不能不提葡萄牙人何塞·阿库尔西奥·达斯·内维斯1811年出版的五本小册子，当时，利弗里公爵安德烈·马塞纳刚刚从托里什韦德拉什防线撤退。这是对让-安多什·朱诺入侵葡萄牙王国完整而有趣的描述，也是对随着《辛特拉公约》而结束的葡萄牙王国痛苦的

孔德·德·托雷诺

让-安多什·朱诺

描述。此外，这部著作还是关于1808年时的葡萄牙唯一详细的记录。不幸的是，何塞·阿库尔西奥·达斯·内维斯并没有完成1809年到1810年葡萄牙王国的故事。

在结束介绍相关历史著作前，与介绍回忆录或冒险日记时不同，我们必须列举两部以围剿行动为主题的优秀著作。这两部著作一部是英语著作，另一部是法语著作。这两部著作是关于伊比利亚半岛战争的宝贵著作，其中包含大量的细节和注释。这两部著作是1827年出版的杰出工程师约翰·琼斯爵士创作的《1811年到1813年西班牙围攻日志》和1837年出版的雅克·贝尔马上校创作的《1808年到1813年伊比利亚半岛围攻日志》。在关于重印围攻的原始文件和驻军、损失、弹药消耗的统计资料等方面，雅克·贝尔马的著作提供的信息特别丰富。由于这些信息如此完整，并且相互补充，我们便不太需要对这类信息做额外补充。直到几年前，约翰·莱斯利少校版本的《亚历山大·迪克森文集》开始出现，才明显使我们加大了对从英国方面了解围攻伊比利亚半岛战争的力度。

在结束介绍由同时代人或目击者撰写的正史著作后，我们应该从普通学生的阅读角度考虑一种量更多、更有趣的文学作品，以及在战争结束后，即1814年后十年到四十年中的任何一段时间，伊比利亚半岛战争参与者撰写的自传或个人回忆录。他们传记的主角以团为主体。我不断寻找更多作品，其中很多是当地出版社印刷的匿名小本子。因此，没人了解这些作品的存在。此外，还有很多没有发表的手稿，并且在法兰西第一帝国的数量不比在英国少。因此，我们显然还没有完成战争原始资料的收集。其中一些最有趣的，如第二十八团的罗伯特·布莱克尼①及米歇尔·奈伊元帅的副手斯普里克林②的自传，在过去的几年中才出现。

个人冒险图书的价值差别很大，有些是根据当时的日记整理成文，有些只包含片段。这些片段是伊比利亚战争中最引人注目或最典型的事件，其中无趣的工作已经被遗忘或至少已经变得黯淡。不幸的是，在年老时，记忆往往难以区分看到的事

米歇尔·奈伊元帅

① 1899年，朱利安·科比特以《伊比利亚半岛战争中的男孩》这样十分浪漫并且暗示其为虚构的作品的标题出版。——原注

② 1907年，斯普里克林的自传刊登于《西班牙杂志》。——原注

情和听到的东西。一位作家声称自己曾经出现在根本不可能出现的场景中，并且我们多次发现他将一则逸事的时间应用到另一则逸事上，这种情况并不少见。一两则最具可读性的故事混淆了一系列事件的先后顺序，并且备注无法确定具体日期。众所周知，最生动的回忆录都是普通士兵写下的，如《步枪手哈里斯》这样的小书。这本书讲述的是罗伯特·克劳弗德少将和轻型师的故事，书中故事很多，但找到事件的顺序往往需要运气，并且经常找不到。

存在模糊或虚假回忆录的另一个原因是，在事情发生很多年后，一位作家才开始写作。其间，他通常会阅读很多关于这些事情的著作，并且容易将第二手材料与自己冒险经历的第一手材料混为一谈。威廉·弗朗西斯·帕特里克·内皮尔的《伊比利亚半岛战争》发行相对较早，并且十分流行，以至于1830年后出版的很多书里都有威廉·弗朗西斯·帕特里克·内皮尔《伊比利亚半岛战争》一书中的长篇大论。事实上，通过重复威廉·弗朗西斯·帕特里克·内皮尔的话语或不会出错的警句，一些老兵泄露了其故事的来源，因为他们不可能目睹这些故事。有人甚至用威廉·弗朗西斯·帕特里克·内皮尔书中的一页或一章填补自己记忆中的空白。我们始终需要小心谨慎，不要认为这是某个故事的佐证，实际上这只是对某个故事的重复。上面提到的第四十三团一名军士的日记，其中包含很多精简的威廉·弗朗西斯·帕特里克·内皮尔的故事。在著名的马塞兰·马尔博的著作中发现威廉·弗朗西斯·帕特里克·内皮尔的痕迹是十分不可思议的。显然，当纪尧姆-马蒂厄·迪马的《半岛战争》的法语译本出版时，马塞兰·马尔博就已经读过这本书的外语译本。

按照权威性的逐次降低，个人冒险类书籍，其全部书目大致可以分为三部分。第一部分也是最重要的部分是以旧日记或日志为基础写成的作品。在这些书中，记忆与当时记录的事件顺序一致，作者详细记录真正的第一手资料。其中很好的例子有：乔纳森·利奇中校的《一位老兵的生命草图》[①]，巴克哈的莱斯利的《军事日志》[②]，这本书尽管题目不是日志形式，但行文连贯。此外，还有乔治·贝尔爵士的

① 1831年，《一位老兵的生命草图》出版。这部著作是关于步枪旅和轻型师情况的第一流权威著作。——原注

② 涉及第二十九步兵团。仅在1887年出版。——原注

《五十年军事生活概述》[1]。这些书的作者都明确表示书中所有内容都建立在伊比利亚战争时期笔记的基础上。因此，这些作品可以称为第一手资料。这些作品通常可以作为权威著作来反击任何没有基于同样的基础而撰写回忆录的作家作品，并且这三位作者通常在这些作品不遵循当时证据线索时给予读者提示。例如，乔纳森·利奇中校提供了宝贵的资料，说明了威廉·弗朗西斯·帕特里克·内皮尔对轻型师进军塔拉韦拉的时间和速度估计并不准确，而在许多后续图书中，这些错误数字已经重复出现。然而，乔纳森·利奇中校并没有意识到他提供的数据与威廉·弗朗西斯·帕特里克·内皮尔著作中的数据不符，并且一直重复这些数据，因为乔纳森·利奇中校在威廉·弗朗西斯·帕特里克·内皮尔作品第二卷出现几年后才出版了自己的书，并且与轻型师的许多成员一样，他将接受这个数据作为对威廉·弗朗西斯·帕特里克·内皮尔著作权威的一种信仰。这要留给约翰·贝尔爵士[2]来推翻这个故事，他曾在罗伯特·克劳弗德少将手下服役，但由于参战时间太晚而无法参加塔拉韦拉战役。然而，约翰·贝尔爵士对威廉·弗朗西斯·帕特里克·内皮尔数据不准确的证明并没有起太大作用，因为原来的故事已经传遍世界各地，并且作为一个无与伦比的快速传播的例子，目前仍然在严肃的军事作品中出现。

与建立在当代私人日记或书信基础上的作品相比，在战后很久仅靠凭空记忆写成的作品价值要小得多。当然，这些作品作为证据的价值逐渐降低，因为它们被编辑成册的日期离书中所写事件的日期越来越久。早在1825年，乔治·格里格就出版了迷人的《中尉》一书。在细节方面，这本书可能比1835年左右，罗伯特·布莱克尼在偏远的帕克西岛写的同样生动的故事更值得信赖。然而，罗伯特·布莱克尼的书比理查德·亨尼根高度浪漫的《七年战争》更有价值。1847年，理查德·亨尼根的《七年战争》出版。因为出版时，伊比利亚半岛战争已经过去三十几载，作者对事件记忆模糊，所以在原始故事基础上增加了二手的和不确定的材料。人们记忆力不同，与个人经历的实际记录相比，他们对戏剧性叙事的相对价值的欣赏也是不同的。但总的来说，随着事件发生与事件被记录下来间隔时间的增加，记录的价值

① 1867年，《五十年军事生活概述》出版。——原注

② 不要和乔治·贝尔爵士混淆。——原注

也慢慢减少。随着年纪的增大和记忆的衰退，人们对有些事情的记忆已经开始混淆。我们可以讲一件奇怪的事情，即威灵顿公爵阿瑟·韦尔斯利本人，在滑铁卢战役二十年后，他似乎告诉两位审计员在滑铁卢战役前夕，大约1815年6月17日到1815年6月18日的夜晚，他曾访问过格布哈特·莱贝雷希特·冯·布吕歇尔的营地，这是一段令人难以置信的陈述[①]。显然，威灵顿公爵阿瑟·韦尔斯利对自己1815年6月16

格布哈特·莱贝雷希特·冯·布吕歇尔

① 对这一故事的剖析和反驳，见约翰·科德曼·罗普斯的《滑铁卢》，第238页到第242页，第3版。霍斯伯勒先生的《滑铁卢》第138页及其他人接受这个故事。然而，如果没有谢利夫人的笔记，那么这个故事真是令人难以置信。——原注

日下午曾访问普鲁士军队总部这件事记忆模糊。实际上，这件事中的很多细节众所周知。

衰退的记忆、对全面故事的喜爱、些许自我崇拜及对生动语言的欣赏，削弱了许多老兵回忆录的价值。尤其是，如果这位作者是一位知名的故事大王，并且在将回忆录写成文字前，他曾多次重复叙述这一故事，那么他的回忆录倾向于呈现出浪漫的形式。当然，典型的例子是马塞兰·马尔博，他的回忆录中包含许多明显的错误，例如，他把马德里的多斯德玛约起义的消息带给拿破仑·波拿巴，或者1812年，他把自己率领的团从莫斯科带到了波尔塔瓦附近，并且在不到两星期的时间里带着一个补给护送车队回到莫斯科，整个路程共四百英里[①]；又或者在奥斯特里茨战役结束时，他看到六千名士兵在萨尚湖的碎冰上淹死[②]。当然，马塞兰·马尔博的叙

多斯德玛约起义

① 1英里约合1.61千米。

② 对马塞兰·马尔博失误的剖析，请参阅霍兰·罗斯：《小威廉·皮特和拿破仑·波拿巴》中的文章，第156页到第166页。——原注

述是一个有趣的极端例子。他的许多同时代人可能会引用类似的故事，但他们的故事写得太晚了。我们可以提保罗·蒂埃博对蓬蒂村战斗的叙述。他当时宣称，自己与一万七千名英国和葡萄牙王国联军战斗，并且造成对方五百人伤亡。当时，他遭遇了一个英国旅和两个葡萄牙营的攻击，对方只损失了一百人。但这段描述是如此冗长和详细，以至于我们以前没有英国方面的消息来源，会认为读到的是一场真实战斗的准确叙述，而不是从模糊记忆中重建的浪漫虚构。保罗·蒂埃博行使独立指挥权的唯一一场战争就是伊比利亚半岛战争，并且随着他逐渐老去，故事的浪漫性逐年增加。

因此，在我们阅读后来创作的有关伊比利亚半岛战争的作品，将这些作品作为一个时代和军队精神的反映，并且将它们作为证据时，我们必须时刻谨慎。我们必须从判断“个人误差”开始，即这些作品的作者到底是位头脑冷静的观察者，还是位浪漫逸事的爱好者？如果作者是浪漫逸事的爱好者，那么这部作品与当时记录矛盾的事实的比例是多少？或者，在其他权威性材料面前，又有多少比例的信息[①]看起来是错误的？作者是不是大规模地读过其他人的作品？其中通常的证据是作者对他不可能在场事件的详细叙述，无论他是否标注了这些信息的来源。只有在这些问题上，作者通过信用考核时，我们才能开始将他视为一位严肃的权威人士，并且采纳作者所提供的实际在场的证据。许多个人冒险作家可能最终会获得他对自己所在营编年史的权威证书，但仅此而已。甚至我们可能做出进一步限制，即对他描述的他所在团的历史，在他幸运的日子里，我们信任他的描述，但在他不开心时，就否定他的描述。对“不良事件”的保密并不少见。至于团外的事情，国外经常有大量流言蜚语，即使经过了漫长的岁月，这些流言蜚语仍然留在人们的记忆中。

在所有有关团冒险的作品中，我应该把趣味性和文笔的第一名颁给威廉·格拉顿中尉的《康诺特别动队冒险》。如果这部著作的作者被列入正史作者队伍，那么他作品的风格毫不夸张，高贵而不浮夸，这将使他有资格与威廉·弗朗西斯·帕特里克·内皮尔竞争成为英国经典历史作家。威廉·格拉顿中尉对进攻者进军罗德里戈城战壕的态度和心理，以及萨拉曼卡战役危机的描述，与威廉·弗朗西斯·帕

① 指不是明显错误的信息。——原注

萨拉曼卡战役中的威灵顿公爵阿瑟·韦尔斯利

萨拉曼卡战役

特里克·内皮尔曾经写过的任何内容不相上下。读者一阅读威廉·格拉顿中尉书中的几个段落，就会毫不犹豫地说它们摘录于伟大历史学家的著作。不幸的是，威廉·格拉顿中尉犯了我上面提到的一个错误，即他会给出一些他不在场情况下的不可信的信息。这些信息大多是多余的，甚至是误导性的。但对第八十八团在布萨科和丰特斯、在巴达霍斯和萨拉曼卡所做的事情，威廉·格拉顿中尉是权威。读威廉·格拉顿中尉的书是一件令人身心愉悦的事情。另外两本好书，乔治·格里格的《中尉》和莫伊尔·谢勒的《伊比利亚半岛回忆录》，都有威廉·格拉顿中尉作品的文学特点，但缺乏他作品的力量。这两本书分别以愉快和栩栩如生的方式描述了1813年到1814年第八十五团和1811年到1813年第四十八团的日常营地生活，并且由于这两本书都在伊比利亚战争结束后十余年内出版[1]，两个作者的记忆依然深刻，他们对事实的陈述可信度高。此外，这两位作者都密切结合个人经历，在书中避免用二手材料编撰故事。

这些生动的冒险故事，包括约翰·金凯德的《步枪旅的冒险经历》、哈里·史密斯爵士的《自传》和罗伯特·布莱克尼的回忆录[2]，都是在晚些时候，即滑铁卢战役结束后二十到三十年创作的，并且从他们描述事件的细节可以看出他们远离那个时代。通过这三位作者选择的记录，我们可以看出他们文笔极佳。团的大部分日常生活已经被遗忘或变得黯淡，只有伟大的日子、最引人注目的个人经历或奇怪的事件才被记录下来。这一事实使这些作品成为十分优秀的读物，可以这么说，这些书中包含所有的精髓和相对较少的引文。实际上，哈里·史密斯的《自传》是他在1812年到1813年战役中的个人冒险故事，以及他在巴达霍斯战役中娶到的英雄西班牙妻子的故事。约翰·金凯德是一位幽默作家，他记得与自己及同伴们有关的所有怪诞事件、荒谬情景、恶作剧和不幸，并且用一系列逸事将这些经历倾泻而出。这些逸事往往联系不密切，并且约翰·金凯德说自己拒绝对确切的顺序或时间负责。这十

① 1825年，乔治·格里格的《中尉》出版。1824年，莫伊尔·谢勒的《伊比利亚半岛回忆录》出版。——原注

② 大约在1835年，罗伯特·布莱克尼在爱奥尼亚群岛的帕克索斯创作自己的回忆录，其回忆录的编辑将其称为《伊比利亚半岛战争中的男孩》。1844年，哈里·史密斯爵士的《自传》写于印度。——原注

分有趣，一些更引人注目的故事可以从其他更好的权威著作处得到验证。但总体效果往往好像我们正在阅读查尔斯·利弗的《查尔斯·奥马利》中的某一章，或者一些特别老式的伊比利亚半岛浪漫史。罗伯特·布莱克尼的著作给人们留下了美好的印象。他用充满绘画风格的真实细节描述了许多事件，而我们只知道这些事件的大概。但有一两次，我发现罗伯特·布莱克尼的叙述与当时的文献不一致，当这种情况发生时，事件发生后二十五年写下的故事可信度必定不高①。尽管罗伯特·布莱克尼尽最大努力给予真实的记录，但采用他的故事时，我们仍需谨慎。

基本上所有普通士兵的回忆录都有这样的问题。几乎没有例外，士兵们是在事件发生多年后才将其记录下来。因为叙述者通常没有书或笔记来帮助自己做记录，所以我们可以了解到一个真实的故事，并且这个故事不受外部因素的影响，但随着时间的推移，这个故事变得模糊和精简。个人冒险的细节与老兵的记忆完全符合，战争、集中营的艰辛、一些著名的军事法庭及随后的惩罚游街等事件都以一种明确的方式出现。但经常会有具体月份被遗忘，日期标注错误，搞错功绩、警告或不幸到底在哪个人身上发生。然而，这些小册子以最令人钦佩的方式展现了普通士兵的精神，使我们能理解一个营的内部生活，而没有任何官方文件可以做到这点。在少数情况下，作者看过某一本书②，在他朴实的文字中添加了不协调的文字或战略性的研究，很大程度上破坏了他自己的作品③。

然而，一位上兵的小册子因文学价值脱颖而出。这名士兵受过高等教育，他在感到愤怒和耻辱的时刻参军，以避免在家中面对自己的自负和愚蠢带来的后果。这本共一百五十页，题为《1806年到1815年第七十一高地轻步兵团士兵，T.S.日志》的简短故事集，早在1818年就被编写完成④。此时，作者对战场记忆犹新。本书的价值在于作者以普通士兵身份写作，但在受教育水平和心理方面与他的战友有很大

① 他对布朗在巴罗萨的临时营命运的生动叙述与证据冲突，例如，该营的人数以及塞缪尔·福特·惠廷厄姆中将的确切行为。——原注

② 通常是威廉·弗朗西斯·帕特里克·内皮尔的伟大历史著作。——原作

③ 一个强有力的例子就是前文提到的第四十三团的军士，他在作品中加了威廉·弗朗西斯·帕特里克·内皮尔的一些故事，但效果不尽如人意。——原注

④ 《1806年到1815年第七十一高地轻步兵团士兵，T.S.日志》仅在1828年由康斯特布尔出版社发行。关于T.S.更多故事，请参阅普通士兵一章。——原注

的不同。他并不认为他们的观点和习惯是理所当然的，并且对此进行解释和评论。正如他指出的那样：“我不能从他们的娱乐活动中得到任何乐趣，但我觉得有必要在许多事情上迁就他们，并且热情对待所有人。他们认为我粗鲁，不受待见，他们不喜欢我冷淡的态度。”他的叙述是一个聪明的观察者而非典型的士兵对团队行为的叙述，他对整个团的心理问题很感兴趣。他有一支现成的笔和敏锐的观察力，也编写过一本很有趣的书。他的游行纪事及其涉及的行动细节，与官方文件相比似乎更加准确。

第九十四团的约瑟夫·唐纳森中士是另一位著名的苏格兰人，他的书《一个士兵的多事之秋》十分值得一读。约瑟夫·唐纳森中士受教育程度不如T.S.，也没有T.S.生动的文学写作风格，但约瑟夫·唐纳森中士是一位聪明人，拥有比普通人更广泛的兴趣。因此，他的笔记和调查记录值得一看。约瑟夫·唐纳森中士描述了1811年，利弗里公爵安德烈·马塞纳从葡萄牙撤退时的惊恐。这是一篇令人震惊的作品。在约瑟夫·唐纳森中士后，我们还要提到军需官威廉·瑟蒂斯和中士科斯特洛。这两人来自步兵旅，他们回忆录中的故事反映了典型轻型师的特点。至于普通士兵的观点和思维方式，上面已经提到的步兵哈里斯、第四十团的威廉·劳伦斯中士和第七燧发枪兵团约翰·斯潘塞·库珀的作品[①]都是有价值的权威著作。这些著作是令人钦佩的普通士兵如何看待战斗、被迫行军或口粮长期短缺的证据。但在更大的战争问题上，我们绝不能过于相信他们。

许多法语回忆录只涉及伊比利亚半岛战争中英国方面的内容。除了我已经提到过的马塞兰·马尔博和保罗·蒂埃博的回忆录，任何一个想从外部看到威灵顿公爵阿瑟·韦尔斯利军队的人都不能忽视这些法语回忆录中的三到四部作品。迄今为止，这些回忆录中最生动的是第三十一团的让-巴普蒂斯特·勒莫尼耶-德拉福斯的《军事记忆》。1850年，这部书在勒阿弗尔出版。对英军来说，让-巴普蒂斯特·勒莫尼耶-德拉福斯是一位满腹怨恨的对手，并且他想证明威灵顿公爵阿瑟·韦尔斯利是一位平庸的将军，应该一直打败仗。但让-巴普蒂斯特·勒莫尼耶-德拉福

① 直到1886年，威廉·劳伦斯中士的自传才出版。1869年，约翰·斯潘塞·库珀的《葡萄牙七大战事》出版。——原注

斯竭尽全力讲述一个真实的故事，并且大方承认自己的失败，尽管他认为运气好的话，法军可能会取得胜利。但我们会不可避免地发现书中一个或两个地方出现了错误，比如让-巴普蒂斯特·勒莫尼耶-德拉福斯将一名军官及其参加的战役混淆，或者把一个村庄的名字弄错。奇怪的是，同样来自第三十一团的路易-弗洛里蒙·方坦·德·奥多阿尔德斯也写了一本日记，并且他对1808年到1811年的回忆相当准确。这本日记对研究约翰·穆尔爵士的撤退和让-德-迪厄·苏尔特元帅参加的波尔图战役极具价值。作为一个比让-巴普蒂斯特·勒莫尼耶-德拉福斯更公正的人，路易-弗洛里蒙·方坦·德·奥多阿尔德斯对英军的优点表示肯定，并且毫不掩饰他对伊比利亚半岛战争的厌恶，即一场由不公正的侵略引发的掠夺和军事处决的惨剧。另一

波尔图战役

位有价值的作品的作者是阿尔弗雷德·阿蒙·罗贝尔·圣沙芒上校，他是让-德-迪厄·苏尔特元帅的副官，十分憎恨让-德-迪厄·苏尔特元帅，并且喜欢揭露让-德-迪厄·苏尔特元帅的狡猾和诡计。与另一位副官，即米歇尔·奈伊元帅的瑞士追随者斯普里克林不同，圣查曼上校是一个轻松幽默的人。斯普里克林的日志①是最权威难懂的作品。在细微的事实和数字方面，这部作品价值颇高，但其记述并不生动。另一方面，与圣查曼上校不同，斯普里克林是米歇尔·奈伊元帅最忠诚的崇拜者，并且全身心地为米歇尔·奈伊元帅服务。但我想，与狡猾的让-德-迪厄·苏尔特元帅相比，米歇尔·奈伊元帅是一位慷慨、可爱的长官。

其他有价值的法语回忆录有第六团皮埃尔·弗朗索瓦·金格雷特的作品，其中包括利弗里公爵安德烈·马塞纳入侵葡萄牙失败的细节。还有骑兵军官德伊伦的作品，他在1808年到1809年曾参与对抗约翰·穆尔爵士和威灵顿公爵阿瑟·韦尔斯利的战斗。弗朗索瓦·维戈-鲁西永的作品是关于巴罗萨战役唯一不错的法语记录。德尼-夏尔·帕尔坎仅仅是一名骑兵，他的回忆录写得太迟，其中的逸事也不可信。德尼-夏尔·帕尔坎幸存下来，并且在布洛涅和其他地方的早期冒险中成为拿破仑·波拿巴的追随者之一。其他法兰西作家，如罗卡和戈纳维尔，长期生活在西班牙，但很少与在加泰罗尼亚海岸工作的英国人或在格拉纳达边的西班牙王国的南方军队接触。伊比利亚半岛战争参与者所写的作品就这么多，他们讲述了自己看到的一切。我们花在后来的人写的作品上的篇幅要小得多，因为尽管这些书是经过仔细编纂的，但只是二手资料。

英军的团史应该十分有价值，因为19世纪30年代，在理查德·坎农总编辑的领导下，英国皇家骑兵卫队汇编的这个系列，可能因包含从仍健在的数百名伊比利亚半岛战争退伍军人处获得的信息而变得更加丰富。不幸的是，这套汇编系列几乎每一卷都不过是粗劣的文学作品。在大多数书中，我们找到了大量威廉·弗朗西斯·帕特里克·内皮尔作品的摘录，还以重印的《伦敦公报》正式报道作为这册汇编的补充。即使是团的统计数据也很难得到，而这些数据本应该很容易从兵营拥有的薪资单和其他文件中获得，或者这些数据存储在档案室内。通过询问参战的退伍军

① 斯普里克林的日志只印在1907年的《西班牙评论》上。——原注

官获得的其他细节信息也很罕见。理查德·坎农的一些作品比其他作品缺乏新意，但这一切都可以说是对其中最好作品的评价。

所有优秀的团史作品，无一例外都在官方的“理查德·坎农系列”之外。有些团史十分好，可以这样说，按惯例，最新的文章是最好的。1860年以来，准确性和原创性研究的标准一直在提高。其中值得称赞的作品有1901年出版的格林希尔·加戴恩中校的《团史》①。1877年出版的威廉·亨利·科普的《步枪旅史》，这部著作全是第一手权威资料的摘录。1860年出版的威廉·穆尔森的《第五十二牛津郡轻步兵团史》②。约翰·戴维斯的《第二步兵团③史》和约翰·詹姆斯·汉密尔顿中校

英军步兵团士兵

① 为戈登高地团的团史。——原注

② 《第五十二牛津郡轻步兵团史》被视作第一部真实的团史。——原注

③ 即女王的西萨里团。——原注

的《第十四轻骑兵团》。这些作品开始出现时，我们对英军团史的研究水平开始上升，人们不再认为访问档案室或者在老军官们那里查询没有发表的文章是多余的。上面提到的这些作品都是大卷宗，但即使篇幅较短的作品现在也是精心编纂的。这些作品篇幅不长，但通常不像以前那样杂乱无章，而是因为一些团由于其派驻机会比其他团少，没有多少事实可以记录。我可能会提到一些对我有用的小书，如第七十六团海登的书、第二十团史密斯的书及第四十七团珀登的书。关于较小的军事单位，即一个炮台而非一个营的记录中，有一个罕见的例子是爱德华·查尔斯·威因亚特斯上校关于英国皇家骑炮兵队查理部队的叙述，爱德华·查尔斯·威因亚特斯上校称之为《从科鲁尼亚到塞瓦斯托波尔》。从这部书中，我们可以发现许多诚实且认真的文字。但整个伊比利亚半岛军队炮兵的历史，无论是葡萄牙王国炮兵的历史还是英国炮兵的历史，现在在《亚历山大·迪克森文集》中都有详细阐述。这本书由约翰·莱斯利少校编辑，他掌握所在部队在威灵顿公爵阿瑟·韦尔斯利手下服役的所有情况。需要提及的是，在1813年和1814年的后期战争中，亚历山大·迪克森爵士担任炮兵指挥官。在获得这一职位前，亚历山大·迪克森爵士负责对巴达霍斯的三次围攻和对奥利文萨和罗德里戈城的所有围攻。自从亚历山大·迪克森爵士借调到葡萄牙王国炮兵团后，他的文章就包括了有关葡萄牙王国附属于伊比利亚半岛军队的辅助炮兵的大量资料。我们真诚地希望一些军官能承担相应的责任，编撰伊比利亚半岛战争中的英国皇家工程兵团的史册。早在1857年，托马斯·威廉·约翰·康诺利的《英国皇家工兵和矿工史》出版，这部著作中包含很多有价值的信息。与此同时，托马斯·威廉·约翰·康诺利可以通过搜索档案室和整理查尔斯·布思比、伯戈因、兰德曼及其他写过日志或回忆录的工兵军官的相关文字获得更多信息。

与英军团史一样，我们还应该提到两套相同类型的图书，尽管这些图书的内容与比团更大型的军事单位有关，并且不涉及英国自己的军队。第一类与英国的德意志辅助机构相关，如由诺思·拉德洛·比米什少校带头编写的宝贵和严谨的《英王德意志军团史》。这本书写于1832年，是研究理查德·坎农的重要作品，并且是代表这一时期英军团史研究水平的一本著作。这两卷中有许多原始的书信和文件，以及一些有代表性的制服照片。1907年，施韦特费格上尉在他出版于汉诺威的著作《德意志军团》中也提到了同样的事情，并且明显提高了诺思·拉德洛·比米什少校著作的可信度。1811年到1814年效力于威灵顿公爵阿瑟·韦尔斯利的不伦瑞克·厄尔斯猎兵团有一位服务于科尔泰伊施上校的德意志传记作家，他曾效力于第八十八德意志步兵团。关于原有伊比利亚半岛外国军团中最后一个团的不列颠猎兵团，我并没有找到相似的历史叙述。

对葡萄牙王国的军队来说，在1810年刚刚重组的情况下，对葡萄牙局势的详细描述出现在1812年出版的安德鲁·哈利迪的《葡萄牙现状》中。沙比的《历史摘录》[①]为其后续历史记载了大量有价值的资料，但遗憾的是，这本书杂乱无序、零散。特谢拉·博特略少校的《葡萄牙王国炮兵史》只提到了伊比利亚半岛战争中的葡萄牙炮兵团，但这本书信息十分完整且内容有据可查。如果想了解一位在葡萄牙团服役的英国军官的生活状况，我们可以查阅来自第二十猎兵团的《托马斯·邦伯里回忆录》[②]和来自葡萄牙第五猎兵团的布莱基斯顿的作品[③]。

继团史后，下一个重要的信息来源是个人传记，而不是威灵顿公爵阿瑟·韦尔斯利手下写的书。亚历山大·马林·德拉瓦上尉的《林内多男爵托马斯·格雷厄姆的一生》[④]或许是这些书中最有用的一本。这本书之所以有用，与其说是因为风格或布局的优点，不如说是因为这本书很好地利用了其他地方没有的当代文献。此外，这本书的大部分内容包含林内多男爵托马斯·格雷厄姆将军在军事期刊中长而有趣的文章摘录，以及他和其他人的往来书信。因此，我们得到了许多没有其他英国证人在场的第一手相关资料，如1808年，在埃布罗河畔的图德罗爆发了一场战役，以及对更著名行动的评论，如约翰·穆尔爵士的科鲁尼亚撤退和1811年的巴罗萨远征。不幸的是，有关1813年，对林内多男爵托马斯·格雷厄姆将军起重要作用的战役日志和书信都丢失了。

① 1862年至1880年，沙比的四卷本《历史摘录》在里斯本出版。——原注

② 《托马斯·邦伯里的回忆录》被称为“老兵回忆录”，但1861年才出版。——原注

③ 1829年，《军事冒险的十二年》出版。——原注

④ 1880年出版。——原注

英国皇家工兵

拿破仑·波拿巴在指挥图德罗战役口

希顿·鲍斯特德·鲁滨逊的《托马斯·皮克顿爵士的回忆录》[①]是威廉·弗朗西斯·帕特里克·内皮尔强烈批判的一本书，在这本书有争议的附录中有很多尖锐的评论。但从威廉·弗朗西斯·帕特里克·内皮尔对待它的方式来看，这并不是一部糟糕的作品。实际上，我认为威廉·弗朗西斯·帕特里克·内皮尔不喜欢托马斯·皮克顿爵士。这本书的叙述是公正的，现代书信的大量插入为这本书带来了一定的价值。埃德温·悉尼的《罗兰·希尔子爵传》[②]远不如希顿·鲍斯特德·鲁滨逊的著作。因为埃德温·悉尼对伊比利亚半岛战争不够了解，所以我们无法证明他手中的材料是正确的。但很幸运，他在书中放入了很多书信，这也是这本书中唯一有价值的材料。令人好奇的是，关于托马斯·皮克顿爵士和罗兰·希尔子爵生活的作品都是由牧师写成的。当时，仍有许多参加伊比利亚半岛战争的军人幸存下来，他们本可以承担这项任务。

罗兰·希尔子爵

① 1835年，两卷本《托马斯·皮克顿爵士的回忆录》出版。——原注

② 1845年，《罗兰·希尔子爵传》出版。——原注

在威灵顿公爵阿瑟·韦尔斯利的其他主要副手中，威廉·贝雷斯福德子爵从没有找过传记作家，尽管他在伊比利亚半岛战争中扮演的角色十分重要。在某个地方的私人手中，威廉·贝雷斯福德子爵的文件一定堆积如山，但我不知道这些文件在哪里。关于威廉·贝雷斯福德子爵唯一的记述是由约翰·威廉·科尔撰写的一本实用、非常正式但不规则的小书中的几页，这本书叫《伊比利亚半岛战争期间英国杰出将领回忆录》[①]。在威灵顿公爵阿瑟·韦尔斯利指挥的战役中，康伯米尔子爵斯特普尔顿·科顿曾担任高级指挥官，但没有上升到应有的职位，尽管通过严格服从命令，他赢得了威灵顿公爵阿瑟·韦尔斯利的好感。在威灵顿公爵阿瑟·韦尔斯利眼中，下属严格服从命令比具有军事天才或主动性更重要。康伯米尔子爵斯特普尔顿·科顿的儿媳康伯米尔夫人和威廉·诺利上尉两人共同在1866年写过关于他的传记，但其中关于伊比利亚半岛战争的章节很短。关于劳里·科尔爵士、约翰·勒·马尔尚及其他几位杰出将军或旅长唯一的传记就是前面提到的约翰·威廉·科尔的著作。詹姆斯·利特爵士更幸运，1818年，一位匿名的仰慕者专门为他写了一本小书。然而，这本小书中没有足够的材料，作者手中似乎没有詹姆斯·利特爵士的私人书信，但大部分官方文件没有这么早的记录。不过，关于这位好战将军的性格和冒险信息可以从他的侄子和副官安德鲁·利特·海的回忆录中找到。

在威灵顿公爵阿瑟·韦尔斯利手下没有达到最高官职，但在晚年为自己创造了伟大事业的军官的传记中，有两部传记专门讨论伊比利亚半岛战争，即1903年，罗伯特·雷特撰写的休·高夫子爵两卷本的传记和穆尔·史密斯撰写的第五十二团的西顿男爵约翰·科尔伯恩的传记。这两部传记都是优秀的作品，提供了许多私人书信，都建立在现代研究基础上，并且充分注意到所有可能的第一手和第二手资料。对任何想详细研究伊比利亚半岛战役的人来说，这两部作品都是不可或缺的。此外，丹尼斯·帕克爵士[②]和赫西·维维安男爵[③]的简短回忆录，都是由二人的孙子出版，并且包含了从日记和书信中摘录的有用信息。约翰·穆尔爵士参与的战役或许很难被认为是威灵顿公爵阿瑟·韦尔斯利麾下军队的故事，但我们不能不提由约

① 1856年，两卷本《伊比利亚半岛战争期间英国杰出将领回忆录》出版。——原注

② 1905年，丹尼斯·帕克的简短回忆录由他的孙子丹尼斯·罗伯特·贝雷斯福德–帕克出版。——原注

③ 1897年，赫西·维维安男爵的简短回忆录由他的孙子克劳德·汉密尔顿·维维安出版。——原注

康伯米尔子爵斯特普尔顿·科顿

约翰·勒·马尔尚

叵顿男爵约翰·科尔伯恩

休·高夫子爵

翰·弗雷德里克·莫里斯爵士[1]关于科鲁尼亚战役英雄们完整的但极具争议性的传记。这部传记还包含了一本宝贵的日记，以及很多通信内容。无论如何，对想研究伊比利亚半岛战争第一年状况和找出约翰·穆尔爵士和威灵顿公爵阿瑟·韦尔斯利的人格和军事理论差异的人来说，这是一本不可或缺的著作。

最近几年撰写的关于伊比利亚半岛战争正式和详细的历史书中，有一本是何塞·戈麦斯·德·阿特切将军用西班牙语撰写的著作。何塞·戈麦斯·德·阿特切将军是一位十分认真的原始文件工作者，他提供了很多关于英国的权威资料，但绝不是全部资料。对整个伊比利亚半岛战争的西班牙文版本著作来说，何塞·戈麦斯·德·阿特切将军的著作是绝对必要的。与此同时，在葡萄牙文版本著作中，卢斯·索里亚诺的大量作品基本上建立在威廉·弗朗西斯·帕特里克·内皮尔作品基础上，但与威廉·弗朗西斯·帕特里克·内皮尔的叙述不同。此外，卢斯·索里亚诺的大量著作呈现了许多没有发表的文件。巴拉尼上校用法语书写了一部长篇幅的战争史，记录得当，并且展示了令人钦佩的研究成果。在其五卷著作中，巴拉尼上校刚刚编撰到1809年。因此，整部书将是一部大作。在《英军史》最后一卷，约翰·威廉·福蒂斯丘刚刚开始记录伊比利亚半岛战争。对我自己的四卷著作，我希望很快能出第五卷，我只需顺便提一下。关于杜邦战役，有部巨大的专著由法兰西作家蒂特上校撰写，书中完全不涉及英国的军事事务。奇怪的是，纪尧姆-马蒂厄·迪马上校和指挥官夏尔·克莱尔同样类型的两部小而优秀的作品都关于同一场战役，即1813年到1814年，让-德-迪厄·苏尔特元帅围攻比利牛斯山的战役。马蒂厄·迪马上校的作品是两部作品中较好的一部。这两部作品都以现代方式努力利用交战双方英军和法军的报告，而不是仅仅根据一方的报告写成。但纪尧姆-马蒂厄·迪马上校比指挥官夏尔·克莱尔更了解他著作中的英国信息的来源。

我无法猜测为什么没有类似的英文版伊比利亚战争的独立专著。但少数声称要在英国处理这类问题的小册子，大多是应试书，缺乏广泛的资料来源，并且通常只包含对威廉·弗朗西斯·帕特里克·内皮尔著作的分析及一些补充评论。这些小册子与纪尧姆-马蒂厄·迪马上校的巨著形成了十分鲜明的对比。

---

① 1904年，约翰·弗雷德里克·莫里斯爵士的关于科鲁尼亚战役英雄的两卷本传记出版。——原注

第 3 章

威灵顿公爵阿瑟·韦尔斯利：士兵和战略家

精彩看点

威灵顿公爵阿瑟·韦尔斯利的早年经历——威灵顿公爵阿瑟·韦尔斯利与士兵的关系——威灵顿公爵阿瑟·韦尔斯利对军官的态度——威灵顿公爵阿瑟·韦尔斯利信赖的军官——威灵顿公爵阿瑟·韦尔斯利在报告中错提下属姓名——登陆时伊比利亚半岛军队的状况——威灵顿公爵阿瑟·韦尔斯利对伊比利亚半岛战争的三大预言——伊比利亚半岛军队的情报人员——威灵顿公爵阿瑟·韦尔斯利与对手的心理战——对威灵顿公爵阿瑟·韦尔斯利战术的普遍误解——威灵顿公爵阿瑟·韦尔斯利的主动攻击行动

关于本书的消息来源就先说到这里。现在，我们看看从这些消息来源可以推断出什么。首先，我们谈到的是英军的伟大领袖。我不是写威灵顿公爵阿瑟·韦尔斯利的生活，更不是写他的战役评论，我正试图在其他地方处理这些问题。这本书的目的是描绘威灵顿公爵阿瑟·韦尔斯利在其军队中的形象，以及在伊比利亚半岛战争中，他的行为和著作展示给我们的形象。在我们的记忆中，1809年的威灵顿公爵阿瑟·韦尔斯利很难从我们熟悉的维多利亚时代的人物形象中解脱出来。我们认为威灵顿公爵阿瑟·韦尔斯利是“伟大的公爵”，是英国王冠上第一个也是最受尊敬的人物。围绕他有很多故事，这些故事或多或少是有根据的，说明了他的无私，他对托词、虚伪、感情用事和欺骗的憎恶，他的一丝不苟，他冷酷的节俭，以及他偶尔的严厉直率，因为他永远不会“忍受蠢人”。早在去世前，威灵顿公爵阿瑟·韦尔斯利就已经成为传奇人物。要区分1850年老年的威灵顿公爵阿瑟·韦尔斯利和1809年作为将军的威灵顿公爵阿瑟·韦尔斯利，我们需要费一番心思，因为在大多数人看来，威灵顿公爵阿瑟·韦尔斯利一直声望很高。此外，理解威灵顿公爵阿瑟·韦尔斯利在印度的功绩的人并不多。我们也不能仅仅由于拿破仑·波拿巴把威灵顿公爵阿瑟·韦尔斯利称为“神勇将军”，就认为他只是一个战胜可鄙对手的轻率胜利者。

1808年4月，当威灵顿公爵阿瑟·韦尔斯利掌管伊比利亚半岛军队时，他才三十九岁，刚刚人到中年。威灵顿公爵阿瑟·韦尔斯利中等身材，瘦长结实，身材魁梧，身姿挺拔，长脸，鹰钩鼻，有着一双敏锐而冷酷的眼睛。此时，作为一名军人，威灵顿公爵阿瑟·韦尔斯利的声誉已经很高。但除了在印度服役过的人，很少有人了解他的全部能力。由于威灵顿公爵阿瑟·韦尔斯利是一个知名但不受欢迎的家庭和政治团体的成员，许多人低估了他，并且将他早期的晋升和扬名归因于这一点。评论家们仍然认为，在二十三岁时，曾在法国大革命战争中指挥过一个营，并且在三十岁前在印度带领过一支军队的威灵顿公爵阿瑟·韦尔斯利，已经比他的政治影响走得更远。这是事实，虽然事实常常被人遗忘。早年，威灵顿公爵阿瑟·韦尔斯利从家族关系中获得了很多帮助。由于是爱尔兰总督理查德·韦尔斯利侯爵的弟弟，威灵顿公爵阿瑟·韦尔斯利在印度获得了独一无二的机会，而且自他从东方回来，他更像一位政治家而不是将军。即使当威灵顿公爵阿瑟·韦尔斯利赢得维梅鲁战役时，他不还是英国托利党政府的爱尔兰事务大臣吗？当与有需要的同伴、卑鄙的地方贩子和都柏林有趣的律师打交道时，担任这一职位的人不得不涉及很多肮脏的工作。威灵顿公爵阿瑟·韦尔斯利全力以赴地完成这些工作，而不是以任何和解的方式。威灵顿公爵阿瑟·韦尔斯利完成了爱尔兰事务大臣必要的工作，但并没有掩饰他对这些人的嘲笑。当他不得不面对任何他不喜欢的人时，他表现出一种贵族式的冷酷

19 世纪初的威灵顿公爵阿瑟·韦尔斯利

理查德·韦尔斯利侯爵

和知识分子式的蔑视，这使无论请愿是否得到批准，请愿者都会感到痛苦。不幸的是，威灵顿公爵阿瑟•韦尔斯利从爱尔兰事务大臣到伊比利亚半岛军队的指挥官，一直保持这种作风，但这并没有使他获得众人的爱戴。

如果一个人由于其政治影响力被迅速推到前线，那么他就没有能力或者不配得到他的职位。但幸运的是，对英国来说，事情并不总是这样。每位与威灵顿公爵阿瑟•韦尔斯利接触过的人很快认识到，1808年，卡斯尔雷子爵罗伯特•斯图尔特及其他大臣派遣“神勇将军”前往葡萄牙时并没有错。尽管《辛特拉公约》签订后喧嚣不休，但1809年，卡斯尔雷子爵罗伯特•斯图尔特及其他大臣还是第二次派威灵顿公爵阿瑟•韦尔斯利前往里斯本。这次派遣使威灵顿公爵阿瑟•韦尔斯利完全控制了伊比利亚半岛的军队。维梅鲁战役打响时，威灵顿公爵阿瑟•韦尔斯利领导的军队对他有了坚定的信心，这支军队看到了威灵顿公爵阿瑟•韦尔斯利的带兵技能，批评很快消失了。接下来的几年，英国国内的辉格党政客们、对战争一点不了解但吹毛求疵的人依然认为，威灵顿公爵阿瑟•韦尔斯利是一位被高估的军官。他们认为威灵顿公爵阿瑟•韦尔斯利轻率鲁莽，并且认为威灵顿公爵阿瑟•韦尔斯利对伊比利亚半岛军队的领导将在不久的一天结束。到那时，英军也将被驱逐出伊比利亚半岛。然而在前线，很少有这样的怀疑者，虽然同时代的书信已经证明确实有一两个这样的人存在①。

说威灵顿公爵阿瑟•韦尔斯利从一开始就被其他军官和部下信任，绝不是说威灵顿公爵阿瑟•韦尔斯利受到这些人的爱戴。威灵顿公爵阿瑟•韦尔斯利所做的一切都能赢得他人的信任，但很少能引起他人的喜爱。这些军官及部下认识到威灵顿公爵阿瑟•韦尔斯利十分有能力，但威灵顿公爵阿瑟•韦尔斯利对他人没有同情心。威灵顿公爵阿瑟•韦尔斯利手下的一位老兵写道：“我们这些人一看到威灵顿公爵阿瑟•韦尔斯利，就好像看到了千军万马一样。我敢说，当听到他到来的喜讯时，军

① 譬如，1810年春，骑兵准将罗伯特·朗写道：“就我们而言，伊比利亚半岛的下一次战役将会结束伊比利亚半岛的多事景象。我强烈认为，阿瑟·韦尔斯利‘元帅’和威廉·贝雷斯福德‘元帅’都不会阻止法兰西军队对葡萄牙的逼近征服。”此外，“我怀疑威灵顿公爵阿瑟·韦尔斯利觉得自己在宝座上摇摆不定，并且希望不惜任何代价和解。”——原注

维梅鲁战役

维梅鲁战役，英军骑兵与法军骑兵交锋

队中没有一个人不欢呼雀跃。”[①]但这并不意味着威灵顿公爵阿瑟·韦尔斯利受到麾下士兵们的喜爱。另一位轻型师军官用我见过的最冷酷的话概括了这位伟大的将军与他凯旋的军队的关系：“我知道有人说威灵顿公爵阿瑟·韦尔斯利在军中不受欢迎。现在，我可以断言，就轻型师而言，军队喜欢他而不是不喜欢他……虽然威灵顿公爵阿瑟·韦尔斯利不是所谓的受欢迎，但军队仍然对他有很大的信心，我也没有听到任何一个人表达过相反的意见”。[②]

的确，在威灵顿公爵阿瑟·韦尔斯利身上，一定有什么东西可以击退他的热情和情感。威灵顿公爵阿瑟·韦尔斯利经过了赢得胜利及与手下经历艰难困苦的五年，可以说他的手下“喜欢他而不是不喜欢他”。但他们发现威灵顿公爵阿瑟·韦尔斯利是一位严厉的领导者，不太会表扬，经常责备和惩罚别人。虽然威灵顿公爵阿瑟·韦尔斯利知道士兵们的军事美德，并且承认他们不止一次通过执行几乎不可能做到的任务“使他摆脱困境”，但他并不喜欢他们。威灵顿公爵阿瑟·韦尔斯利对部下说过不可饶恕的话：“他们是地球上的败类。英国士兵是为喝酒而参军的人——显而易见，他们为喝酒而入伍。”[③]在英国皇家委员会面前，威灵顿公爵阿瑟·韦尔斯利说过的一句话也很糟糕：“除了害怕立即遭到体罚，我不知道什么事情会对英军士兵产生重大影响。”一位有这种观点的领导从来没有关注过手下好的一面，威灵顿公爵阿瑟·韦尔斯利从没有对手下说过或写过赞美的话，而是时常提醒他们注意鞭笞和解雇，这是对散兵、酒鬼、劫掠者和逃兵不可避免的惩罚。与威灵顿公爵阿瑟·韦尔斯利官方形式的赞美词相比，没有什么比他斥责的力度和决心更能令士兵们冷静。我们可以充分认识到威灵顿公爵阿瑟·韦尔斯利非凡的脑力，并且对他作为一个领导者完全有信心，但对这位冷酷无情的人没有丝毫的爱意。

令人痛心的是，伊比利亚半岛军队虽然拥有一定比例强悍的歹徒和罪犯，但仍然有很多善良的士兵，他们知道荣誉和忠诚意味着什么，并且完全有能力回应读者们的诉求。这支军队的普通士兵们留下了几十本日记和自传，这表明他们中存在一

① 约翰·金凯德：《步枪旅的冒险经历》，伦敦，1830年，第5章，1811年5月。——原注

② 约翰·亨利·库克上尉：《法兰西第一帝国南部事件综述》，伦敦，1831年，第47页和第48页。——原注

③ 菲利普·斯坦诺普伯爵：《与威灵顿公爵阿瑟·韦尔斯利的谈话记录》，第14页。——原注

大批理智、聪明、清醒，甚至虔诚的人，他们认真地做着自己的工作，并且会珍惜经常从军官那里听到的赞美之词，但他们很少从总司令威灵顿公爵阿瑟·韦尔斯利那里听到赞美之词。我们可以补充说，如果有什么事情可以摧毁一支军队，那就是英国军事惩罚的邪恶残酷，但这是威灵顿公爵阿瑟·韦尔斯利终身支持的一项制度。曾经因小过失而遭到五百次鞭打的士兵，失去了自尊和正义感，从一名好士兵变成一名坏士兵。优秀的军官们十分清楚这一点，尽力避免使用九尾鞭，同时尝试采用更合理的惩罚方式——他们的方法往往是成功的[①]。

人们或许会想，威灵顿公爵阿瑟·韦尔斯利虽然看不起手下的士兵们，但至少关注手下军官们的感受。然而，事实上，威灵顿公爵阿瑟·韦尔斯利一如既往地没有。威灵顿公爵阿瑟·韦尔斯利有几位熟人，显然，他对助手和其他私人侍从表现出了体贴甚至善良。但对他手下大多数军官，甚至是许多将军和部门首长，一直很严厉。他会在别人面前对这些将军和部门首长进行羞辱或指责，而对这些人的言论或提供的建议置之不理。有几个例子或许可以说明问题。托马斯·皮克顿中将是威灵顿公爵阿瑟·韦尔斯利最杰出的副官之一。威灵顿公爵阿瑟·韦尔斯利特意召集托马斯·皮克顿中将到布鲁塞尔参加1815年战役。当托马斯·皮克顿中将到达比利时首都布鲁塞尔时，他找到了正在大公园散步的威灵顿公爵阿瑟·韦尔斯利。对接下来接见场面的描述，我们有托马斯·皮克顿中将的助手作为目击证人。“托马斯·皮克顿中将的态度总是比威灵顿公爵阿瑟·韦尔斯利的副手更亲切些，这次托马斯·皮克顿中将对待威灵顿公爵阿瑟·韦尔斯利有些粗心大意，就像对一个地位平等的人打招呼一样。威灵顿公爵阿瑟·韦尔斯利冷冷地对他说：‘我很高兴你来了，托马斯·皮克顿中将。你越早上战场越好，不要浪费时间。你将提前指挥你的军队’，仅此而已。托马斯·皮克顿中将似乎不喜欢威灵顿公爵阿瑟·韦尔斯利的态度。当托马斯·皮克顿中将鞠躬离开时，他嘟囔着对同伴们说他对这次见面并不满意。”[②]这就是威灵顿公爵阿瑟·韦尔斯利对其军队中最好的军官之一表示的欢迎，

① 对第九十二团这样一个奇怪的例子，请参阅霍普·詹姆斯·阿奇博尔德：《步兵军官军事回忆录》，伦敦，1833年，第449页到第451页，并且参看乔治·托马斯·内皮尔爵士的《自传》，伦敦，1886年，第125页到128页。——原注

② 里斯·豪厄尔·格罗诺：《回忆录》，伦敦，1889年，第66页。——原注

詹姆斯·麦格雷戈爵士

并且是威灵顿公爵阿瑟·韦尔斯利专门派遣并在长时间内没有见过的军官。另一描述威灵顿公爵阿瑟·韦尔斯利礼仪的事情可以从一位部门首长詹姆斯·麦格雷戈爵士的回忆录中看到："有一天早晨，我在威灵顿公爵阿瑟·韦尔斯利的小房间里。当时，有两个人来请假回英国。首先，一位工兵上尉提出了自己的请求。他说自己收到信，信中说他妻子病得很重，他家人也都病倒了。威灵顿公爵阿瑟·韦尔斯利迅速回答：'不，不，先生。这会儿不能准假。'上尉愁眉苦脸地退了回去。另一位是一位贵族出身的将军，负责指挥一个旅。他对威灵顿公爵阿瑟·韦尔斯利说：'大人，我最近受风湿病的折磨……'威灵顿公爵阿瑟·韦尔斯利没有让他把话说完就迅速说道：'你想回英国治疗？尽一切办法。立刻去。'这位将军对威灵顿公爵阿瑟·韦尔斯利的语调和态度感到惊讶，看起来很惭愧。但为了不让这位将军继续说下去，威灵顿公爵阿瑟·韦尔斯利转过身来开始对我说话，并且询问前天晚上的伤亡报告。"①

① 詹姆斯·麦格雷戈爵士：《自传》，伦敦，1861年，第304页和305页。——原注

与伊比利亚半岛军总司令威灵顿公爵阿瑟•韦尔斯利对话是一件十分痛苦的事情，以至于一些军官尽量对他避而远之，就像查尔斯•斯图尔特遭到一次著名的责备后做的那样。此外，还有一些人被恶言恶语压得喘不过气。

威灵顿公爵阿瑟•韦尔斯利的脾气也会遭到考验，因为他必须面对国家强加给他的一些低效和懒散的军官。他苦恼地抱怨，直到战争结束，他才能完全自由地选择部下。但威灵顿公爵阿瑟•韦尔斯利不仅责备低效和懒散的军官，还常常对热心能干的下属发火。其实，这些下属只不过是因为收到的命令不适合当时的情境而在紧急危机中为自己着想。我刚才提到的詹姆斯•麦格雷戈爵士曾经将一些军需物资运到萨拉曼卡，因为当地有很多伤病员。“当我来通知威灵顿公爵阿瑟•韦尔斯利时，他就开始了，开始以暴力的方式否定我做的一切。‘我很高兴知道，’他问道，‘谁是这支军队的指挥官，我还是你？我建立了一条路线，一条通信线路，但你用它来建立另一条路线。只要你还活着，先生，就别再这么做了。没有我的命令，不要做任何事情。’我恳求说，没有时间和他商量，我必须拯救这些人的生命。他强烈要求我‘没有他的命令，不能行动’。”三个月后，詹姆斯•麦格雷戈爵士大胆地说：“大人，您还记得您在马德里怎么责怪我吗？因为我无法征求您的意见而自行采取行动。如果当时，我没有那么做，那么后果会是什么呢？”他回答说，“事实证明一切都没问题，但我还是建议根据我的命令行事。”这是他性格的一个独特特征。

威灵顿公爵阿瑟•韦尔斯利认为，下属做任何为自己着想的事情，都是不可饶恕的罪过。这就是为什么他更喜欢副手的盲目服从，而不是热情和精力，因为热情和精力可能会导致一些违背自己意图的事情发生。因此，威灵顿公爵阿瑟•韦尔斯利更倾向让罗兰•希尔子爵这样既顺从又才智过人的人，或者布伦特•斯潘塞爵士及威廉•贝雷斯福德子爵这样的人当自己的副手。因此，在整个伊比利亚半岛战争期间，用威灵顿公爵阿瑟•韦尔斯利直白的话说，他将骑兵部队交给康伯米尔子爵斯特普尔顿•科顿这样平庸的人管理[①]。这些人可以信得过，他们可以无条件服从，但伊比利亚半岛军中最能干的罗伯特•克劳弗德少将或托马斯•皮克顿中将不会这样，他们有可能为自己考虑。值得注意的是，罗兰•希尔子爵、威廉•贝雷斯福德

① 当他派康伯米尔子爵斯特普尔顿·科顿前往印度指挥军队时。——原注

子爵、林内多男爵托马斯·格雷厄姆将军和罗伯特·克劳弗德少将是威灵顿公爵阿瑟·韦尔斯利极少的曾在书信中屈尊解释他发布命令原因的军官。其他人只是收到命令，没有任何解释。在某些情况下，给下属一个合理的解释会使其理解一种情况，并且能理解为什么给他无法解释的指示，否则令人厌烦的结果可能会随之而来。如果没有充分理由就拒绝向下属传递信息的这一特点在其他伟大将领的身上也有显现，如“石墙”杰克逊，正像亨德森上校在关于这位奇怪天才的传记中写的那样，拒绝向下属传递信息是专制思想的伎俩。

几乎不需要指出，这种不允许副手获得行动自由，甚至将微小的决定权掌握在自己手中的做法，有效地阻止了威灵顿公爵阿瑟·韦尔斯利组建一支能进行大规模

“石墙”杰克逊（中）

独立行动的将军队伍。威灵顿公爵阿瑟•韦尔斯利训练出了令人敬佩的师级指挥官，但没有培养出军队领袖。最终，长期受制于威灵顿公爵阿瑟•韦尔斯利的人的自信心消耗殆尽了。

可能最让威灵顿公爵阿瑟•韦尔斯利的下属恼火的事情是，在公文中，威灵顿公爵阿瑟•韦尔斯利提及下属姓名时，经常按照出席的高级官员的顺序进行排序。当下属犯下严重错误时，威灵顿公爵阿瑟•韦尔斯利仍然会把犯错人的名字放在真正完成工作的人员名单中。我们如果只阅读这些稿件，并且没有看过外部评论，那么就会对这些下属的优点感到十分困惑。在波尔图公文中，威灵顿公爵阿瑟•韦尔斯利提到了约翰•默里。在有关1811年利弗里公爵安德烈•马塞纳撤退时的行动报告中，威灵顿公爵阿瑟•韦尔斯利提到了威廉•厄斯金爵士。在滑铁卢战役报告中，威灵顿公爵阿瑟•韦尔斯利提到了特里普，尽管这些军官都极力破坏他关心的行动。另一方面，威灵顿公爵阿瑟•韦尔斯利很不负责任地遗漏了一些信息。在丰特斯-德奥尼奥罗战役的报告中，他没有提及在这场战役中表现最出色的英国炮兵。一些来自炮兵部队的高级军官令人痛心的书信，在信中，他们对完全被忽略表示痛惜，“读一读公文信息，也许根本没有英国炮兵在场”。在威灵顿公爵阿瑟•韦尔斯利记录巴达霍斯战役的报告中，也有类似莫名其妙的遗漏，尽管在围困巴达霍斯期间，其中一半工兵军官战死或受伤，但威灵顿公爵阿瑟•韦尔斯利没有对工兵军官的服务有任何特别的赞扬。“你可能认为，当我们发现自己的努力不值得任何形式的颂扬时，我们会感到受伤。”研究伊比利亚半岛围攻的历史学家约翰•琼斯向一位同事写道。指挥工兵师的理查德•弗莱彻写信给一位朋友道，你会发现在最近的行动中，威灵顿公爵阿瑟•韦尔斯利没有提到工兵师，“我多么憎恨这种反复无常的事情。”[①]他们竭尽全力的服务用冷冰冰的话说是“在围困和围攻行动中，工兵和炮兵部队的官兵同样表现得出色”。理查德•弗莱彻很乐意将自己与其他高级军官获得的个人荣誉换成威灵顿公爵阿瑟•韦尔斯利对部下三句热情的赞扬之辞。

① 这两封信都出现在赖斯-琼斯的函件中，是克利夫登埃尔顿山的亨利·肖尔先生借给我的。此外，我们不应该把这位R.E.军官与历史学家约翰·琼斯爵士混淆。——原注

拿破仑·波拿巴与他的帝国卫队

然而，或许威灵顿公爵阿瑟·韦尔斯利最令人震惊的一个例子是，在著名的滑铁卢战役报告中，他没有提及西顿男爵约翰·科尔伯恩及第五十二团的任何情况。在拿破仑·波拿巴最后一次袭击英军边界时，第五十二团对法兰西第一帝国卫队的侧翼发动了决定性的一击。西顿男爵约翰·科尔伯恩是最无私、最慷慨的人，他永远不会忘记这种轻视。西顿男爵约翰·科尔伯恩试图为威灵顿公爵阿瑟·韦尔斯利辩解说："报告写得太仓促了，威灵顿公爵阿瑟·韦尔斯利不可能不公正地对待我的军队。"当西顿男爵约翰·科尔伯恩听到军官们抱怨说法兰西第一帝国卫队将其最后一次失败完全归因于英国卫队时，他说："耻辱，先生们！有人会认为你们忘了第五十二团曾经参加过战斗。"但晚年，西顿男爵约翰·科尔伯恩说过一句刻薄的评论："威灵顿公爵阿瑟·韦尔斯利偶尔也会在他的报告中写些东西，以取悦贵族……

我不是说这是他特有的。这曾经是普通军官中常见的事情。”[①]然而，这些证明一位十分伟大的士兵和一位十分高尚的人的局限性的逸事就说到这里。我们提及这些事是为解释威灵顿公爵阿瑟·韦尔斯利如何得到部下的肯定，但从未受到他们的爱戴。但这些事迫使我默认在《威灵顿公爵阿瑟·韦尔斯利的崛起》一书中，弗雷德里克·罗伯茨伯爵写下的严厉判断：“我们越详细地研究他的行为和著作，我们就越尊

弗雷德里克·罗伯茨伯爵

① 详见西顿男爵约翰·科尔伯恩：《人生与文章》，穆尔·史密斯编辑，伦敦，1903年，第126页、第127页、第235页和第236页。——原注

重和敬佩作为将军的他，越不喜欢生而为人的他。”我引用两位在伊比利亚半岛战争中任职多年的雄辩作家的两段话来结束这一段。《查尔斯·詹姆斯·内皮尔的生平和观点》的倒数第二章的最后一句话是：“战争就此结束，所有对退伍军人服役的回忆也随之而去。”①接下来一位被遗忘的作家是来自第八十八团的威廉·格拉顿，其笔触生动不亚于威廉·弗朗西斯·帕特里克·内皮尔。对威灵顿公爵阿瑟·韦尔斯利，他的抱怨更尖锐：“在向伊比利亚半岛军队发布的一般命令中，他告诉我们，他永远不会停止对我们福利和荣誉最热烈的关心。每个人都知道这个承诺是如何实现的。威灵顿公爵阿瑟·韦尔斯利是当代最杰出的，或许是最伟大的人物之一，这一点很少有人会否认。但毫无疑问，威灵顿公爵阿瑟·韦尔斯利忽略了他的伊比利亚半岛军队作为一个整体的利益和感情。如果明天他死去，那么现在沉默的成千上万个声音会回应我写下的内容。”②

威灵顿公爵阿瑟·韦尔斯利性格的局限性应该完全归因于他非凡的大脑。要理解威灵顿公爵阿瑟·韦尔斯利军事生涯的实际价值，仅仅掌握他的战术和战略的细节是不够的。威灵顿公爵阿瑟·韦尔斯利发挥自己才能的条件是极其艰苦的。1809年4月22日，当他在里斯本掌权时，法军占领了西班牙的北部和中部，以及葡萄牙北部的很大一部分地区。此时，西班牙王国的军队已经溃败。在西班牙王国的军队中，没有一支军队没有遭受过惨败，其中一些军队，如格雷格里奥·加西亚·德·拉·奎斯塔的埃斯特雷马杜拉军团和拉·罗马尼亚侯爵佩德罗·卡洛的加利西亚军团，比四处游荡的逃亡者好不到哪里去。里斯本登陆时，威灵顿公爵阿瑟·韦尔斯利指挥的英军虽然只有一万九千人，或者说包括住院人员在内有两万一千人，却是唯一一支稳定、井然有序、士气完好无损的军队，是英国、西班牙王国与葡萄牙王国在伊比利亚半岛可以依靠的军队。摆在威灵顿公爵阿瑟·韦尔斯利面前的任务是，他能否保卫葡萄牙并保护西班牙南部，因为显然，法军的人数远远超过了他们，并且法军想进攻的话，也有能力发动进攻。当时，有两支军队威胁着里斯本。在威灵顿公爵阿瑟·韦尔斯利登陆前不久，让-德-迪厄·苏尔特元帅手下的一支军队占领了波

① 威廉·弗朗西斯·帕特里克·内皮尔：《查尔斯·詹姆斯·内皮尔的生平和观点》，伦敦，1857年，第175页。——原注

② 威廉·格拉顿：《康诺特别动队冒险》，伦敦，1847年，第332页。——原注

贝卢诺公爵克劳德·维克托-佩兰

尔图并夺取了葡萄牙王国的两个省。另一支是贝卢诺公爵克劳德·维克托-佩兰手下的军队，这支军队驻扎在葡萄牙边境附近的埃斯特雷马杜拉。1809年3月28日，在麦德林战役中，贝卢诺公爵克劳德·维克托-佩兰的军队摧毁了当时幸存的规模最大的西班牙王国军队。一万九千名英军能否拯救伊比利亚半岛，使其免遭法兰西第一帝国的征服，或者甚至可以继续在葡萄牙中部进行战争？对一支小型军队的指挥官来说，这是一项从没有过的毫无希望的任务。

幸运的是，我们掌握了威灵顿公爵阿瑟·韦尔斯利亲自写下的三份文件。这些文件向我们展示了他如何审视面临的状况，并且他在文件中阐述了对伊比利亚半岛战争未来进程的看法。威灵顿公爵阿瑟·韦尔斯利意识到这将是一场持久战，他的任务是以有限的资源尽可能长时间地维持这场战争。1809年，将法军驱逐出整个伊比利亚半岛的宏伟计划没有取得任何成效。在其第一份文件，即《葡萄牙国防辩护备忘录》中，威灵顿公爵阿瑟·韦尔斯利提到一个假设。这一假设是1809年3月7日，他乘船前往里斯本以前提出的。这个假设是一个预言天才提出的假设。此前，没有人写过比这更有先见之明的文件。威灵顿公爵阿瑟·韦尔斯利否定了约翰·穆尔爵士的决定，因为约翰·穆尔爵士宣称葡萄牙是无可防御的。然而，威灵顿公爵阿瑟·韦尔斯利指出，在葡萄牙政府征兵的支持下，一支不少于三万人的英国军队应该能在西班牙的法军侧翼维持几乎无限期的时间。这支军队在塔古斯的存在将使法军的所有进攻活动陷入瘫痪，并且只要葡萄牙王国国土完好无缺，西班牙人就能在其未被征服的省份中取得进展。如果法军的指挥官足够明智，那么他们就应该动用所有可支配的军队来对抗英国军队和葡萄牙王国军队。但威灵顿公爵阿瑟·韦尔斯利相信，即使那时考虑到葡萄牙的地理位置，法军也不会占领它。正如威灵顿公爵阿瑟·韦尔斯利所说，除非法兰西第一帝国能派出十万人完成这项任务，否则法兰西不可能成功。但他也不知道1809年春，法军如何能从当时伊比利亚半岛拥有的军队中抽出如此庞大的分队。如果法军用一支规模较小的军队尝试进攻葡萄牙，那么威灵顿公爵阿瑟·韦尔斯利认为自己可以打败这支法军分队。威灵顿公爵阿瑟·韦尔斯利相信他可以对付威胁葡萄牙的两股力量，即让-德-迪厄·苏尔特元帅和贝卢诺公爵克劳德·维克托·佩兰各自率领的军队[①]。

如果法兰西第一帝国与奥地利帝国爆发一场战争，就像1809年3月那样，那么拿破仑·波拿巴将无法向西班牙派遣增援军队支援一段时间。但即使如此，法军在伊比利亚半岛的势力如此强大，以至于在一位将军的指导下，一支联合行动的庞大盟军才能威胁到它。在盟军的筹备工作中，虽然这支队伍很可能不会交由威灵顿公爵阿瑟·韦尔斯利指挥，但并没有任何问题。威灵顿公爵阿瑟·韦尔斯利意识到，西班牙王国政府忌妒外国人执掌西班牙王国军队，西班牙人不太可能把军队的最高指挥权托付给自己。事实上，只有在1812年，威灵顿公爵阿瑟·韦尔斯利为自己赢得了

① 备忘录见《威灵顿公爵阿瑟·韦尔斯利公文》，第4卷，第261页到第263页。——原注

比1809年更大的声誉时，并且西班牙王国政府能忍受这份耻辱时，他才获得了西班牙王国军队总司令的职位。

这份备忘录是一份真正具有启发性的文件，它显示出处在军事生涯最佳状态的威灵顿公爵阿瑟·韦尔斯利的军事素质，但并不是说它预示了伊比利亚半岛战争的整个过程。伊比利亚半岛战争的关键点是1810年，一支由六万五千人组成的法军入侵葡萄牙，但不是所需的十万人。正如威灵顿公爵阿瑟·韦尔斯利预见的，他能制止和击退法兰西第一帝国的这支军队。

我们必须注意的第二个预言性文件是1809年9月5日，威灵顿公爵阿瑟·韦尔斯利就乔治·坎宁爵士向他提出的关于未来战争政策问题做出的答复。1809年3月

乔治·坎宁爵士

以来，拿破仑战争的整个方向发生了很大变化，因为在对抗拿破仑·波拿巴的战争中，奥地利帝国错失好运，并且输掉瓦格拉姆战役而被迫与法兰西第一帝国和解。因此，可以肯定的是，此时，拿破仑·波拿巴再次获得自由，并且能支援其在伊比利亚半岛的军队。威灵顿公爵阿瑟·韦尔斯利回复说，即使英国军队的人数增加到四万人，也无法同时保卫西班牙南部和葡萄牙，但葡萄牙仍然可以得到保护①。威灵顿公爵阿瑟·韦尔斯利强烈反对拿下安达卢西亚和塞维利亚，因为这么做意味着必须放弃里斯本。

威灵顿公爵阿瑟·韦尔斯利的第三个伟大预言在其1809年10月26日的备忘录里。在这份备忘录中，威灵顿公爵阿瑟·韦尔斯利命令建造托里什韦德拉什防线。事实上，他提前了整整一年准备这条防线。威灵顿公爵阿瑟·韦尔斯利看到，此时，拿破仑·波拿巴可以加强其在西班牙的军队，但新军队要到1810年春才能组建完成。当法军的新军队出现时，英军将不得不撤退到里斯本，在里斯班，英军可以规划有力的防线，以便有可能结束法兰西第一帝国的侵略。与此同时，葡萄牙王国政府需要坚壁清野。法兰西第一帝国的军队如果汇集于此，那么一定会挨饿。盟军作战可以迫使法兰西第一帝国的军队聚在一起，然后，按照指挥工程兵的理查德·弗莱彻上校的指示，制订他穿越大海覆盖里斯本半岛的庞大防线计划。人们预料的事情发生了，法兰西第一帝国的增援部队到了。1810年，在利弗里公爵安德烈·马塞纳的指挥下，法军入侵葡萄牙。但整个葡萄牙农村没有粮食，当利弗里公爵安德烈·马塞纳带着半饥饿的法军抵达前线时，这支军队被完全封锁，无法攻击防御坚固的阵地。法军忍耐了几个星期后，利弗里公爵安德烈·马塞纳带着饥饿的士兵们撤退了。1809年10月26日，威灵顿公爵阿瑟·韦尔斯利下令铺设托里什韦德拉什防线。1810年10月14日，利弗里公爵安德烈·马塞纳出现在英国与葡萄牙联军的面前，但他指挥的军队撤退了。威灵顿公爵阿瑟·韦尔斯利提前一年就做好了准备工作!

谨慎而富有远见的谋划或许是威灵顿公爵阿瑟·韦尔斯利最明显的优点，他对细节有着深刻的把握。在每条战线上，他保留了有能力的情报官员，并且掌握了一份几乎完全正确的对方军队的花名册。在那个年代，很少有将军能如此全面地了解

① 《威灵顿公爵阿瑟·韦尔斯利公文》，第5卷，第123和124页。——原注

瓦格拉姆战役

他的对手，这一切要归功于他为取得战争胜利付出的努力。威灵顿公爵阿瑟·韦尔斯利伟大的侦察兵科洪·格兰特[1]、约翰·沃特斯和罗曼总是前往法兰西第一帝国境内的前线，并且每天向他发送信息，威灵顿公爵阿瑟·韦尔斯利也会收集整理这些信息。此外，威灵顿公爵阿瑟·韦尔斯利还有很多西班牙和葡萄牙的记者，如果这些记者没有太多的道听途说，并且能用训练有素的士兵眼光去判断数字的正误，那么他们提供的信息会更有价值。有一次，威灵顿公爵阿瑟·韦尔斯利抱怨说他和奥古斯特·德·马尔蒙从当地人那里得到的信息几乎都有同样的缺陷，因为如果法军没有得到任何信息，那么他自己得到的信息就太多了。在这些信息中，不准确信息的比例破坏了其余信息的价值。但科洪·格兰特或约翰·沃特斯从没有犯过错误。威灵顿公爵阿瑟·韦尔斯利另一种获得情报的做法是盘问每一个逃兵和囚犯，询问他们团的人数、编制及营的数量。通过对这些报告的不断比较，威灵顿公爵阿瑟·韦尔斯利了解了法兰西第一帝国的每支军队中各组成单位的确切数据及他们的平均兵力。

然而，威灵顿公爵阿瑟·韦尔斯利对情报搜集工作的重视比不上他判断对手个性的能力。几个星期后，威灵顿公爵阿瑟·韦尔斯利对利弗里公爵安德烈·马塞纳、贝卢诺公爵克劳德·维克托-佩兰、让-德-迪厄·苏尔特元帅或奥古斯特·德·马尔蒙有了固定的看法，并且会仔细考虑利用他们的弱点来制订作战计划。我想这就是威灵顿公爵阿瑟·韦尔斯利曾经说过的，他自己的优点或许是他比大多数人——在对手占据的有利地势和战争迷雾中隐藏的地方——更了解“山的另一边发生了什么”。

当对手的力量、战略目标及领导的个人倾向被了解时，这种对对手可能采取行动的洞察力是威灵顿公爵阿瑟·韦尔斯利心理禀赋中最有价值的一部分。其中，最著名的例子发生在索劳伦战役。在比利牛斯战役中，当时英军抵达了战斗位置，尽管战场上的英军兵力处于劣势，但仍有两个师向战场挺进，威灵顿公爵阿瑟·韦尔斯利从西面赶来指挥。威灵顿公爵阿瑟·韦尔斯利可以在对面的山上看见让-德-迪厄·苏尔特元帅被士兵包围着。同样可以肯定的是，让-德-迪厄·苏尔特元帅也能看

① 关于科洪·格兰特冒险的有趣章节，请参阅他姐夫詹姆斯·麦格雷戈爵士的自传。——原注

见他，也知道当他赶到时，英国、西班牙王国与葡萄牙王国盟军前线欢呼的原因。威灵顿公爵阿瑟•韦尔斯利认为自己到来的消息及到位的情景会使让-德-迪厄•苏尔特元帅推迟进攻，直到法军预备队的最后一批人来到战场上。“我有一个特别好的望远镜，我看到让-德-迪厄•苏尔特元帅在监视我们，我也看到他写了一封信并发出，我知道他会写什么。然后，我相应地下了命令。”[①]威灵顿公爵阿瑟•韦尔斯利判断让-德-迪厄•苏尔特元帅是位谨慎的将军，并且知道自己的出现会使他加倍小心。因此，威灵顿公爵阿瑟•韦尔斯利断定让-德-迪厄•苏尔特元帅的命令是核实英军是否进攻，如果发起进攻，那么法军将十分危险。“第六师会有时间上来，我们会打败他。”据说，当威灵顿公爵阿瑟•韦尔斯利看到让-德-迪厄•苏尔特元帅急忙写信并发布命令到前线时，他这样评论道。

1811年9月，威灵顿公爵阿瑟•韦尔斯利对在丰特•吉纳尔多的奥古斯特•德•马尔蒙上演了一场类似的虚张声势的表演。当时，威灵顿公爵阿瑟•韦尔斯利的位置确实很显眼，但这对他指挥军队占据有利的战斗位置似乎是一种挑战。威灵顿公爵阿瑟•韦尔斯利知道自己谨慎的名声如此之大，以至于如果看到他停下脚步，他的对手就会断定他集中了全部兵力。因此，直到法军大部队接近时，奥古斯特•德•马尔蒙的军队才会攻击他。威灵顿公爵阿瑟•韦尔斯利趁机在夜间潜逃。此时，奥古斯特•德•马尔蒙的后方纵队正在为第二天的战斗做准备。

1809年到1810年的很长一段时间里，威灵顿公爵阿瑟•韦尔斯利不得不采取防守策略。到了1811年，威灵顿公爵阿瑟•韦尔斯利才有可能考虑进攻。直到1812年，也就是伊比利亚半岛军队在罗德里戈城、巴达霍斯城及萨拉曼卡取得辉煌战绩的一年，威灵顿公爵阿瑟•韦尔斯利展开进攻的这一梦想才得以实现。因此，很长一段时间内，人们认为威灵顿公爵阿瑟•韦尔斯利是一位谨慎和善于谋算的将军，一位防御性战争的大师。人们对他的这种看法是错误的。正如1812年到1813年发生的事件表明的那样，威灵顿公爵阿瑟•韦尔斯利可能成为一场战争最可怕的因素，当他获得有利时机时，他会发起最大胆的进攻，并且用最强悍的力量向对手发起进攻。但在威灵顿公爵阿瑟•韦尔斯利指挥伊比利亚半岛战争早期，他的兵力常常处

① 菲利普·斯坦诺普伯爵：《与威灵顿公爵阿瑟·韦尔斯利的谈话记录》，第19页。——原注

索劳伦战役

比利牛斯战役

在绝对的劣势，并且被迫进行抵抗作战而不是反击。他那支宝贵的小规模军队不能经受任何风险，因为整个伊比利亚半岛的防御完全依赖这支三万人的英国军队。如果这支军队被摧毁，那么将没有任何军事力量包围伊比利亚半岛。当威灵顿公爵阿瑟•韦尔斯利第一次在里斯本指挥作战时，他与卡斯尔雷子爵罗伯特•斯图尔特达成协议，承诺会率领这三万人无限期地继续这场战争。如果威灵顿公爵阿瑟•韦尔斯利冒着巨大的风险损失一万五千人或一万人，那么英国政府就会命他率部返回英国，同时放弃这场战争。因此，威灵顿公爵阿瑟•韦尔斯利意识到，一场灾难不但会破坏他的计划，而且会毁掉盟友西班牙王国的全部事业。难怪他的行为看起来十分谨慎！然而，即使1810年到1811年，威灵顿公爵阿瑟•韦尔斯利也冒了一些风险，例如在布萨科和丰特斯-德奥尼奥罗的战役。事实上，局部的失败意味着他的军队将被召回，并且从葡萄牙撤离。面临这些困境，他需要下一个不小的决心。但平和的性格可以帮威灵顿公爵阿瑟•韦尔斯利明确区分什么是合理的，什么是过分鲁莽的，并且使他远离险境。

因此，更引人注目的是，威灵顿公爵阿瑟•韦尔斯利突如其来的进攻性战略标志着1812年伊比利亚半岛军队胜利之年的开始。威灵顿公爵阿瑟•韦尔斯利的机会终于到来。此时，拿破仑•波拿巴停止增援其在西班牙的军队，因为他与俄罗斯帝国的战争即将爆发。因此，在伊比利亚半岛，法军不再拥有以前的压倒性优势。此前，为牵制威灵顿公爵阿瑟•韦尔斯利的军队，法军将装备最终增加到四万柄军刀和刺刀，并且冒着失去许多省的危险集结了一支十分庞大的军队，以至于威灵顿公爵阿瑟•韦尔斯利都不敢面对这支军队。最终，1811年到1812年的冬季，拿破仑•波拿巴作为威灵顿公爵阿瑟•韦尔斯利的帮手，出面干预伊比利亚半岛局势，撤回了法军。实际上，拿破仑•波拿巴做出的致命决定是，为帮助路易•加布里埃尔•絮歇远征地中海沿岸，他调走了英国和葡萄牙王国联军的直接对手——奥古斯特•德•马尔蒙手下共一万五千名士兵的“葡萄牙军队”。正由于没有这支数星期后才返回葡萄牙的强大的分遣队，威灵顿公爵阿瑟•韦尔斯利才鼓起勇气，发动了他在伊比利亚半岛的第一次战略进攻。1812年1月19日，被围攻十二天后，罗德里戈城遭到了威灵顿公爵阿瑟•韦尔斯利军队的猛烈攻击。

继在罗德里戈城获得成功后，1812年4月7日，伊比利亚半岛军队猛攻巴达霍斯的行动取得了宝贵的、决定性的胜利。这是一次代价高昂的行动，因为威灵顿公爵阿瑟•韦尔斯利不得不“争分夺秒”。如果威灵顿公爵阿瑟•韦尔斯利在巴达霍斯逗留太长时间，那么来自西班牙南北方的法军就会联合起来，兵力超过伊比利亚半岛军队，并且将威灵顿公爵阿瑟•韦尔斯利的军队赶回葡萄牙。在工兵和炮兵都发挥作用前，威灵顿公爵阿瑟•韦尔斯利必须率军强攻巴达霍斯。然而，巴达霍斯城内被围困法军的火力并没有受到压制，威灵顿公爵阿瑟•韦尔斯利军队的行动也没有像预期的那样推进到靠近城墙的地方。但威灵顿公爵阿瑟•韦尔斯利同时进攻巴达霍斯城内一座城堡的三个不同地点，并且成功攻破了其中两个地点，从而实现了他的目标并解决了他的“时间问题”。在巴达霍斯战役中，威灵顿公爵阿瑟•韦尔斯利首次表明，如果有必要，他可以毫不留情地牺牲手下的生命，以便在几天内完成一项任务，因为如果巴达霍斯战役拖延得太久，那么他将不得不放弃这项任务。对威灵顿公爵阿瑟•韦尔斯利的法兰西第一帝国对手来说，这展现了他性格的另一面。威灵顿公爵阿瑟•韦尔斯利曾受到尊敬，并且拒绝冒险，不愿承担损失。但法兰西人如果知道威灵顿公爵阿瑟•韦尔斯利在印度阿萨依战役中获胜的细节，那么会更了解他的性格。

然而，萨拉曼卡战役才真正显示了威灵顿公爵阿瑟•韦尔斯利的全部才能。这是一次闪电般的进攻，是在瞬息万变的机会中突然发起的进攻。威灵顿公爵阿瑟•韦尔斯利如果没有及时抓住这次机会，就会错失战机。在萨拉曼卡战役中，威灵顿公爵阿瑟•韦尔斯利突然向法军发起了进攻。此时，法军正满怀信心地在战线前演习。威灵顿公爵阿瑟•韦尔斯利认为他必须像在维梅罗、塔拉韦拉或布萨科那样，对付一个可能接受进攻的对手。萨拉曼卡战役令睿智的法军军官们感到惊讶和失望。1812年7月28日，萨拉曼卡战役结束六天后，法军军官中最聪明的观察者马克西米利安•塞巴斯蒂安•富瓦在日记中写道：“这场战役是英军最近赢得的战役中最聪明、规模最大、结果最重要的一次，并且将威灵顿公爵阿瑟•韦尔斯利的声誉几乎提升到与马尔伯勒公爵约翰•丘吉尔一样的水平。直到今天，我们都知道威灵顿公爵阿瑟•韦尔斯利的谨慎、他选择好地形的眼光及他使用这些好地形的技巧。但在萨拉曼卡，他展示了一位伟大而有能力的谋略大师的风范。他一直在隐藏自己的性格，他让我们过于轻率地展开行动。他玩了一场势均力敌的游戏，并且以腓特烈大帝的风格运用了‘内线作战’……伊比利亚半岛战争的灾难已经来临。六个月来，我们应该看到这种可能性。”①

这是一位溃败军队的将军对胜利军队的指挥官给予的最引人瞩目和最华丽的赞美之一。这是千真万确的，这段赞美反映了马克西米利安·塞巴斯蒂安·富瓦的公正和对事实真相最大的尊重。对法军来说，征服萨拉曼卡的威灵顿公爵阿瑟·韦尔斯利的军队将会成为比在布萨科或塔拉韦拉获胜的军队还可怕的对手。被击退是

腓特烈大帝

① 马克西米利安·塞巴斯蒂安·富瓦在阿梅代·吉罗·德莱恩的日记，第178页。——原注

一回事——事实上，此前，法军经常遇到这种情况。然而，突然遭到攻击、切割，并且以毁灭性的损失和毫无希望的混乱溃退离开战场是另一回事，就像1812年7月22日，法军在阿拉皮莱斯战役的阴影下遭遇的状况那样。

作为一位伟大的进攻大师，1812年，威灵顿公爵阿瑟•韦尔斯利崭露头角。在伊比利亚半岛战争的其余时间里，人们最常看到他作为进攻大师的一面，尽管从布尔戈斯撤退表明他依然和以往一样谨慎。在布尔戈斯撤退前几天，威灵顿公爵阿瑟•韦尔斯利面临一个巨大的诱惑：他可以尝试对在己方军队两侧会合的法军的一支进行猛烈攻击。毫无疑问，拿破仑•波拿巴会做出这样的尝试。但威灵顿公爵阿瑟•韦尔斯利知道自己军队的总兵力远低于对手，并且将自己军队集中在让-德-迪厄•苏尔特元帅或约瑟夫•苏阿姆的军队前面，会使自己军队的另一侧冒极大的风险。因此，威灵顿公爵阿瑟•韦尔斯利宁愿选择撤退到其位于葡萄牙边境地区的营地，也不愿在卡斯蒂尔平原作战。因为在那里，威灵顿公爵阿瑟•韦尔斯利的军队远离葡萄牙的营地，也没有葡萄牙王国政府提供的支持，并且战败可能会导致自己的军队彻底毁灭。

这是威灵顿公爵阿瑟•韦尔斯利最后一次由于寡不敌众被迫谨慎撤退的战术。1813年，由于拿破仑•波拿巴从派驻到西班牙的军队中征兵，这支西班牙军队被拿破仑•波拿巴召回并取代在莫斯科战役中损失的军队。最终，英国、西班牙王国与葡萄牙王国的盟军在兵力上占据优势，尽管这种优势完全建立在西班牙王国军队令人怀疑的稳固性上。但即使存在这些不利条件，这支军队面对的形势也远比威灵顿公爵阿瑟•韦尔斯利在伊比利亚半岛战争中的以往任何时刻都有利——威灵顿公爵阿瑟•韦尔斯利知道如何以一种有用的方式使用新加入的西班牙分部，而不会将它置于更危险和更负责任的位置。1813年和1814年，威灵顿公爵阿瑟•韦尔斯利发起的战役在本质上都具有攻击性，尽管在其中一两次战役中，威灵顿公爵阿瑟•韦尔斯利采用了防御性战术，尤其在比利牛斯战役的早期阶段。在比利牛斯战役中，威灵顿公爵阿瑟•韦尔斯利在预备队出现前，用更精良的师阻挡让-德-迪厄•苏尔特元帅的军队。但在威灵顿公爵阿瑟•韦尔斯利将麾下军队集结的那一刻起，他发动了猛烈进攻，并且在始于索劳伦战役最后一天的一系列行动中，再次在西班牙边境地区追赶法军。在尼夫河战役中，有一个十分相似的插曲，威灵顿公爵阿瑟·韦尔斯利曾两次为同一军事行动而战，但他的一方侧翼被让-德-迪厄·苏尔特元帅的主力部队攻击。这显然是我们所说的在整体上都是进攻的战役中，威灵顿公爵阿瑟·韦尔斯利防守战术的细节。可以说，1813年到1814年战役的主要特征是从一系列阵地中清除法军，通常是加强戒备。威灵顿公爵阿瑟·韦尔斯利的军队成功地突破了让-德-迪厄·苏尔特元帅每一次都无法控制的防线。总之，法军一成不变地固定在它占据的位置上，但威灵顿公爵阿瑟·韦尔斯利为主要进攻而集结的一大批队伍总是在选定的地点给予法军致命一击。

第 4 章

威灵顿公爵阿瑟·韦尔斯利的步兵战术：线列与纵阵

精 彩
看 点

线列步兵战术在 18 世纪的发展——纵阵战术的产生——纵阵战术的主要特点——法军战术的巨大变化——拿破仑·波拿巴的“混合”战术——法军战术对英军战术的影响——英军轻步兵军的建立——英军应战法军纵阵的战术——威灵顿公爵阿瑟·韦尔斯利对线列优缺点的总结——威灵顿公爵阿瑟·韦尔斯利对线列建立的三个保障——双线列提高步枪的使用效率——英军应战法军“纵阵”时的平稳心理状态

每个对军事史有浓厚兴趣的人都知道，一般来说，威灵顿公爵阿瑟·韦尔斯利能战胜法兰西第一帝国的军队，是因为在1792年到1814年的反法战争后期，法军在进攻中采用庞大纵阵时，威灵顿公爵阿瑟·韦尔斯利通常会巧妙地利用两排线列。我不确定人们对威灵顿公爵阿瑟·韦尔斯利的步兵战术及其局限性是否有充分的理解，这一点需要充分解释。此外，在想象中，法军展开的军事行动无一例外地都在纵阵中进行，或者说，英国人熟知的依靠战斗力强大的士兵进攻是拿破仑·波拿巴麾下的将军们的常规战术，但这一想法是不准确的。只提出这样一种一般论断是不够的，即威灵顿公爵阿瑟·韦尔斯利发现自己遭到了一成不变地以纵阵作战的军队的反击，他通过当面迎战——这种用两排战线作战的部队击败了用纵阵作战的军队。一般情况下，这句话是正确的，但需要解释和修改。

当然，使用线列作战不是威灵顿公爵阿瑟·韦尔斯利的发明，也不是应对所有战争危机的灵丹妙药。18世纪，从马尔伯勒公爵约翰·丘吉尔到腓特烈大帝，所有欧洲步兵通常都以线列作战，三排或四排，并且常常以其火力的速度和准确性在战斗中取得胜利，而不是像16世纪或17世纪的长枪兵或革命时期法兰西第一帝国的将军们那样，依靠大部队获得前进动力。每个人都知道，在一定程度上，腓特烈大帝的胜利归功于步兵认真的炮火训练。这些步兵通过铁棒和快速的手动练习每分钟发射出比对手更大、更有效的枪弹。但通常双方都以三排线列作战，奥地利士兵不少于普鲁士士兵。此时，军队有一个刻板的阵列，步兵营排成长队部署在中间，大批骑兵掩护两翼。看一看奥地利公国继承战争或七年战争的作战计划，我们会发现交战双方的总体战术安排有着惊人的相似之处。尽管天才指挥官们用自己的方式完善当时的战术，线列的正面碰撞也相当常见。腓特烈大帝著名的斜形阵形，或者梯队前进是众所周知的。斜形阵形是以强大的突击队向前推进，较弱的“阻挡翼”在后方防御。有时，腓特烈大帝会改变斜形阵形，就像在罗斯巴赫和卢森一样，并且将大部分军队以正确角度分布在对手侧翼的周围，以便包围对手。但这些都是由于对方将军的懒惰或者对斜形阵形的不熟悉造成的，是“无知的恩典”。在这里，我需要特别提到托尔高战役，因为这是腓特烈大帝唯一一次选择用完全不规则的阵形进行的战役。

在18世纪的战争中，有一两次战争的胜利是通过突破对手中心区取得的，如1746年，莫里斯·德·萨克斯元帅获得鲁克斯战役的胜利。我们发现，在莫里斯·德·萨克斯元帅的一些行动中，他会使用军团、预备营来攻击事先选定的敌方

鲁克斯战役

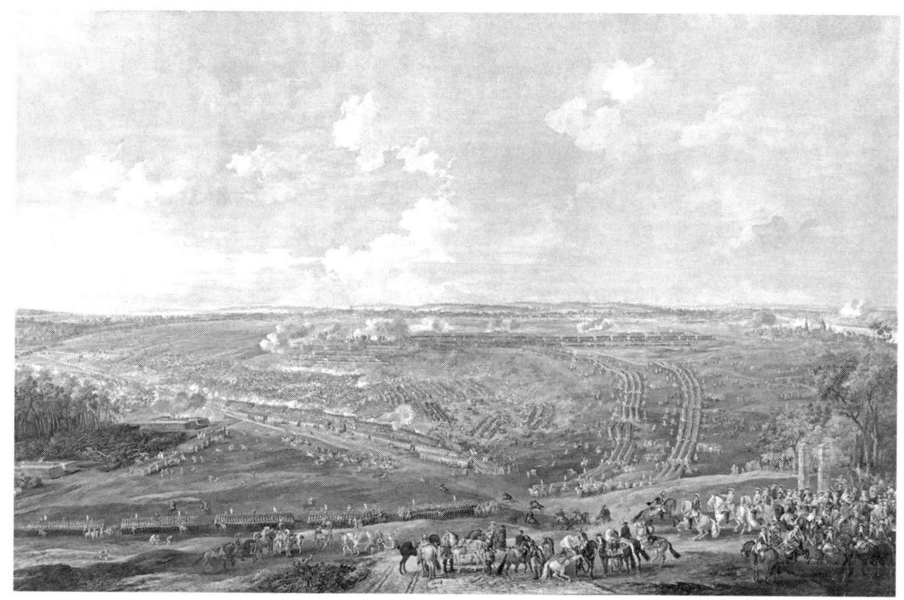

丰特努瓦战役

阵地，但在另一些行动中，他会部署步兵线列并派纵阵部队支援。然而，这是例外情况。与坎伯兰公爵威廉亲王在丰特努瓦战役中，英国和汉诺威步兵的军团组成有些相似，莫里斯·德·萨克斯元帅的军队虽然通常被描述为一支纵列，但最初，这支军队由三排连续的营组成，并且最终压缩成方阵。七年战争期间，布罗伊公爵维克多-弗朗索瓦和不伦瑞克-沃尔芬比特尔的斐迪南公爵的许多战役也是在阵列比平常更松散的情况下进行的。

通常情况下，18世纪采用的战术是摧毁对手一支侧翼，或者是通过包围侧翼，用十分强大的力量攻击侧翼，对手其余的军队会被进攻者相等或较少的兵力“牵制”。决定性的进攻常常由一支集中攻击冲锋翼的上等骑兵部队完成，通过击败较少的骑兵开始行动。然后，再转向曾袭击的侧翼步兵的侧面。后面，我们会发现更多这种类型的战斗。在伊比利亚半岛战争中，奥卡尼亚战役就是一个很好的例子。

然而，粗略地说，随着法国大革命爆发，交战双方已经结束以或多或少的平行线列相互冲突的方式作战。1775年到1791年，法兰西王国发生过由吉贝尔伯爵

布罗伊公爵维克多－弗朗索瓦

不伦瑞克－沃尔芬比特尔的斐迪南公爵

奥卡尼亚战役

雅克·安托万·伊波利特将军领导的线列或腓特烈式战术的倡导者与希望引入更深层次的阵形的军官的激烈争论。以弗朗索瓦-让·德·梅尼-迪朗将军为首的军官们声称这是从莫里斯·德·萨克斯元帅的指示中学到的。法国大革命战争开始前，主张采用旧式阵法操练的一派已经取得胜利，1791年的步兵团接受了这一派所有的观点。1792年，在莱茵河和比利时的战争开始时，法军步兵正依据旧式阵法操典训练[①]。

然而，法兰西第一共和国的第一批将军在旧的线列系统上作战的尝试以失败告终。由于大部分军官被撤走或弃用，法兰西第一共和国的军队士气低落，甚至有

吉贝尔伯爵雅克·安托万·伊波利特将军

① 有关这场争论的分析，请参阅迪莫兰的《革命战争纲要》的序言，并且比较让·朗贝尔·阿方斯·科兰的《拿破仑的军事训练》。——原注

受过一半训练的新兵匆匆忙忙地成了军队中的军官。与此同时，数百个新部队，即志愿者营，根本没有资历老一点的军官，他们都是比没有经过训练的平民稍好一点的官兵，并且将与重组的旧法兰西王国军队一起上阵作战。毋庸置疑，1792年到1793年，在奥地利公国及其他反法同盟军面前，这些新建的军队经历了一系列可耻的失败。法军在战术、部署和纪律方面均不敌对方训练有素的老兵。

雅各宾派掌权时期，法兰西第一共和国政府试图通过指控将军们叛国罪来拨乱反正。此外，法兰西第一共和国政府逮捕和控制了相当一部分不幸的总司令。但这一非常手段，以及从法兰西第一共和国国民议会向军队派遣众所周知的“代表团”以激发将军潜能的行动，都没有取得令人满意的结果。由于代表们普遍对军事一无所知，再加上他们的自命不凡和专制，他们只不过是迷惑和骚扰法军的代表。

然而，雅各宾派控制的法兰西第一共和国政府确实做了一件事，向无数战场派遣援军，使反法同盟军队在每条前线的兵力都远远不及法兰西第一共和国军队的兵力。法军在北方取得的第一次胜利是靠野蛮的武力，以及多于对手两倍到三倍的兵力而获得的。法兰西第一共和国领导人的新战术就是从这方面的优越意识演变而来的，即他们决心通过发挥人数优势使实力强大的对手陷入泥潭，而不顾自己遭受什么损失。因为从当时颁布全部征兵令开始，他们的后备兵力是取之不尽的，但反法同盟军的基地很遥远，其训练有素的军队一旦遭到毁灭性打击，就只能缓慢而艰难地进行替换。

此时，法兰西第一共和国的将军们抛弃了从腓特烈大帝那里学到的旧式战术，因为这套战术不再适用于不能像对手那样以同样的速度和准确性进行机动作战的军队。取而代之的简易系统也是一种残酷而浪费的系统。不过，其优点是可以利用人数优势。法兰西第一共和国的军官在这个问题上有充分的理由——在指挥官的头轻轻靠在自己肩上的紧张时刻，讲道理是不容易的——看到自己在某种程度上，利用了莫里斯·德·萨克斯元帅及其他一两位参加18世纪战争的将军们已经尝试过的想法。这种想法是，在指定点上进行的大部队攻击会被取代。但即使是其中最优秀的人，在演习中也会有一些即兴发挥，而不是只依靠固定的战术理论。

通常的做法是向对手前线排列一条十分宽的散兵线，这条线覆盖并隐藏了集中在一个或两个关键点上的大量纵列军队。伊比利亚半岛军队的想法是，散兵的前线会与对手交锋，并且使对手在前线占据有利位置。但在战斗的关键部分，支援纵队将几乎不受损失就能到达攻击距离，并且可能会进攻其本来打算穿过对方阵列所处的地方。他们只需依靠自己的冲击力和火力攻击，因为他们只会在战火中暴露几分钟，完全有能力承受那段时间遭受的损失，而不会打乱自己的节奏或速度。这个系统的核心部分是密集而强大的冲击线：整个营将被分散成一系列的骑兵，这些骑兵放弃了行动的想法，躲在各种掩护下，人数众多。这使在对手最薄弱的点上，这些骑兵可以进行突围，与对手整条前线密切接触。对可能躲藏起来的骑兵来说，奥地利公国军队的有序营或其他反法同盟军队并不会对他们造成什么伤害，他们也不会受到火力攻击。看起来，应对大规模进攻的良方就是局部或部分骑兵冲锋，由中队快速插入敌方线阵，因为没有什么比一支秩序混乱的军队更容易受到突如其来的骑兵攻击了。1792年到1793年的战役中，法军步兵对骑兵的进攻表现得很无助，无论是在步兵毫无防备的情况下，还是在步兵或快或慢成功形成方阵的情况下[①]。但这种针对大规模攻击的特别措施似乎并没有得到应有的运用，并且佛兰德斯的许多地方被分割成许多小型阵地。因此，将使用骑兵作为获得战争胜利的一种万灵丹常常是不可能的。

支持散兵线列的军队，不是以“连”纵队的方式组成，就是以“师”纵队的方式组成，即双连[②]。在这两种情况下，除了两个前排，没有一个人可以正确使用武器，其余人除给予纵列前进的动力外毫无用处。但这样一个纵列，在最后一刻被散兵线适当掩护，通常会十分有效地冲击与之对抗的反法盟军的防线，因为反法盟军已经与散兵交战一段时间，很可能损耗严重。显然，如果没有散兵的保护，那么这样一个沉重的纵列将会是一个十分笨拙的战争工具，因为它射击能力很小，并且十分容易被击溃。但在这样的掩护下，在决定性的地点发动大规模攻击的纵列部队，往往具有很好的穿透力，并且能使敌方“被足够的力量遏制”，尽管对组成纵队的部队来说，最后两三分钟的渗透过程要付出很大的代价。

---

① 特别参考英军和奥地利公国军队在维莱昂科希、博蒙特和威廉斯对法兰西第一共和国步兵进攻的记录，参见约翰·威廉·福蒂斯丘：《英军史》，第240页到256页。——原注

② 当时，法兰西第一共和国的一个营由九个连组成，但其中一个尖兵连不在该纵列部队。——原注

对法兰西军队战术的变化，我知道的早期最佳总结出现在1802年出版的一本匿名英文小册子中。这本小册子简单地说明了法兰西军队战术的变化："法兰西军队是由没有秩序的线列部队和不守纪律的志愿者组成的。他们一开始就遭到失败，但与此同时，在战争中，有了军官和士兵的区分。在一个开放的国家里，他们开始用纵队，而不是线列组建军队，因为他们无法长时间保存线列。他们把战斗规模缩小到对某些地点的攻击。在这些地方，他们旅连接着旅，新的部队填充了被驱逐者的位置，直到他们能占领被驱逐者占领的所有位置。法军充分认识到，不能以常规的方式进行战斗，并且试图减少对重要战事的参与。法军的这一计划成功了。他们认为损失没什么，只要他们能达到最终战略目的。法军对己方人员几乎不重视，因为他们有能力填补阵亡的士兵。此外，兵力优势使法军获得了一种优势，只有通过高超的技巧、行为和行动才能抵消这种优势。"[①]

1794年，当法军获得了第一波胜利并把对手赶到他们的边界后，法军的战术观念发生了明显的变化。法军的士气和自信都有了很大的提升。此外，一类新的将军出现了，他们既不像其前辈那样痴迷于对腓特烈大帝战术的效仿，也不像其他人那样盲目崇拜暴力和牺牲大量士兵。新的将军们修改了1793年到1794年雅各宾派掌权时军队粗俗和不科学的战术，因为这些军队虽然赢得了胜利，但依靠的是人数优势，并且付出了巨大的生命代价。然而，从早期战役中，这类新的将军们得到一个永久的教训，即两个原则，避免分散和扩张，因为军队虽然"保护什么，但什么都保护不了"，以及必须在关键点发动攻击，而不是在整个前线进行同等强度的战斗。总的来说，法军的战术变得十分灵活，并且军队行动自由，这是前几代将军不知道的。将一支军队分成若干师的制度[②]，为全军带来了独立运动的力量，并且这种制度在一条战线被认为是一种固有制度的年代是不为人知的。那时，战线由各旅组成，在没有总司令直接命令的情况下，任何一个旅都不能行动。前线可能由不同路线会合的师组成，每个师都采用各自的队形，唯一必要的条件是各师之间不能留下很大的

① 取自于《战争艺术理论与实践论文集》文集中名为《欧洲各国家军队的特点》的文章，伦敦，菲利浦公司，第3卷。——原注

② 现在，师已经是常规作战单位。虽然在七年战争中，布罗伊公爵元帅维克多-弗朗索瓦曾使用过类似永久旅的方法。参见让·朗贝尔·阿方斯·科兰：《战争变化》，第97页。——原注

马伦戈战役

路易·德塞

缺口。事实上，这种最后必要的防御措施并不能总被观察到。在革命战争中期，甚至在后来的几年里，法军的将军们将军队派到战场上。在各支军队不相连的地方，由于缺乏合作和很好的战机，他们毫无疑问地被打败了①。拿破仑·波拿巴必须对这一指控负责，因为他在马伦戈下令进攻时，在路易·德塞的纵队离阵地足够近之前，他就在那里决定采取一般行动，而且由于缺少一批对他来说绝对必要的军队，他几乎遭受了毁灭性的打击。拉扎尔·奥什、让-巴普蒂斯特·茹尔当，尤其是让·维克托·马里·莫罗，也会时不时犯类似的错误。但这些错误至少比坚持老一辈将军的刻板战术好得多，因为在老一辈将军看来，正式的战斗命令是绝对不能违抗的。

① 让·朗贝尔·阿方斯·科兰将1796年法军在没有适当时机和合作时分散进入战地瓦蒂尼与内勒斯海姆，以及当年，让·维克托·马里·莫罗从拉施塔特进入埃特林根前在莱茵河外的所有军事行动视为反面例子。《战争变化》，第99页。——原注

一般来说，我们发现法兰西军队在法兰西第一共和国后期的作战方式与其在1793年的作战方式并不相同。此时，他们熟练和敏捷，不再仅凭人数优势，并且通过出色的战略而不是纯粹的猛烈攻击获胜。然而，奇怪的是，官方的战术策略并没有正式修订。1791年起草的《步兵条例》也是建立在腓特烈大帝古老的三排线列基础上的。即使在大多数情况下没人理会，并且在纵列军队支撑下的散兵群体攻击已经成为法兰西军队常用的战术时，这本《步兵条例》也从来没有被舍弃。官方战术策略没有正式修订前，法军一直采用旧的操典，但不再像以往那样脱离实际。随着军队灵活性的提升，法军又开始使用营，并且恢复了自力更生的传统。早期革命战争只在法军的战术中留下了两个印记，例如艰苦的工兵作业，如修路、架设桥梁、损毁或者打破对手要害线，仍然习惯性地使用纵阵。尽管使用有序线列策略的想法已经或几乎已经消失，但在拿破仑·波拿巴最后一次也是最不幸的滑铁卢战役中，拿破仑·波拿巴军队的阵形更像腓特烈大帝那样，整齐对称地排列，而不是法军已经采用了一年多的线列。当然，相对于明显不规则、精心策划的耶拿、瓦格拉姆、博罗季诺或包岑战役的计划，拿破仑·波拿巴在滑铁卢战役对自己军队的安排或许更令普鲁士国王满意。

认为拿破仑·波拿巴的主要战术完全依赖于其在每个战场的关键行动中使用大规模线列军队的想法是不公平的。拿破仑·波拿巴十分清楚，步兵应该靠自己的火力作战，后排的每一位士兵都是被浪费的火枪手。如果说拿破仑·波拿巴有什么最喜欢的阵形的话，那就是吉贝尔伯爵雅克·安托万·伊波利特早前推荐过的混编阵形。在这一阵形中，通过将三排线列和纵阵的交替营与旅或团组合起来，综合了线列和纵阵的优势。在混编阵形中，交替部署的营可以加强正面火力，分散在其中的纵阵可以提供坚实的力量，并且免受骑兵从侧翼的攻击，否则骑兵可能会包围线列。例如，如果一个由每营有九百人组成的三个营组成的团以混编形式组成阵形，其中一个部署营的两侧各有一个纵阵营，这个团的射击线上大约有七百三十人。如果安排成三个纵阵，那么大约只有二百人能自由使用步枪。尽管如此，这个阵形很庞大，因为所有排在侧翼营的后备军都没有权利参加这场战斗。对简单的火力效果来说，这个阵形比线列更糟糕，但比单纯的纵阵更好。

让·兰内

然而，拿破仑·波拿巴十分喜欢混编阵形。从1797年，拿破仑·波拿巴率军跨越塔利亚门托河，第一次使用混编阵形起，他就频繁使用这个阵形。在致让-德-迪厄·苏尔特元帅的一封信中，拿破仑·波拿巴指示他“尽可能”使用混编阵形。然而，奇怪的是，不到一星期后，让-德-迪厄·苏尔特元帅在不得不采取决定性攻击的奥斯特里茨战役中，没有使用混编阵形，而是按照他给拿破仑·波拿巴的报告中特别提到的那样，在“师纵阵”中以营线列作战①。

拿破仑·波拿巴只是“牵制”对手时，或者只是在持续战斗并将对手牢牢锁定时，或者在努力应对主要打击点时，多次采用混编阵形。我们注意到，在耶拿的让·兰内的军队、在艾劳的皮埃尔·奥热罗的军队和在弗里德兰的克劳德·维克

① 见迪莫兰的《军事历史汇编》，第10卷，第263页，以及让·朗贝尔·阿方斯·科兰的《战术和纪律》，第85页。——原注

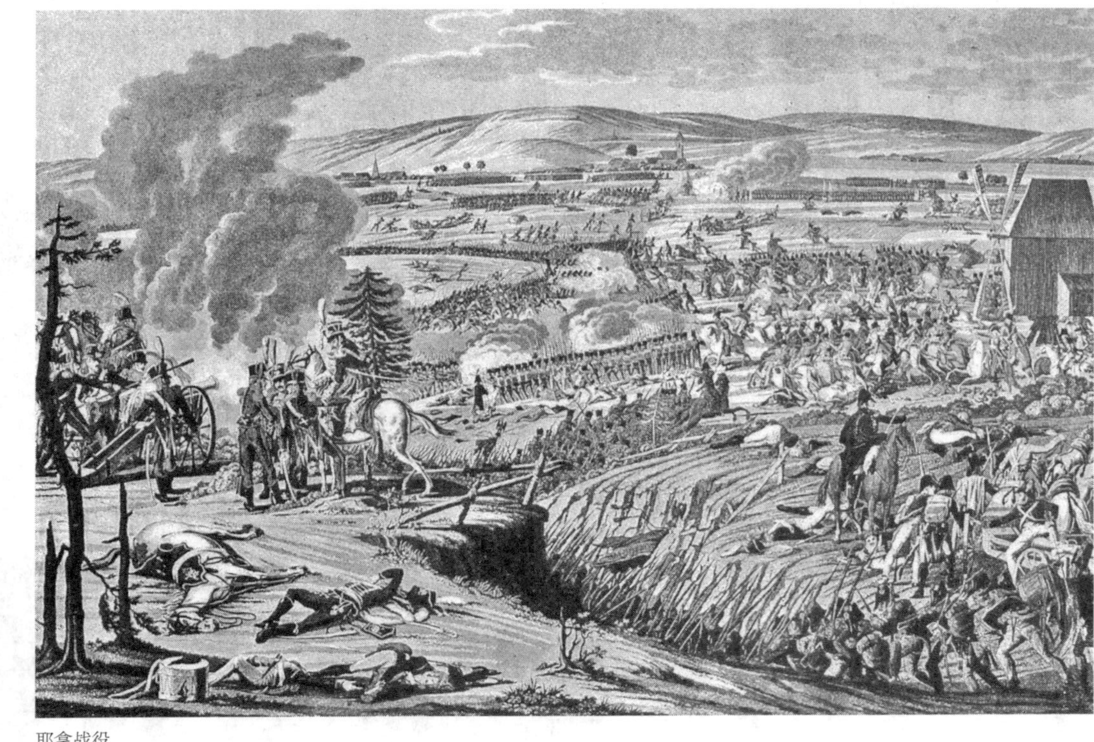

耶拿战役

皮埃尔·奥热罗

托·佩兰的军队都是“进攻力量”而非“防守力量”。因此，这些军队都使用混编阵形。但这种阵形的坚固并不总能使采用它的军队免受对手打击。正如上面引用的第二个案例显示的那样，尽管各营都有纵阵，但皮埃尔·奥热罗的整支军队还是遭到俄罗斯帝国骑兵从侧翼发起的攻击。

尽管在理论上，拿破仑·波拿巴偏爱混编阵形，并且他知道对付火力未被压制的对手使用纵阵代价高昂，但可以肯定的是，他经常使用混编阵形，不但是为通过桥梁或峡谷[①]，而且是为在他决心突破的地方及对手坚守的地方，给予对手最后一击。在瓦格拉姆，麦克唐纳的征战先遣队的侧翼后卫由十三个营组成，这十三个营

① 例如，在阿科拉，皮埃尔·奥热罗麾下的一个师对一座位于升起的公路上的桥梁进行攻击，这条公路跨越了一条只有三十英尺宽的堤坝，每边都有沼泽。守卫的有三个团，一个接一个。在埃伯斯伯格的科霍恩纵阵并不那么深，只有一个旅，但其不得不在一座二百码长的桥上前进。——原注

路易・弗里昂

一个营接一个营排阵，尽管前线由八个营组成。路易•弗里昂的右翼师也采用了纵阵阵形，并且向对手的三个团发起进攻。在弗里德兰，由约翰•勒•马尔尚率领的米歇尔•奈伊元帅的右师也以一个营连接一个营的阵形派出十个营来到前线，但尚未部署阵形，大规模袭击就被制止。1812年和1813年，大规模的前进很正常，所有的团以纵阵的形式组成，营连着营[①]，团间距只有二百码。

拿破仑•波拿巴很清楚纵阵的缺点。他在与马克西米利安•塞巴斯蒂安•富瓦的著名谈话中说："即使在平原上，纵阵也不会比由一支准备攻击的强大炮兵支撑的线列更有优势。"[②]通常情况下，拿破仑•波拿巴的纵阵进攻前，他会对他即将袭击的地方进行一次大规模的炮击。作为一名老炮兵，拿破仑•波拿巴知道如何用最

① 这是在吕岑的第三军团的阵形，见皮埃尔·艾蒂安·法布里的《1813年第三团和第五团日志》，第7页。——原注

② 马克西米利安·塞巴斯蒂安·富瓦：《军事生活》，阿梅代·吉罗·德莱恩编辑，第107页。——原注

精确和最有效的方式指挥一场进攻。拿破仑•波拿巴似乎更多依赖集中炮兵火力保护纵阵，而不是用一条密集的散兵线把纵阵包裹起来。对手的火线可能被炮火和炮弹攻占，也可能被一排散兵破坏士气，对手的射手可能士气低落。事实上，耶拿战役似乎只是拿破仑•波拿巴唯一一场在支援纵阵前，一条战线被一次凶猛的散兵进攻耗尽的战役。一般情况下，轻步兵似乎根本不存在，只有炮兵和建制营才能参战。在伊比利亚半岛战争中，似乎法军的将军习惯性地使用散兵线的次数不超过使用每个营中尖兵连——这支只占整个营九分之一兵力的小型军队的次数[①]。直到1808年，一个营中连的数量从九个减少到六个。此时，尖兵连占一个营总兵力的六分之一。1805年或1809年，我们距离法兰西第一共和国早期大规模“袭击”的日子已经很遥远了。

1809年，威灵顿公爵阿瑟•韦尔斯利指挥伊比利亚半岛盟军时，将面临的是法兰西第一帝国的军事策略，而不是法兰西第一共和国的军事策略。威灵顿公爵阿瑟•韦尔斯利必须仔细考虑他的对手，因为对手采取的进攻方式和对手步兵的混编阵形都很烦琐。大多数情况下，当使用营或团的纵队时，混编阵形格外烦琐和拥挤。威灵顿公爵阿瑟•韦尔斯利知道对手骑兵数量远远超过自己麾下骑兵的数量，并且对手会频繁地使用这些骑兵。在各种战役中，拿破仑•波拿巴麾下的骑兵不会晚于步兵发起进攻。此外，法军还拥有一支强大而有效的炮兵。经过训练，这支炮兵为全世界最伟大的步兵攻击做好准备。威灵顿公爵阿瑟•韦尔斯利手下的炮兵在步兵中占的比例低得离谱。1809年，按平均计算，威灵顿公爵阿瑟•韦尔斯利麾下每个师拥的炮台数量不到一座。

在战术效率方面，怎样对抗法兰西军队这个危险的对手呢？粗略地说，威灵顿公爵阿瑟•韦尔斯利的一项优势是相对于对手营级作战单位较烦琐的排布，英军组成的步兵队在双排线上的阵形。当然，威灵顿公爵阿瑟•韦尔斯利并不对这个阵形负责，他将双排线上的阵形作为一种可以接受的阵形，并且认为自己知道如何利用好这种阵形。

① 习惯但不总是，例如关于1806年10月12日由安托万·路易·波庞·德·莫屈内将军在比利亚穆列尔对来自五个营的八个散兵连的使用情况，见《拿破仑研究》中贝绍的《日志》，第406页到第407页。——原注

法兰西军队在战争中使用的战术对英军战术的影响是显著而有趣的。大不列颠王国对新型战争的第一次反思，似乎主要受到1793年到1794年，约克和奥尔巴尼公爵腓特烈王子的军队的经验的启发。当时，组成法军防护屏障的厚厚的散兵链，对以腓特烈大帝的旧阵形作战的军队造成了很大打击。针对散兵链，采取旧阵形作战的军队没有足够的对抗措施。战争初期，我们发现英军没有足够比例的轻型部队。每个营的一个轻型连完全无法阻止蜂拥而至的法军散兵，也无法阻止真正攻击发生前法军对英军主力造成损害。对此，英军提出了两种补救措施：第一种措施是将一个营中的轻型连从一个增加到两个[①]；第二种措施是从每个团中挑选一定数量的士兵进行枪法训练，并且使其接受轻步兵训练，但接受特殊训练的士兵仍然依附于他们所在的连。在这两种补救措施中，第一种措施从没有人尝试过。第二种措施实际上由某些上校实施过，他们把每个连中的十五到二十人训练成散兵。这些散兵被称为“侧翼兵”，与轻型连一起作战。我发现在英军参与的战役中有关侧翼兵的唯一一次战役是梅达战役。在这次战役中，侧翼兵的出现说明了这种制度的危险。将军们想要更多轻型部队，习惯性地抽取团的轻型连组成“轻型营”。他们不但这样做了，有时甚至从中心连“偷”走了“侧翼兵”。在梅达，卡斯尔雷子爵罗伯特•斯图尔特不但拥有轻型连，而且留有西西里岛的团作为侧翼兵，并且这些团拥有的每一个神枪手都被调走了——一种可怕的手段。然而，这些补救措施只是试探性的，并且很快就被放弃了。威灵顿公爵阿瑟•韦尔斯利从来没有忽略这些连，尽管他偶尔也会创建一个轻型连组成的轻型营，但很罕见。

然而，英军还有第二条道路选择。与其在每个营中发展更多散兵，英军可以创建新的轻步兵，或者将整支军队变成轻型部队。对前者来说，有一个很好的先例。美国独立战争期间，大不列颠王国军队的将军们以此来对抗神枪手，这些神枪手是美国军队最有效率的一部分。西姆科的突击队就是这样，还有塔尔顿的著名军团中的步兵，这个军团的其余人员是真正的骑兵，他们是英军中的第一支轻步兵，因为龙骑兵已经忘记了他们以前的行当，成了这支军队的轻步兵。然而，1783年，所有的

① 对这种想法，詹姆斯·辛克莱爵士在其《大不列颠军事体系的评论，关于步兵的阵形》进行了深入的讨论，并且提出每个由六百四十人组成的营中应有一百六十名散兵。——原注

梅达战役

突击队员都被遣散了。法兰西革命战争开始前，人们似乎已经忘记了这些轻步兵的存在。因此，大不列颠王国军队不得不重新开始组建新的轻步兵。直到1798年，第一个大不列颠步枪营，即第六十团第五营或者皇家美国团才建立起来。这是从许多英国退役的外国轻步兵的残余部队中组成的一支猎人军队。即使在伊比利亚半岛战争期间，其大部分成员仍然是德意志人。这是第一支绿衣营，第二支是1800年1月成立的库特•曼宁厄姆的“实验性步枪兵”。最终，在经历了一系列变迁后，库特•曼宁汉姆的“实验性步枪军”成为第九十五团。在伊比利亚半岛战争史中，第九十五团很有名，但现在几乎被新头衔“步枪旅”代替了。被收编到威灵顿公爵阿瑟•韦尔斯

第九十五团士兵

伊比利亚半岛军队轻型师士兵

利手下前，第九十五团已经扩大到三个营。后来，虽然轻步兵的数量没有增加，但通过把某些挑选出来的营变成轻步兵营，英军轻型部队的数量有所增加。此外，他们配备了特别的轻型火枪，而不是步枪。在训练散兵方面，所有连都受到了指导。1794年第一支受到训练的军队是第九十团或珀斯郡轻步兵团。然而，直到1803年，散兵才再次接受训练，伊比利亚半岛军队轻型师中的著名团，即第四十一团和第五十二团，才获得同样的指示。拿破仑·波拿巴战争期间，轻步兵最后一次增加规模是在1808年，增加了第六十八团和第八十五团，1809年，增加了第五十一团和第七十一团。这些团大多有两个营，即使如此，对当时有将近二百个营的一支军队来说，这些轻步兵的数量也不多。此外，还有一些外国军队需要考虑，这些军队出现在英军的召集名单上，比如英王德意志军团的两个轻型营、不伦瑞克·奥尔斯猎兵团和在伊

不伦瑞克·奥尔斯猎兵团士兵

比利亚半岛服役的不列颠猎兵。除了不列颠猎兵，其他提到的外国军队都是1803年后创建的。实际上，至少在反法战争的第二个时期，英军并没有像1793年那样缺乏轻型部队。我们应当明白，轻步兵在威灵顿公爵阿瑟·韦尔斯利的战术策略中具有的重要意义。

从伊比利亚半岛战争初期的战役中，我们可能得出的另一个经验是在攻击对手防线临界点时，纵阵很有效。法兰西军队在欧洲大陆的对手受到了法兰西军队使用纵阵获得成功的看法的影响，并且经常模仿这种阵形。值得注意的是，英军对线列由来已久的偏见丝毫没有受到法兰西军队使用纵阵成功的影响。在英军内部，认为纵阵是一种笨拙而代价高昂的阵形的想法并没有动摇，并且认为步兵应该以其射击速度和准确性获胜，不应该浪费射击线上的每一支火枪的理论继续占据上风。英军对混编的反应是将部署营从三排减为两排，因为他们发现第三排火力对前线人员很危险，并且实际上没有效果。最初，作为英国步兵的官方指南，戴维•邓达斯爵士采用的1788年普鲁士三排操典并没有正式取消，但实际上被忽视了。因此，英军又回到美国独立战争中惯用的、曾被遗憾地放弃的两排队列。显然，约克和奥尔巴尼公爵腓特烈王子并不完全赞同这一变化。他至少发布过一次一般命令，提醒英军上校们三排阵形仍然是官方认可的，不应该被遗忘。但1801年的一项命令同意指挥官采用两排阵形，这可能标志着普鲁士阵形的实际终结[①]。早在此前，英军的许多

戴维·邓达斯爵士

① 见约翰·威廉·福蒂斯丘的《英军史》，第921页。——原注

拉尔夫·阿伯克龙比

军官就已经不使用这套阵形了，并且可以肯定的是，在拉尔夫·阿伯克龙比参加的埃及战役中，普遍采用的是两排阵型而不是三排阵型[①]。英国军方认为，火力是一切，应对法兰西军队纵阵攻击的正确方法是让更多士兵进入前线。

法兰西第一共和国战争结束后三年，快被人们遗忘的卡拉布里亚战役十分清楚地证明了两排线阵相对于三排线阵的有效性。在这场战役中，法兰西将军让·雷尼耶部署了整个或大部分营，他不像以往那样采用混编阵形或营纵阵的方式作战。其结果是决定性的，在较弱的阵形中，五千名英国步兵受到了六千名法兰西士兵的攻击，但重创法兰西军队，这完全是因为英军火力效率高。这是法军迄今为止参加的战役中规模最小但最具毁灭性的一场战役，使法兰西军队死伤两千人，而英军的全部损失仅为三百二十人[②]。值得注意的是，后来成为威灵顿公爵阿瑟·韦尔斯利值

① 参见亚历山德里亚第二十八团的逸事。当法军的骑兵突然从后面袭击第二十八团时，它的后排队伍与前排队伍背靠背战斗。因此，该团被允许使用双排阵列。——原注

② 直到最近，我还以为让·雷尼耶至少还有引人注目的梯队——左翼或者营纵阵，但詹姆斯少校有证据表明，尽管法兰西第一帝国的文章中没有显示这一点，但让·雷尼耶部署了大多数士兵。《托马斯·邦伯里的回忆录》第244页及查尔斯·布思比的《1804年到1809年在英国旗帜下》第78页也证明了这一点。——原注

得信赖的一些副官都曾出现在梅达战役中，其中包括约翰·威廉·科尔、肯普、奥斯瓦尔德和西顿男爵约翰·科尔伯恩。这是我知道英军和法军军事部署的唯一实例。在通常情况下，这是一个纵阵对线列的案例。

1805年，返回英国前，在印度的威灵顿公爵阿瑟·韦尔斯利已经缺席对法战争九年。因此，他不得不通过新的经验来了解法兰西第一共和国军队和法兰西第一帝国军队的差异。对这个问题，威灵顿公爵阿瑟·韦尔斯利一直很感兴趣。据说在离开加尔各答前，他曾对亲信说，法兰西第一帝国军队正在使用纵阵扫除欧洲的一切障碍，但他确信法军可能并且会被线列打败。回到英国后，他听到的消息显然证实了他的看法。出发前往维梅罗前，威灵顿公爵阿瑟·韦尔斯利与约翰·威尔逊·克罗克的一次谈话记录有可能在1808年6月14日的文件中保存下来。威灵顿公爵阿瑟·韦尔

约翰·威尔逊·克罗克

斯利静静地坐着，沉思了很长一段时间。当约翰·威尔逊·克罗克问及他的想法时，威灵顿公爵阿瑟·韦尔斯利回答说："说实话，我在想我要对抗的法军。自1793年到1794年佛兰德斯战役后，我就再也没见过他们。在拿破仑·波拿巴带领下获得十几年的胜利一定让法军变得更好了，这足以令一个人思考。然而，尽管他们可能打败我，但我认为他们不能战胜我。首先，我不像其他人那样害怕他们。其次，如果我听到的关于法军采用纵阵的消息是真的，那么我认为对付稳定军队时，采用纵阵是错误的。我怀疑战斗开始前，所有的欧洲大陆的军队都是半途而废。至少我不会事先害怕。"

威灵顿公爵阿瑟·韦尔斯利前往葡萄牙，试图用对付稳定部队的方法对抗"法兰西军队的阵形"。然而，如果认为威灵顿公爵阿瑟·韦尔斯利只是想以线列击败纵阵，那么这是对他意图的错误理解，尽管基本事实看上去确实如此。实际上，威灵顿公爵阿瑟·韦尔斯利尝试用自己的方式使用线列阵形。线列阵形有其特殊性和局限性，其主要特点是：

（一）在发生实际冲突前，不得暴露线列，即必须尽可能地将线列隐藏起来。

（二）直到关键时刻，线列必须通过一排对方骑兵无法穿透的散兵进行掩护。

（三）无论是利用地形，还是骑兵和炮兵，都必须适当地掩护线列侧翼。

当我们调查威灵顿公爵阿瑟·韦尔斯利以前指挥的所有战役时，我们就会看到，这三项条件中的每一项他都尽可能给予保障。

（一）成功使用线阵的必要条件是线列尽可能远离对手炮兵和步兵远程火力。我们发现，威灵顿公爵阿瑟·韦尔斯利指挥的许多防御战最显著的特点之一是，只要可行，他就会占据一个可以隐藏自己主力的位置，并且对手只能看到他的散兵和炮兵。因为炮兵必须在步兵开始战斗前作战，并且不得不占据指挥阵地，所以炮兵往往一开始就会发现。在维梅罗战役中，威灵顿公爵阿瑟·韦尔斯利通过这种方式隐藏他的军队。因此，当让-安多什·朱诺考虑调动其军队左翼时，他发现其转弯纵阵被隐藏在天际线后面的军队包围着。在布萨科战役中，利弗里公爵安德烈·马塞纳将军，这位不一般的将军，竟将威灵顿公爵阿瑟·韦尔斯利军队的中锋误认为是其军队的右翼，并且进攻时，发现自己的攻击纵阵[1]远远超过了威灵顿公爵阿瑟·韦尔斯利军队的侧翼。在萨拉曼卡战役中，情况大致相同。英军主力隐藏在一座低矮山脊后面，爱德华·帕克南少将率领的师及跟随他的骑兵，即执行这一伟大攻击的军队，隐藏在一片树林中，远离想绕过英国、西班牙王国及葡萄牙王国盟军右翼的法军行军纵阵。在滑铁卢战役中，最明显的例子是，威灵顿公爵阿瑟·韦尔斯利前线的全体步兵从斜坡的边缘撤回，甚至法兰西军队爬到其所在高地的顶端都没被发现。拿破仑·波拿巴只能辨认出炮兵、散兵线及霍格蒙特和拉艾-圣特外围哨所的军队。正如我将在下面提到的塔拉韦拉战役，这是在防御战中，威灵顿公爵阿瑟·韦尔斯利唯一没有使用这一规则的战役。

威灵顿公爵阿瑟·韦尔斯利理想的作战位置是一片上升的地面，前方有一片很长的斜坡，后面有一片高地或凹陷处。如果山坡是马鞍形的，或者距边缘约几百码远[2]，那么步兵从天际线撤退，驻扎在山顶后面。他们待在那里可以免受炮火的袭击，直到战斗需要他们。只有当步兵的战斗开始时，他们才前进到实际的战场。格布哈特·莱贝雷希特·冯·布吕歇尔曾在利尼沿着一个斜坡部署自己的军队。每个人都会记得威灵顿公爵阿瑟·韦尔斯利对普鲁士王国军队在利尼战斗秩序的尖刻评论："这些家伙将受到致命的打击，对手能看到他们军队中的每一个人。"[3]或者用更严肃的话来说，后来，威灵顿公爵阿瑟·韦尔斯利将这样的话写在纸上："我当着亨利·哈丁子爵的面告诉普鲁士王国军队军官，根据我的判断，纵阵甚至军队暴露在炮火下，直面对手火力，是不明智的。"[4]

正如我有机会观察到的那样，伊比利亚半岛战争结束时，法兰西第一帝国军队已经很熟悉威灵顿公爵阿瑟·韦尔斯利的军队一旦准备好作战，步兵就被掩护的战术。因此，他能像1811年在丰特·吉纳尔多和1813年在索劳伦那样，在有利位置作战。威灵顿公爵阿瑟·韦尔斯利知道法兰西第一帝国军队会理所当然地认为，在看

---

① 见查尔斯·欧曼的《伊比利亚半岛战争》，布萨科章节。——原注

② 指在山顶在平顶的情况下。——原注

③ 菲利普·斯坦诺普伯爵的《与威灵顿公爵阿瑟·韦尔斯利的谈话记录》，第109页。——原注

④ 这句话来自《德罗斯手稿》，引用自威廉·汉密尔顿·麦克斯韦的《威灵顿公爵阿瑟·韦尔斯利传》，第20页。——原注

滑铁卢战役中发生在霍格蒙特的战斗

滑铁卢战役中发生在拉艾－圣特的战斗

卡特勒布拉斯战役中的英军士兵

不见的地方，英军有足够的兵力。在滑铁卢战役中，一个有趣的例子可以证明这一点。卡特勒布拉斯战役开始前的早晨，在到达只有一个荷兰-比利时师占领的山丘前，伊比利亚半岛战争老兵奥诺雷·夏尔·雷耶将军停留了一段时间，因为正如他所说的那样，“这很可能是伊比利亚半岛战争的一场战役，英军将会随时出现。”[①]这是来自多年伊比利亚半岛战争经验的教训。但这一次，恰巧不是这样，因为一次有力的进攻可能会向奥诺雷·夏尔·雷耶将军表明，树后没有隐藏的英国步兵。

奥诺雷·夏尔·雷耶

① 马克西米利安·塞巴斯蒂安·富瓦的《军事生活》，第270页和第271页。——原注

只有在所选阵地的某些地方没有掩护时，威灵顿公爵阿瑟·韦尔斯利才会偶尔将军队留在对手看得见的战场，并且使其暴露在对方的炮火下。这方面最著名的例子发生在威灵顿公爵阿瑟·韦尔斯利在塔拉韦拉的中心旅，它们暴露无遗，因为在保护它们左边的那座坚固小山和覆盖它们右边的橄榄树林间，有几百码的空地没有任何可用的斜坡或起伏的地形来掩护线列。这几乎是我们发现在步兵开始作战前，威灵顿公爵阿瑟·韦尔斯利的军队遭受炮火重创的唯一一场战役①。

（二）正如我上面所说，威灵顿公爵阿瑟·韦尔斯利的第二个假设是线列上的步兵必须被强大的散兵掩护，使对方事先出发的骑兵永远不能接近步兵，无法真正骚扰步兵，并且在法兰西军队的支援部队发动主攻前，这些步兵不应该卷入战斗。1794年，佛兰德斯战役的经历告诉威灵顿公爵阿瑟·韦尔斯利，线列不能与一群轻型军队相抗衡。这种不好的记忆不仅来自佛兰德斯，也来自1801年的埃及远征。当时，亚历山大战役中，拉尔夫·阿伯克龙比作战经验较少的旅受到远距离散兵持续不断炮火的严重打击，并且没能进行适当的反击②。

威灵顿公爵阿瑟·韦尔斯利执行的策略是确保自己的军队总有一条散兵线，强大到法兰西军队的骑兵永远不能强行穿插并接近这条主线。1809年4月，威灵顿公爵阿瑟·韦尔斯利当上指挥官，开始努力实现这个愿望。他的第一项措施是为英军每个旅增加一个训练有素的步枪连，以加强该旅的三个轻型连③。1809年4月，威灵顿公爵阿瑟·韦尔斯利解散了英军中最古老的步枪营，即第六十团的第五营，并且开始为每个旅配备一个连，但有自己的特种步枪连服役的英王德意志军团除外④。因此，在塔拉韦拉战役作战时，英军每个旅都有一支轻型部队提供额外支援。此外，当1810年3月1日新的轻型师成立时，两个旅中的每个旅都得到第九十五步枪团的若干

① 威灵顿公爵阿瑟·韦尔斯利的最后一个预备队，即唐金旅，从未与步兵交战过。还没开火，唐金旅就损失了一百九十五名士兵。后来，唐金旅被散兵拯救。——原注

② 见约翰·威廉·福蒂斯丘：《英军史》，第841页。——原注

③ 威灵顿公爵阿瑟·韦尔斯利向旅长们传递这些信息的有趣通告是："部队指挥官建议第六十团第五营的连队队员特别注意指挥他们所属旅的军官，他们会发现他们是战场上最有用的、积极的和勇敢的军队，他们将从本质上增加旅的实力。"——《威灵顿公爵阿瑟·韦尔斯利一般命令》，第262页。——原注

④ 英王德意志军团中曾出现很多初具雏形的"独立步枪连"，它们都是英王德意志军团两个轻型营与约翰·穆尔爵士离开葡萄牙时遗留下来的在医院中的单独的士兵组成的。——原注

亚历山大战役

亚历山大战役中，拉尔夫·阿伯克龙比阵亡

连。1810年到1811年成立的其他旅中，大多数旅通过征用第九十五团或刚刚抵达的不伦瑞克•奥尔斯猎兵团中的人员获得了额外的轻型连，没有获得额外人员的旅有自己的轻步兵[①]。

1810年夏，威灵顿公爵阿瑟•韦尔斯利开始在每个英军师中组建一个由五个营组成的葡萄牙旅。在这五个营中，有一个是[②]卡加多营或轻型营，专门训练小规模战斗战术。旧的葡萄牙军队中没有这些营，这些营都是新组建的，完全用于轻型步兵作战。原来只有六个营，但在伊比利亚半岛战争初期，威灵顿公爵阿瑟•韦尔斯利下令罗伯特•托马斯•威尔逊爵士组建第七、第八、第九忠诚的卢西坦军团。1811年，

罗伯特·托马斯·威尔逊爵士

① 详细地说，1811年5月，第六十团第五营提供轻型连给斯托普福德、奈廷格尔、麦金农三个连，以及迈尔斯·南丁格尔、赫尔斯、西顿男爵约翰·科尔伯恩、丹尼斯·霍顿和拉尔夫·阿伯克龙比等旅。不伦瑞克·奥尔斯猎兵团向威廉·海和詹姆斯·邓洛普旅提供了额外的连，营的其余部分在桑塔格旅中。第九十五团第三营给了霍华德旅一个连，这一著名的步兵团的其他营也在轻型师的两个旅中。洛维的德意志旅拥有自己的“独立轻型连”。全军中只有科尔维尔和伯恩旅没有获得这样的补充。——原注

② 除了约翰·詹姆斯·汉密尔顿的葡萄牙师。直到1812年，约翰·詹姆斯·汉密尔顿的葡萄牙师才获得卡加多营。——原注

威灵顿公爵阿瑟•韦尔斯利下令再成立六个葡萄牙旅。由于葡萄牙军队只有十二个旅共二十四个团，除了两个编入轻型师的旅，每个旅只配备一个卡加多营，但留在阿布兰特什和加的斯驻防的两个团什么都没有得到。

由于卡加多营本质上是轻型部队，并且完全用于小规模作战，当拥有六个英国营和五个葡萄牙营正常兵力的一个英国-葡萄牙师出现在战场上时，便能组成不少于八个英军连或十个葡萄牙连的小规模战线，即在每条线列有两个英军步兵营，六个卡加多营或总共派出一千二百人到一千五百人，总兵力为五千人到五千五百人。显然，这是一个十分强大的保护师前线的保护套。但这并不总是必要的，法军并不是总在主攻前部署一条小规模防线。然而，当他们这样做时，这条防线总会受到限制，并且远离主力。如果对手想要向防线推进，那么就必须通过散兵。法军的团，无论是混编团，还是更常见的在纵阵中形成的团，都必须走到前线。只有这样，他们才能与迄今为止最完整的英军防线接触。可以注意到，法军用散兵次数很少，但比用尖兵连次数多。因为法军的师平均有十到十二个营[①]，并且每营有六百人，只有一个尖兵连。一个法兰西师可派出一千名到一千二百名散兵，这比英军一个兵力大致相等的师的轻型部队规模小得多。因此，威灵顿公爵阿瑟•韦尔斯利的军队似乎从未受到法兰西军队散兵的严重影响。

英军轻型部队的屏障如此之大，使法兰西军队经常将英军的轻型部队误认为战斗阵线，并且将其纵阵称为刺穿或反击对手的第一线，但法军做的只是在真正的战斗阵线前，以强大而坚固的散兵前进[②]。我们可以肯定地说，法军必须用纵阵攻击英军双排线列，但英军的双排线列仍然完好无损，因为英军士兵已经遭受了一段时间的攻击，不再什么战术都不懂了。

---

① 1811年，对抗威灵顿公爵阿瑟·韦尔斯利的军队，即让·德·迪厄·苏尔特元帅和奥古斯特·德·马尔蒙的军队中，有一个六营师，一个九营师，两个十营师，一个十一营师，七个十二营师，一个十三营师。这些营人数从四百人到六百人不等。平均每营约五百人，不包括派出或住院的士兵。一个尖兵连人数从八十人到一百一十人不等。——原注

② 特别要注意弗朗索瓦·维戈-鲁西永对巴罗萨战役的叙述，他说他率领的团已经刺穿了第一条英军线列，但实际上，他做的一切是与英军第九十五团的四个连和葡萄牙王国军队第二十团的两个连交战。同样的，让·雷尼耶对布萨科战役的报告表明，皮埃尔·于格·维克图瓦·梅勒的师突破了托马斯·皮克顿中将的“前线”，在其第二条线列前才失败，但英军“前线”只有五个轻型连。——原注

也许有人会问，为什么拿破仑·波拿巴手下的元帅和将军们在交战前，没有部署他们的纵阵。为什么我们几乎很少读到描写使用混编阵形的文章？阿尔布埃拉战役是我们发现明显提到使用混编阵形的唯一一场战役。对这一异议的回答是，首先，法军高层坚信，纵阵是攻击特定地点更好的方式，并且他们通常攻击的不是整条英军线列，而是打算突破的某一段或几段地点。其次，我们可以补充说，法军经常试图部署混编阵形，但总是错失良机，因为他们一直等到打入英军的战线，并且试图在自己已经陷入攻击、积极备战时，采取更稀疏的阵形。由于英军并不总能注意到法军的这种努力，所以法军部署混编阵形开始得很晚，失败来得很快。但有证据表明，当时英军到达塞拉山顶，弗朗索瓦·克里斯托夫·德·凯勒曼在维梅鲁的掷弹兵、莱瓦尔在布罗萨的一部分部队、皮埃尔·于格·维克图瓦·梅勒在布萨科的

弗朗索瓦·克里斯托夫·德·凯勒曼

皮埃尔·于格·维克图瓦·梅勒

纵阵都曾尝试过，并且与托马斯·皮克顿中将的部队密切接触。在阿尔布埃拉战役中，我们从英国方面得到了很好的描述。当迈尔斯·南丁格尔的燧发枪旅向第五团的侧翼行进时，让-德-迪厄·苏尔特元帅向迈尔斯·南丁格尔的燧发枪旅使用了后备部队，即弗朗索瓦·让·韦勒的三个团，并且立即与燧发枪手展开战斗。对此，英军第七团的罗伯特·布莱克尼写道："在近距离行动期间，我看到法兰西第一帝国的军官们竭力部署他们的纵阵，但都毫无目的。只要一个连的三分之一出动，他们就会立即跑回来，寻求纵阵的保护。"事实是，一个英国团的火力远远超过了与欧洲大陆军队交战时，法军能应付的任何火力，并且英军的火力具有毁灭性。每次战役中，第一次与英军交战的法军军官，总会尝试不可能的事情。没有什么比在如此猛烈火力下进行军事部署更无法避免混乱和骚乱。许多法军指挥官根本没有进行过这样的尝试，他们认为在通常的"师纵阵"中，同营一起进行最后一次突击是比较安全的。这种战术稍微好一些，但最后的代价也很大。萨布加尔战役后，在一个异常兴奋的时刻，威灵顿公爵阿瑟·韦尔斯利写道："真的，这些对我军线列的纵阵攻击是十分可耻的。"[①]这是威灵顿公爵阿瑟·韦尔斯利从科阿的另一面看到的，"在那里，我可以看到交战双方的每一个动作"，第四十三团连续击退了法军使用纵阵发起的三次进攻。

（三）我们现在看威灵顿公爵阿瑟·韦尔斯利线列系统的第三个条件，即双排战斗线列的侧翼必须得到掩护。威灵顿公爵阿瑟·韦尔斯利通过骑兵和炮兵支援部队，或者将前线延伸到对手直接行动点外的步兵掩护侧翼。在塔拉韦拉战役中，威灵顿公爵阿瑟·韦尔斯利军队的一个侧翼得到一座陡峭的小山掩护，另一侧翼被浓密的橄榄种植园掩护。在布萨科战役中，法军的两次进攻都被驻在高且无法到达的地面上的部队打退，只能正面推进。在丰特斯-德奥尼奥罗战役中，最后的战斗阵地的一端是一座被占领的村庄，另一端在图龙的峡谷上。在萨拉曼卡战役中，第三师赢得了这场战役，其外部侧翼被一支英军和一个葡萄牙骑兵旅掩护。在维多利亚，整个法兰西第一帝国的军队被英军合力包围攻击。在滑铁卢战役中，威灵顿公爵阿瑟·韦尔斯利军队的一端侧翼是由霍格蒙特的高级哨所和阵地一端的右翼保护的，另一端由帕佩洛特农场和一群骑兵掩护。简而言之，威灵顿公爵阿瑟·韦尔斯利十分在意他的侧翼。就我所记得的，法军只有一次绕过了威灵顿公爵阿瑟·韦尔斯利军队的外围，并且给他制造了麻烦。这发生在丰特斯-德奥尼奥罗战役的第一阶段。当时，法军的骑兵进行了一次迂回战，英军第七师作为侧翼卫队在那里遭受了一些损失。但最终，英军第七师避免了更严重的损失，因为其第五十一营和不列颠猎兵团有时间保护其侧翼并很快适应了战场形势。此外，在阻挡法军骑兵时，少数英国中队做出了牺牲。

伊比利亚半岛战争期间，有一个举世铭记的例子表明，如果侧翼没有得到适当的保护，线列可能面临可怕的风险。在阿尔布埃拉战役中，第二师西顿男爵约翰·科尔伯恩的旅投入战斗，其侧翼完全裸露，并且在半英里范围内没有任何支援部队。这是由师长威廉·斯图尔特的鲁莽导致的。西顿男爵约翰·科尔伯恩率领的旅的

① 威灵顿公爵阿瑟·韦尔斯利给威廉·贝雷斯福德子爵的信，参见《威灵顿公爵阿瑟·韦尔斯利公文》，第7卷。第427页。——原注

萨布加尔战役

后方毫无准备地被两个法军骑兵团袭击，三个营四分五裂，一千六百名士兵阵亡一千二百人。威灵顿公爵阿瑟·韦尔斯利永远不会在没有得到侧翼适当支持的情况下发动进攻。值得注意的是，同一天晚些时候，劳里·科尔让第四师在同一座山上采取行动，并且成功击退了同一个对手，因为他用一个营守卫一个侧翼，一个营和一个骑兵旅守卫另一个在外侧更暴露的侧翼。

因此，这些就是成功使用线列对纵阵需要的必要条件。当人们记住这些，并且只要在兵力上保持平衡，他们就可以取得胜利。最后得出结论背后的基本事实就是，双排线列能使一支军队有效使用每一支步枪，纵阵把九分之七的人放在一个他们根本无法射击的位置，甚至拿破仑·波拿巴称赞的混编阵形也会使十二分之七到三分之二的士兵处在这种境地[①]。但阿尔布埃拉战役是这场战争中唯一一次使用混

阿尔布埃拉战役

① 如果这个混编阵形由一个团组成，并且这个团由三个各六百人的营组成，那么一千八百人中只有六百三十四人在前两排。如果这个团由包括两个部署营，以及侧翼的两个纵列营，共四个营组成，那么战斗结果会稍好一些。此时，二千四百人中有一千零三十四人能使用他们的火枪。——原注

编阵形的战役。在这场战役中，有确凿证据表明，作战时，法军使用混编阵形，并且命令已经部署的营和纵阵营在前线交替排列[①]。通常情况下，拿破仑•波拿巴的军队都是以师纵阵的形式战斗，并且经常像在布萨科战役或塔拉韦拉战役中的某些情景一样，每个团中的营都挨着另一个营。这是作战的总方针。但在滑铁卢战役时，让-巴普蒂斯特•德鲁埃•德隆发明了一种更糟、更笨拙的阵形。他派出了整个师，其中八九个营一个接一个。此时，十二名士兵中只有一名士兵能使用步枪。

让 – 巴普蒂斯特 · 德鲁埃 · 德隆

① 这是我从法兰西战争部的档案中得到的一份文件，其中说："攻击线列是由一个攻击纵阵的旅组成的。前线的左右是混合编队，也就是说，中央纵阵的每一侧都有一个线列营，每个线列营的外侧各有一个纵阵营或团。因此，在线列的每一端，都有一个准备组成方阵的纵营，以防敌军骑兵试图袭击我们的侧翼。" ——原注

不过，显然，师纵阵——双连，是法军正常的阵列顺序，即在一个六百人的六连营中，前线应该有六十六支步枪和一百三十二名能射击的士兵，后排有四百六十八名士兵拥有射击能力但不能射击。如果一个同等兵力的英国营在前方，那么在双排线列中，它可以拥有六百支步枪，而不是一百三十二支。但这还不是全部：英国营的前线兵力几乎是法军营兵力的五倍。因此，英军的火力覆盖了法兰西第一帝国军队的侧翼。法军士气低落，因为他们没有足够的力量反击。在交火时，英国线列通常会以浅新月的形状展开侧翼，并且同时与纵阵的三面展开厮杀。在布萨科战役对抗法军的西蒙旅时，英军的第四十三团和第五十二团就是这样做的。当时，西蒙旅从前面的斜坡上冲了上来，冲锋团有三个营，但这三个营防守阵形薄弱，易遭到英军攻击。此时，我们怎么能指望纵阵会占上风？对一个看着强大，能吓住自己，并且能打败自己的对手，纵阵能起一定作用。但面对能及时清空火枪，并且能以最快速度打到一个不可能错过的目标的军队，纵阵无能为力。这很可能就是前往葡萄牙前，威灵顿公爵阿瑟•韦尔斯利向约翰•威尔逊•克罗克表达的意思，他说："如果我听到的关于法军采用纵阵的消息是真的，那么我认为对付稳定部队时，采用纵阵是错误的。我怀疑在战斗开始前，欧洲大陆的军队都是半途而废。"也就是说，这个纵阵可能会因其巨大的能量和冲击力产生的战斗优势在战斗中获胜。但如果对手没有被纵阵震慑住，并且能保持自己的队形，那么就会对纵阵——这种拥挤的阵形造成重创。

只能说，法军有两种制订攻击阵形的方式：可能会将每个团内的营组成纵阵，或者将这些营一个排在一个后面，使整个团成为一个纵阵。这两种方法都不时被采用。造成这种差异的并不是纵阵安排的细节——其根本弱点是形成所有阵列基础的师纵阵。在与线列对抗时，师纵阵无能为力。

现在，我们已经大篇幅地论述了线列和纵阵竞争的本质。那么，这场竞争的道德方面呢？幸运的是，我们可以准确地解释这一点，因为经历过伊比利亚半岛战争的数千名法军军官中，有个人为我们留下了宝贵的资料。不像其许多同伴那样只记录个人逸事或对战场有混淆的印象，他提供了一种真实的描述，描述了在纵阵进攻英国线列时，法兰西第一帝国一支军队的精神状态。我无法完全引用托马•罗贝尔·比若[①]的段落，但这些段落给了我们想要知道的一切。不过，前提是，托马·罗贝尔·比若没在位于葡萄牙的军队服役，也不曾面对威灵顿公爵阿瑟·韦尔斯利的军队。他曾在路易·加布里埃尔·絮歇的军队服役，并且沿着伊比利亚半岛的地中海沿岸作战，他的个人观察一定是在卡斯塔利亚和伊比利亚半岛东部其他战斗中完成的。还应该指出的是，他没有提及经常发生的散兵冲突，只是描述了他的纵阵不受约束地向主攻地点前进的情况。

托马·罗贝尔·比若

① 1812年，托马·罗贝尔·比若是一位营长，但1845年，他成为非洲战场上的名将。——原注

托马·罗贝尔·比若说道：

我在伊比利亚半岛服役了七年。那段时间，我们有时在孤立的对抗或袭击中击败英军，如奥德尔战役。作为一名战地指挥官，我能做好准备并进行指挥。但在漫长的伊比利亚半岛战争期间，我感到悲哀的是，只有在极少数的一般行动中，英军才没能战胜我们。我们勇敢地攻击对手，但我们既没有考虑到我们过去的经验，又没有检讨当我们只有在对付西班牙王国军队时可行但在面对英军时总是失败的策略。

英军通常拥有良好的防守阵地。对防守阵地，他们精心挑选，并且通常选择在高地上，这为他们大部分兵力提供了掩护。通常加农炮会匆忙打响战斗，在没有及时侦察对手位置的情况下，以及在不确定地面是否提供了用于侧向或转向运动的设施时，我军径直向前，“不畏艰险”。[①]

当离英军线列大约一千码时，我军士兵开始变得焦躁不安，兴奋不已。他们彼此交换意见，并且行军变得有些急促，甚至已经变得有点混乱。与此同时，英军沉默寡言。他们放下武器，像一堵长长的红墙。他们的容貌令人印象深刻，尤其给我军新兵留下了深刻印象。很快，两军距离开始缩短，“Vive l'Empereur”“en avant a la baïonnette”[②]的呼喊从我军冒了出来。一些士兵用火枪举起了他们的军帽，快走变成了奔跑。我军开始混乱。我军士兵的骚动变得激烈起来，许多士兵在跑的时候开枪。但一直以来，那条红色的英军线列，即使在离我军只有三百码的地方，仍然沉默不动，似乎没有注意到即将到来的风暴。

与英军的对比是惊人的。我们中有不止一个人开始反思，英军的炮火已经持续了很久。当英军炮火发射时，我军会很不愉快。我军的热情开始冷却，士兵们的内心尤为沉重。

在这痛苦的期待时刻，英军的阵形会完成一个直角回转，其火枪已经

① 一位在布萨科的法军元帅说的话。——原注
② “Vive l'Empereur”意为法兰西皇帝万岁，“en avant a la baïonnette”意为刺刀向前。

奥德尔战役中的法军

准备好了。一种无法形容的感觉将我们许多人钉在战场上。我们停下来，开启了一场摇摆不定的战斗。英军转过身来，并且对我们精确又致命地发起一击，像雷电一样冲击着我们。随后，我军士兵一起卷土重来，试图恢复战场的平衡。然后，三个可怕的“乌拉”结束了英军的长期沉默。第三次，英军向我们扑来，迫使我军陷入无序的撤退。但令我们十分惊讶的是，英军没有乘胜追击，而是平静地回到他们原来的防线，等待另一次袭击。当我们的援军到来时，我们很少失败——我们同样渴望成功，也能承受更重的损失。①

这是我们需要描述的有关纵阵与线列冲突的战争场景。我们无法更好地描绘走向不可避免的失败时，法军士兵们的心理。唯一让我们难以理解的是，1813年到1814年的黑暗时期，以及在滑铁卢战役的最后战斗中，让-德-迪厄•苏尔特元帅、让-巴普蒂斯特•德鲁埃•德隆或马克西米利安•塞巴斯蒂安•富瓦这样有能力的将军继续使用纵阵的原因。然而，英军的所有荣誉都必须归功于有着五年伊比利亚半岛战争经验的普通士兵，即使在比利牛斯战役的最后进攻战及在奥尔泰兹和图卢兹的防御行动中，他们依然足够坚定而勇敢，并且能奋勇作战。

① 由路易·朱尔·特罗许将军在《1867年的法国军队》重印，第239页和第240页。——原注

第 5 章

威灵顿公爵阿瑟·韦尔斯利的战术：骑兵与炮兵战术

精彩看点

伊比利亚半岛的地形特点——法军的骑兵战术——“方针”战术对骑兵进攻的遏制——威灵顿公爵阿瑟·韦尔斯利获得骑兵增援——英军骑兵轻率进攻导致的失败——威灵顿公爵阿瑟·韦尔斯利的骑兵管理备忘录——威灵顿公爵阿瑟·韦尔斯利对英军骑兵军官的抱怨——伊比利亚半岛军队的火炮配置

截至目前，我们对威灵顿公爵阿瑟•韦尔斯利战略战术的研究一直局限在其步兵的战略战术上。但对他处理另外两个兵种——骑兵和炮兵的方法，我们有必要多说几句。幸运的是，威灵顿公爵阿瑟•韦尔斯利有一两份备忘录，使我们能解释他对使用这些辅助性兵种的看法，因为他“本质上是一名步兵将军”的警句基本上是正确的，尽管这仍需要一些评论和解释。伊比利亚半岛战争初期，威灵顿公爵阿瑟•韦尔斯利被迫成为一名“步兵将军”，因为直到1811年，在派遣骑兵和提供枪支的问题上，英国政府对他一直很苛刻。此外，我们必须考虑1809年到1811年他的作战条件。

从骑兵战略家的观点来看，伊比利亚半岛可以分为两类地区，其中一类是骑兵最重要的活动区域，另一类可以毫不夸张地描述为几乎可以忽略不计的一个军事活动区域。第二类区域只能用于小规模的勘探和观察，但不能有效地大规模使用骑兵。

就第一类地区而言，这类地区包括西班牙中部的大高原、旧卡斯蒂尔和莱昂广阔的可耕地平原，从布尔戈斯到罗德里戈城，从阿斯托加到阿兰达，特别适合使用骑兵。这类区域通常在一片平缓起伏的高地上，几乎没有围墙，主要为平地。骑兵可以在这里找到一个像在欧洲其他地区适合骑兵作战的地形，就像香槟地区或德意志北部的低地一样。与此同时，与上述地区几乎一样，新卡斯蒂尔少耕地的高原及拉曼查和埃斯特雷马杜拉人烟稀少的沼泽也适合骑兵作战。在这些地方，骑兵可能骑行二十英里或三十英里不会遇到任何很难逾越的自然障碍，除了山沟陡峭的裂缝，夏季干燥的天气及冬季遍布的溪流。中部大面积高地也不是西班牙唯一一处优越的骑兵作战区域。西班牙阿拉贡的埃布罗中央山谷和安达卢西亚的瓜达尔基维尔河流域整个广阔的平原，同样适合骑兵作战。因此，拿破仑•波拿巴将大量骑兵放到驻西班牙的军队，并说骑兵的大部分应该处在拥有更多、更优秀军队的将军麾下是完全有道理的。

然而，在伊比利亚半岛的部分地区，骑兵几乎和在瑞士或卡拉布里亚一样毫无用处。西班牙北部整个比利牛斯山脉，即从加泰罗尼亚一直延伸到比斯开湾南岸的阿斯图里亚和加利西亚，不适合骑兵作战。人们会记得，在1813年的比利牛斯战役中，威灵顿公爵阿瑟•韦尔斯利几乎将所有骑兵都送回了埃布罗平原，让-德-迪厄•苏尔特元帅将骑兵也留在了阿杜尔平原。一旦穿过阿斯托加，进入加利西亚山脉，在科鲁尼亚撤退中，约翰•穆尔爵士小而精良的骑兵部队将毫无用处。约翰•穆尔爵士也把这支骑兵部队转送出去，只留下一两个中队及后备军。同样在比利牛斯战役中，让-德-迪厄•苏尔特元帅麾下的大部分骑兵只在逮捕约翰•穆尔爵士的散兵和阻止英军持续行进中发挥了作用。每次撤退，英军的步兵后卫都会被完全阻止，并且在加利西亚峡谷中陷入绝境。

此外，伊比利亚半岛还有另一块几乎与比利牛斯山脉和加利西亚高地一样不适合骑兵作战的区域，即葡萄牙。威灵顿公爵阿瑟•韦尔斯利早期的很多战役就发生在葡萄牙。除去一些面积相对较小的海岸平原，整个葡萄牙北部和中部都是山区。这一地区大部分不是大规模山峰高而山谷宽阔的山地，而是小规模的山地，常常是两千或三千英尺高的崎岖山丘，并且狭窄的沟壑间布满洪流——那里的道路都是上坡路或下坡路，并且每隔几英里就有一座峡谷。1810年到1811年，根据葡萄牙农村地区的这一特点，威灵顿公爵阿瑟•韦尔斯利军队以很少的骑兵部队——通常只有七个英国团和四五个葡萄牙团，成功对抗大量利弗里公爵安德烈•马塞纳率领的具有压倒性优势的中队。从阿尔梅达到托里什韦德拉什防线的撤退过程中，英国和葡萄牙王国盟军永远不会被抓住或骚扰。交战的骑兵只用来进行小规模的防御行动。在这种行动中，规模较小的军队能使规模较大的军队遭受打击，并且只有当入侵者派遣步兵支援时，骑兵才予以还击。这样做对利弗里公爵安德烈•马塞纳有好处，当进入葡萄牙时，他本可以留下七千骑兵，他需要的是进行侦察活动的几个中队。然而，当利弗里公爵安德烈•马塞纳深陷狭窄的峡谷，孤立无助时，他的骑兵往往更像是一种累赘，而不能为他提供帮助。

此外，当远离葡萄牙山区的山坡时，威灵顿公爵阿瑟•韦尔斯利不得不变得十分谨慎，并且只要法军在中队数量上占据优势，他就将行动限制在像塔拉韦拉或丰特斯-德奥尼奥罗这样的有利地带。1811年后，当威灵顿公爵阿瑟•韦尔斯利的骑兵团人数增加了一倍多时，他才敢冒险来到平原地区，并且在野外进行像萨拉曼卡战役那样伟大的战役。萨拉曼卡战役是威灵顿公爵阿瑟•韦尔斯利第一次在伊比利亚半岛作战，当时他的骑兵人数比法军骑兵数量少三分之一，甚至一半。

除了比利牛斯山脉和葡萄牙，伊比利亚半岛还有其他地区拥有阻碍骑兵作战的地形。譬如，有一大片崎岖山谷的加泰罗尼亚内陆，格拉纳达王国的沿海地区及阿拉贡、巴伦西亚和新卡斯蒂尔交会的山区。由于这些地区是英军很少出现的地方，我便略带提及。必须记住的是，西班牙的每一处高地，如莱昂、新卡斯蒂尔、拉曼查和埃斯特雷马杜拉，都是由宽阔的山脉带与其他地区分开的，这使境内不同平原的交流变得困难和危险。

在西班牙王国这样一个地形对比鲜明的国家，在维梅鲁战役和图卢兹战役之间的六年里，各种战斗人员是如何使用他们的骑兵的？不同国家骑兵作战的相对价值是多少？其作战策略是什么？同样重要的侦察工作及掩护和隐藏其他部门行动的策略是什么？

1808年，伊比利亚战争开始时，法军的骑兵战术已经发展出一套与步兵战术一样明确的体系。拿破仑•波拿巴喜欢集结骑兵，并且将骑兵放在中央，而不是军队的侧翼。在马尔伯勒公爵约翰•丘吉尔和腓特烈大帝时代，骑兵几乎总是在两翼排成长队，并且首先用来打击对手的武装骑兵，然后对抗对手中心步兵无防护的侧翼。利用骑兵冲刺对方阵线中间的一个弱点确实十分罕见，并且只有极少数已经摆脱了军队旧惯例的一流将军尝试过。马尔伯勒公爵约翰•丘吉尔对位于布莱尼姆法军右翼的骑兵的进攻几乎是18世纪旧式战争中这类攻击的典范。腓特烈大帝在罗斯巴赫

普鲁士骑兵在罗斯巴赫发起冲锋

的伟大骑兵冲锋，不过是普鲁士王国侧翼骑兵对一支军队外露侧翼的突然进攻，而这支军队毫不明智地试图在普鲁士军队的阵地上前进。然而，拿破仑•波拿巴倡导骑兵对对手防线上的弱点展开重点正面攻击，因为这条防线已经被炮兵的猛烈攻击或者其他方式削弱了。拿破仑•波拿巴会用六千、八千或者像在滑铁卢战役那样，用一万两千骑兵来打伟大的一仗。在奥斯特里茨和博罗季诺，这类进攻直接冲击对手的前线。马伦戈和德累斯顿也是通过这样的冲刺被攻克的。艾劳只是由于同样的一击才免于陷入灾难。但骑兵必须在恰当的时机使用，必须被熟练地领导，并且如果要取得成功，就必须毫不犹豫地充分利用骑兵，不惜一切损失。即使这样，骑兵也可能被冷静坚定的步兵彻底击退，就像在滑铁卢战役中那样。只有针对筋疲力尽、心烦意乱或者未经训练的步兵时，骑兵作战才有获胜的可能性。

在整个伊比利亚半岛战争中，毫无经验的西班牙王国军队为法军骑兵中队提供了这样的机会。西班牙王国军队总在其将领部署前受到突然袭击，或者在执行一些复杂行动时陷入混乱。西班牙王国军队如果在以线列或纵阵行进时受到袭击，那么他们总会由于缺乏纪律性无法形成方阵而受到对方骑兵冲锋的破坏。他们的士气常常十分低迷，甚至在有时间形成方阵时，他们也会被打败。马德林战役、奥卡尼亚战役、盖博劳战役和萨古图姆战役，都是以小规模的骑兵熟练对付人数众多但纪律不严的步兵的很好的例子。然而，人们很少提到的1810年马加莱夫战役也许是这类战役中最有力的例子，因为行军的纵阵形成战斗线时，路易·加布里埃尔·絮歇麾下骑兵[①]的六个中队连续赶上并擒获一个大约有四千人的师，尽管当时西班牙王国步兵拥有三个骑兵中队[②]，并且还配备了半个连队的炮兵。

萨古图姆战役中攻击前进的维斯瓦军团的波兰士兵

① 由第三轻骑兵团的两个中队支援的第十三胸甲骑兵团。——原注

② 在行动开始时，西班牙王国步兵的三个骑兵中队逃走了。——原注

当然，当法军骑兵不得不面对英军稳定的营队时，情况就完全不同了。纵观1808年到1814年的战事记录，我只记得有两次战役，法军的骑兵确实取得了明显的战术上的成功。奇怪的是，这两次战役都发生在1811年5月。对英国步兵来说，阿尔布埃拉战役发生的一切是一场灾难。对这一情况，我已经在前一章中描述过。另一次小得多的成功，是在阿尔布埃拉战役爆发前几天，法军骑兵在丰特斯-德奥尼奥罗对阵英国步兵时取得的。英国步兵这两次战败完全是例外。通常英国步兵都有自己的阵形，除非绝对出其不意，即使是在两条线列部署没有形成的情况下，骑兵的正面进攻也很难奏效。如果英军掩护了他们的侧翼，那么他们就绝对安全了，并且可以轻易抵挡任何进攻。

事实上，在伊比利亚半岛战争中，处在线列的英军击退骑兵屡见不鲜，因为英军的侧翼被掩护，谁也不愿意费力组成方阵。典型的例子是1811年，在埃尔博登的诺森伯兰第五火枪团向法军两个骑兵团开火，并且驱赶其离开高地，英军之所以能这样做，是因为受一个或两个英军骑兵中队的保护。1811年，在萨布加尔的第五十二团完成了类似的壮举。此外，威廉·蒙迪·哈维的葡萄牙旅在阿尔布埃拉也完成了同样的壮举。

当然，更重要的是，线列是坚不可摧的。英军一旦安全地形成这类线列，就会习惯性地不仅在驻足不动的情况下抵挡骑兵的进攻，而且在对方骑兵出没的战场上长时间移动。在丰特斯-德奥尼奥罗被四个法军骑兵旅围困时，轻型师、三个军线列和两个葡萄牙军组成的线列悠闲地撤退了两英里。最终，英国和葡萄牙王国联军到达了他们奉命占领的地方，并且仅一人阵亡、三十四人受伤。与此同样，在埃尔博登面对两个骑兵旅时，由第五团和第七十七团组成的线列撤退了六英里①。

事实上，几乎毫无例外地说，在伊比利亚半岛战争期间，稳定的军队无论是英军还是法军，即使面对骑兵的冲锋陷阵，也从来没有被击败过。展现这个普遍结论的一个绝好的例子就是巴基利亚战役。当时，法军第二十二团的两个掷弹兵连在被英王德意志军团第一轻骑兵团、第十六轻龙骑兵团和第十四轻龙骑兵团的三个中队攻击后，在一块平地逃跑了。展开攻击的三个英军中队中的一个，至少第十四轻龙骑

① 有关详细信息，请参阅下面关于托马斯·皮克顿中将的章节。——原注

巴基利亚战役中的英军轻骑兵

兵团被法军如此漂亮地反击，使第十四轻龙骑兵团的一名军官和九名士兵落在了法军前线。法军的一名观察员注意到己方的刺刀被折断，滑膛枪筒被轻骑兵的猛烈打击破坏，但敌方轻骑兵仍不能突破己方防线。

的确，在整个伊比利亚半岛战争期间，只有一个排列完好的线列被打破的例外情况，就像西顿男爵约翰·科尔伯恩指挥的旅在阿尔布埃拉战役遭受溃败一样。这发生在加西亚·埃尔南德斯战役中，也就是在1812年7月23日，即萨拉曼卡战役爆发后的第二天早上，英王德意志军团的重型龙骑兵进行了法兰西战争历史学家马克西米利安·塞巴斯蒂安·富瓦所说的他见过的最好的冲锋。奥古斯特·德·马尔蒙

加西亚·埃尔南德斯战役中的英王德意志军团重型龙骑兵

军队的后备军由一个师组成，但这个师并没有认真地参加这场战役。因此，不能说这支后备军是由内心动摇或士气低落的士兵组成的。尽管如此，实际上，法军的两个方阵被重型龙骑兵击破，虽然它们没有在利于防御的山坡上急忙停下。根据拉德洛·比米什少校的《德意志军团史》——一部几年后根据目击者证词创作的作品记载，法军的第一个方阵被一匹受了重伤的马冲破，马上载着一名死去的骑手，直接跳到方阵前排，在挣扎中踢打并冲垮了六名士兵。一名军官，即格莱亨上尉赶紧纵战马冲进形成的空隙中，他的部下紧跟其后，像一个楔子插入方阵，方阵就此破裂，方阵中绝大多数士兵都宣布投降。属于同一个团的第二个方阵在山坡上的位置比第一个方阵稍高一点，见证了兄弟营的毁灭，并且似乎为眼前的景象震撼。无论如何，几分钟后，德意志重型龙骑兵的另一个中队袭击第二个方阵时，第二个方阵进行射击，并且在受到攻击时队形开始溃散。当然，在战场上犹豫不决是致命的。破碎的方阵阵亡一千四百名士兵。另外，这个方阵还有大约两百人伤亡。与此同时，获胜的重型龙骑兵为他们的成功付出了相当高的代价。七百人中，有四名军官和五十名士兵丧生，两名军官和六十名士兵受伤，伤亡比例相当高，达五十四比六十二，意味着双方面对面开枪造成了致命的后果。

正如我前面所说，这两个方阵被冲垮是一个例外，它证明了一条规律：一个稳定坚固的方阵很难被对手击溃，马克西米利安·塞巴斯蒂安·富瓦和拿破仑·波拿巴在西班牙驻军的其他老军官对拿破仑·波拿巴在滑铁卢战役的致命尝试感到沮丧。拿破仑·波拿巴企图将大约一万到一万两千名骑兵集结到不到一英里的前线，破坏拉艾-圣特和霍格蒙特间的英军方阵战线。拿破仑·波拿巴不允许一个完整优秀的步兵团拥有强大的反抗力量。

在骑兵与骑兵的战斗中，双方兵力相当令这场战役成为一次对双方作战效率的检验，但这样的战役在伊比利亚半岛战争中很少见。在伊比利亚半岛战争初期，威灵顿公爵阿瑟·韦尔斯利手下骑兵太少，根本无法承担大规模的骑兵作战。1809年，威灵顿公爵阿瑟·韦尔斯利在塔拉韦拉战役中只有六个骑兵团。在1810年的布萨科战役中，他只有七个骑兵团。1811年3月，当威灵顿公爵阿瑟·韦尔斯利在贝拉和埃斯特雷马杜拉同时作战时，他只能给威廉·贝雷斯福德子爵三个团，为自己留下四个团。此外，他不能像支援炮兵部队那样，动用葡萄牙王国的辅助部队来弥补这种缺陷。葡萄牙王国的骑兵太弱，我们甚至怀疑他们在战场上没有两千人。葡萄牙王国的十二个骑兵团中有许多团毫无作战经验，甚至在整个伊比利亚半岛战争中，他们都以步兵的身份驻守阵地。

直到1811年夏和1811年秋，威灵顿公爵阿瑟·韦尔斯利才开始从英国政府获得大量骑兵增援，这使他的骑兵兵力增加了一倍多，因为在1812年的战役中，他有不少于十五个骑兵团，而不是以前的七个骑兵团。1812年年末到1813年年初的冬季，威灵顿公爵阿瑟·韦尔斯利麾下更多增援部队出现了。在维多利亚战役中，他终于拥有一支强大的骑兵，甚至与法军骑兵不相上下[①]。

然而，如果考虑到在伊比利亚半岛早期战争中，威灵顿公爵阿瑟·韦尔斯利的骑兵实力不足，那么我们必须承认，骑兵在他的作战计划中起到的作用较小。虽然在掩护前方时，威灵顿公爵阿瑟·韦尔斯利的龙骑兵做得很好，并且取得了许多英勇的功绩[②]，但他们很少被用作取得胜利时的主要攻击力量。事实上，在萨拉曼卡战役中，约翰·勒·马尔尚率领的重型旅的攻击是唯一可以被引用的例子。在这次攻击中，骑兵在威灵顿公爵阿瑟·韦尔斯利的战术中起到决定性作用。另外，还有其他值得注意的成功事例，但这些都是不太重要的战事，并且往往不在威灵顿公爵阿瑟·韦尔斯利眼皮底下获得胜利。譬如，1812年7月23日，埃博哈特·奥托·乔治·冯·博克在萨拉曼卡战役打响后第二天突破了加西亚·埃尔南德斯方阵，以及1811年5月25日，威廉·拉姆利在乌萨格雷击败了维克托·德·费伊·德·拉·图尔-莫布尔。

1812年到1814年，即使威灵顿公爵阿瑟·韦尔斯利拥有一支庞大的骑兵部队，这支骑兵部队也很少聚集在一起。我从来没有发现他麾下有超过三个骑兵旅在一起行动。这样一支六个团的骑兵部队，很少出现在前线，也很少参与战事。对于使用骑兵作为一个屏障的例子，我们可以提到1812年从布尔戈斯撤退时的文塔·德尔·波索战役。这是两个骑兵旅为掩护步兵撤退进行的一场小规模战役，当时步兵不得不匆忙前往萨拉曼卡和其他安全的地方。

---

① 由于一些精疲力竭的团返回英国了，威灵顿公爵阿瑟·韦尔斯利率领军队的骑兵总兵力从没有超过十八个团，战马没有超过九千匹，士兵总共七万人。——原注

② 我们只需要提塔拉韦拉战役和丰特斯-德奥尼奥罗战役即可。——原注

毫无疑问，滑铁卢战役爆发前，威灵顿公爵阿瑟·韦尔斯利麾下的军官在指挥骑兵方面表现不佳。虽然康伯米尔子爵斯特普尔顿·科顿担任骑兵指挥官很久，但仍不是一位杰出的骑兵指挥官。威廉·拉姆利曾短暂而出色地担任过师级指挥官。然而，1811年，他病倒回家。这使约翰·勒·马尔尚少将声名鹊起。但约翰·勒·马尔尚在指挥第一次战役，即萨拉曼卡战役时，不幸阵亡，虽然他的旅在那里为赢得战争做出很多努力。考虑到这一切，威灵顿公爵阿瑟·韦尔斯利此后很少使用骑兵。当我们记起在他军事生涯早期，他曾在阿萨耶战役中如此高效地使用骑兵时，便难以想象他在伊比利亚半岛战争中对骑兵的使用。可能是1809年到1811年，威灵顿公爵阿瑟·韦尔斯利对手下的武装力量无能为力，使后来他有机会时，也没有准备好使用骑兵。当然，我们可以引用几个案例来说明威灵顿公爵阿瑟·韦尔斯利并没有适当地利用骑兵来获取胜利，尤其在维多利亚战役和奥尔泰兹战役后。威灵顿公爵阿瑟·韦尔斯利之所以不愿意发动大规模的骑兵攻击，是因为他对麾下高级军官的战术技巧及其团队的机动能力表示怀疑。1826年7月31日，伊比利亚半岛战争结束

阿萨耶战役

约翰·拉塞尔伯爵

十二年后，威灵顿公爵阿瑟·韦尔斯利在给约翰·拉塞尔伯爵的一封信中透露了自己对这个问题的看法。他写道："我认为我们的骑兵由于缺乏秩序，远比法军骑兵逊色。虽然我认为我们的一个中队比得上法军的两个中队，但我不想看到四个英军中队对抗法军的四个中队。此外，随着兵力的增加，秩序当然变得更加必要。"威灵顿公爵阿瑟·韦尔斯利麾下的骑兵可以快速行进，但不能保持秩序。

当我们仔细研究伊比利亚半岛战争的骑兵史册时，威灵顿公爵阿瑟·韦尔斯利的这番话似乎是一个十分艰难的判断。毫无疑问，在有些情况下，英军的团队由于盲目冲锋而失去战机，或者因为追求战线长度的基础优势，或者由于过度分散而错过战机。这方面最早的例子发生在威灵顿公爵阿瑟·韦尔斯利首次登陆伊比利亚半岛后的维梅鲁战役。当时，英军第二十轻龙骑兵团的两个中队在成功截断一支被击败的法军步兵纵阵后，混乱地向前推进了半英里，而让-安多什·朱诺的骑兵后备部队发起了进攻，对该骑兵团发起了可怕的攻击。因此，第二十轻龙骑兵团损失了大约四分之一兵力。塔拉韦拉战役中，英军又做出了同样不合理的举动。在一次方阵进攻中，第二十三轻龙骑兵团被击退。随后，骑兵们冲过方阵，并且冲向法军骑兵的三条战线。他们突破了法军骑兵的第一条战线，但被第二条战线阻挡。因此，第二十三轻龙骑兵团不得不撤退。在这次战斗中，一百零五名士兵被俘，死伤一百零二人——几乎是其一半兵力。1811年3月25日，在坎波马约尔战役中，第十三轻龙骑兵团的进攻同样轻率。当时，该团在势均力敌的情况下打败了法军第二十六轻

坎波马约尔战役，英军冲入法军炮兵阵地

龙骑兵团，并且缴获了十八杆枪。接下来，第十三轻龙骑兵团疾驰六英里多，摧毁了散落的法军第二十六轻龙骑兵团的逃兵，直到他们被巴达霍斯城堡的战火围堵。与此同时，他们缴获的枪支被法军步兵捡起。法军步兵一直沿着第二十六轻龙骑兵团后面的公路撤退，并且被安全救出——第十三轻龙骑兵团没有留下一个人看守法兰西第一帝国的步兵。在巴达霍斯城堡，无论如何，英军没有遭受多少损失，虽然没有成功捕获法军。但1812年6月11日，类似的战术在马吉利亚战役中导致了一场彻底的灾难。约翰·斯莱德爵士的重兵旅，即第一皇家军团和第三龙骑兵卫队遇上了夏

马吉利亚战役中的法军龙骑兵

夏尔·拉勒芒准将

尔·拉勒芒准将率领的旅，即法军第十七龙骑兵团和第二十七龙骑兵团。夏尔·拉勒芒准将已经将其麾下一个中队放在远离天际线的地方，处在英军视线外。约翰·斯莱德爵士发起进攻，立即攻打与他对抗的法军中的五个中队。然后，他既不重组队形也没有任何支持，毫无秩序地在法军的一个旅后面疾驰了一英里，直到与这支旅平行，在其侧面和后方法军的预备役中队向他发起了冲锋。此时，法军其他军队也停下脚步，转身发起攻击。约翰·斯莱德爵士无法招架，被法军击败，英军伤亡四十人，一百一十八人被俘。威灵顿公爵阿瑟·韦尔斯利给罗兰·希尔子爵写信道："约翰·斯莱德爵士的失败令我十分恼火。我们的骑兵军官已经掌握了一切。他们从来不考虑战场形势，也从不考虑在法军面前的行动，但从不后退，不提供预备队。所有的骑兵都应该分两路进攻，一旦发起进攻并且击溃对方，至少应该有三分之一的骑兵能停止进攻，并且重组队形。"①

① 见《威灵顿公爵阿瑟·韦尔斯利公文》，第8卷，第112页。——原注

前面提到的前三个案例中，对轻率和进攻考虑不周的指责都落在了团级军官身上。在最后一个案例中，这一指责落在约翰•斯莱德爵士身上。必须承认，威灵顿公爵阿瑟•韦尔斯利对于他的高级骑兵军官并不十分满意。威廉•厄斯金爵士、威廉•朗和约翰•斯莱德爵士都有一些缺点，尤其是约翰•斯莱德爵士，他的一系列行动几乎伤透了活泼聪明的日记作家威廉•汤姆金森的心。威廉•汤姆金森是第十六轻龙骑兵团的一名成员，并且很不幸在约翰•斯莱德爵士手下服役了很长一段时间。威灵顿公爵阿瑟•韦尔斯利的骑兵总指挥官康伯米尔子爵斯特普尔顿•科顿是个平庸之辈。每个人都会记得威灵顿公爵阿瑟•韦尔斯利对他围攻婆罗尔多布时说出的不客气的话。在整个伊比利亚半岛战争中，本应负责英国骑兵的是安格尔西侯爵亨利•佩吉特，他曾在科鲁尼亚战役期间以令人钦佩的技巧和胆识指挥约翰•穆尔爵士的五个骑兵团。他在萨阿贡和贝内文特的两次小战役是威廉•厄斯金爵士等人的榜样。但不幸的是，在滑铁卢战役前，安格尔西侯爵亨利•佩吉特再也没被任用过。在

安格尔西侯爵亨利·佩吉特

滑铁卢战役中，他以新头衔阿克斯布里奇伯爵闻名。但由于资历问题，以及与威灵顿公爵阿瑟·韦尔斯利的家族不愉快的家庭纷争①，1809年到1814年，他没能在威灵顿公爵阿瑟·韦尔斯利的手下服役。在参加过伟大战役的英军骑兵将领中，在安格尔西侯爵亨利·佩吉特之后，最成功的是威廉·拉姆利。威廉·拉姆利的两项十分出色的成就。在阿尔布埃拉战役中，他对让-德-迪厄·苏尔特元帅手下骑兵的扼制，以及前面提到的1811年5月25日进行的乌萨格雷战役。乌萨格雷战役被法兰西第一帝国认为是一个令人钦佩的成就，甚至在约瑟夫·德尼-皮卡尔的《骑兵史》中，它与伊比利亚半岛战争中英军取得的成就一起占据了很长篇幅。

我们需要简单提一下，因为在威灵顿公爵阿瑟·韦尔斯利的公文中几乎没有提到它，威廉·弗朗西斯·帕特里克·内皮尔也只是十分简要地提到乌萨格雷战役。让-德-迪厄·苏尔特元帅派维克托·德·费伊·德·拉·图尔-莫布尔迎战威廉·贝雷斯福德子爵的部队，并且要找到威廉·贝雷斯福德子爵的位置。维克托·德·费伊·德·拉·图尔-莫布尔拥有十分庞大的兵力，他麾下有两个龙骑兵旅和四个轻骑兵团，总共有三千五百把军刀。当时，威廉·拉姆利正在掩护威廉·贝雷斯福德子爵的行动，他只有包括第三龙骑兵团、第四龙骑兵团和第十三轻龙骑兵团在内的三个团，九百八十名骑兵，以及乔治·艾伦·马登和洛夫特斯·威廉·奥特威率领的葡萄牙旅，一千名骑兵和彭内-维尔米旗下三百名西班牙骑兵。为尽可能长时间阻止法军进攻，威廉·拉姆利在乌萨格雷的桥和村庄后面占据了一个位置，法军必须通过这条小路才能接近他。凭借巨大的兵力优势，维克托·德·费伊·德·拉·图尔-莫布尔采取不计后果的策略。首先，维克托·德·费伊·德·拉·图尔-莫布尔派了一支轻骑兵迫使威廉·拉姆利的部队撤出占据的位置，这支军队绕了一段很长的弯路，跨越了遥远的山头。然后，他将另外三个旅派到乌萨格雷村中，命令他们穿过桥梁打压前方盟军部队。除了一排葡萄牙哨兵，威廉·拉姆利没有向法军展示什么。此外，威廉·拉姆利还将麾下的中队撤回到天际线后面。有人告知了威廉·拉姆利法军的行动，但他比法兰西第一帝国的军队更了解当地地形，意识到法军的行动需要比预期长得

① 安格尔西侯爵亨利·佩吉特曾与威灵顿公爵阿瑟·韦尔斯利的弟弟考利男爵亨利·韦尔斯利的妻子夏洛特·卡多根私奔。因此，他与她的哥哥亨利·卡多根进行了一场决斗。——原注

多的时间。因此，他决心坚持到最后一刻。威廉·拉姆利让安德烈·弗朗索瓦·布龙·德·巴依麾下的两个领头团越过桥梁并在较近的一侧布阵。然后，当法军第三团过河，第二旅进入村子时，威廉·拉姆利突然下令攻击法军第一旅。此时，法军第一旅前面有六个英军中队，右边有六个葡萄牙中队。两个法军团与卡在桥上的第三团挤在一起。因此，维克托·德·费伊·德·拉·图尔-莫布尔的军队无法脱身并进行重组和集合，并且其身后的道路完全被封锁，而村里的第二旅又无法前往前线展开援助行动。维克托·德·费伊·德·拉·图尔-莫布尔能做的就是放弃他的直属团，并且占据桥两边。在那里，法军用卡宾枪击退了获胜的英军。与此同时，威廉·拉姆利在闲暇时对付了法军三个团，杀死或打伤二百五十人，在混乱的法军残余部队重新穿越河流之前俘虏了八十人。维克托·德·费伊·德·拉·图尔-莫布尔受到这次血腥攻击的警告，不再急于挤进威廉·贝雷斯福德子爵的骑兵防线。

如何处理类似的状况，我们可以通过下面的例子得到答案。1812年10月23日，两名英军准将在威灵顿公爵阿瑟·韦尔斯利军队的掩护下从布尔戈斯撤退，在文塔·德尔·波索或维拉德里戈桥后占据了一个阵地，但相当于十个中队兵力的法军骑兵在法弗罗上校指挥下立即追来，并且逼近峡谷。法弗罗上校，就像在乌萨格雷战役中的维克托·德·费伊·德·拉·图尔-莫布尔一样，下了危险的一步棋。法弗罗上校命令他的先锋团以小跑方式过桥，并且在桥的另一侧组成战斗阵形。英军高级准将埃博哈特·奥托·乔治·冯·博克沉着应战，命令部下不要妄动，其做法是对的，因为攻击对手的恰当时机是当对手的一半或四分之三的兵力跨过大桥，其他士兵挤上大桥时。但可惜的是，直到法军几乎完全通过大桥时，埃博哈特·奥托·乔治·冯·博克才下令进攻，并且等到几乎人数相等的法军士兵到达前线才与之交战。后来，埃博哈特·奥托·乔治·冯·博克在安森旅的一些中队的支持下，与法军进行了一场殊死搏斗。结果，交战双方都损失惨重。但当所有英国和德意志军团都参加战斗时，法军殿后的中队在掩护下越过了桥，从侧翼绕到埃博哈特·奥托·乔治·冯·博克军队的身后。英军的骑兵不得不撤退，直到得到第七师步兵的掩护。如果埃博哈特·奥托·乔治·冯·博克提前五分钟下令进攻，他就可以把法军夹在中间，很可能已经摧毁了法军的先锋团。最终，此役法军损失了十八名军官和一百一十六名士兵，安森旅和埃博哈特·奥托·乔治·冯·博克损失了约两百人，其中包括四名军官和七十名战俘。

总的来说，我倾向于认为威灵顿公爵阿瑟·韦尔斯利对麾下骑兵有点苛刻。当然，他的批评是有充分理由的。威灵顿公爵阿瑟·韦尔斯利手下的一些准将缺乏决断力和智慧，并且他手下的许多军官都一意孤行，不顾一切地向前冲。但如果冷静地看待双方骑兵的战绩，那么就不可能说法军的元帅得到了更好的骑兵、更好的支持。1809年到1814年的伊比利亚半岛战争中，整个英军甚至是英军中一个师，都没有明显的例子表明他们对缺乏骑兵屏障感到惊讶，并且为此感到惊讶。但法军方面可以找到几个这样的例子，尤其是1811年3月15日，米歇尔·奈伊元帅对福斯·德·阿鲁斯战役的诧异，这是因为在皮埃尔·路易·弗朗索瓦·波尔特·德·拉莫特手下的轻骑兵完全没有注意到道路，或者同年晚些时候，更著名的让·巴普蒂斯特·吉拉尔在莫利诺斯河的溃败。在阿罗约·多斯·莫里诺斯溃败中，法军一个步兵师在不

让·巴普蒂斯特·吉拉尔

安德烈·路易·伊丽莎白·马里·布里什指挥下的法军骑兵

少于两个轻骑兵旅的陪同下，黎明时分遭到袭击，并且由于骑兵旅旅长安德烈•弗朗索瓦•布龙•德•巴依和安德烈•路易•伊丽莎白•马里•布里什没有对对手采取任何防御措施而遭到严重损失。他们和步兵一样，都很惊讶，因为马卸下了马鞍，骑兵四处逃散。因此，法军的骑兵被罗兰•希尔子爵突如其来的攻击击败，两千名未受伤的法军骑兵战俘中有一名旅长和一名骑兵上校。在英军骑兵的所有记录中，没有发生过如此大规模的突然袭击。我知道的英军最糟糕的状况发生在1811年4月6日位于埃尔瓦什附近的第十三轻龙骑兵中队身上。此外，还有一个十分类似的状况发生在1811年6月离埃尔瓦什不远的第十一轻龙骑兵中队身上。在最后一起案例中，据说战败是由于该团长期在本国服役后才刚刚从英国出发并登陆伊比利亚半岛，负责指挥的上尉由于完全缺乏经验而失去理智。关于这一点，我可以引用威廉·汤姆金森《日记》中的句子，他在这些多事之秋留下了关于骑兵团生活的最详细的叙述。“在英国，试图让士兵或军官了解任何前哨任务的信息是荒谬的。但出国时，他们必须了解这方面的信息。事实上，没有人教给他们相关信息。后来，曾在西班牙指挥骑兵的康伯米尔子爵斯特普尔顿·科顿曾经在萨福克的伍德布里奇附近与第十四轻龙骑兵团和第十六轻龙骑兵团进行过一次尝试。最终，康伯米尔子爵斯特普尔顿·科顿以同样的方式得到了意料之中的对手和自己哨兵的信息。在英国，我从来没见过，也没有听说过有人教授骑兵怎样去进攻、分散及重组队形。然而，在对手面前，这些战术都是最基本的知识。骑兵队向右倾或向左倾是十分有用的，但对这些战术，英军几乎没有实践过。”1819年，康伯米尔子爵斯特普尔顿·科顿补充说：“获得和平后，回到英国，我们都在延续旧制度，人们仅仅通过行动的迅速来评估每个团的优点。我们的战争经验得出的任何一个观点都没有被记住。如果五年后被派往国外，我们将不得不重新开始积累骑兵作战经验。”

总之，当英军任何一个团登陆时，除了单纯的冲锋，他们还必须在西班牙的土地上学习适当的骑兵战术，但最后还是更好的军队学到了些作战知识。总的来说，伊比利亚半岛军队的前哨和侦察工作似乎做得很好，尽管有些团的名声比其他团好。这类骑兵战术中有很多都说明了问题。伊比利亚半岛战争期间，英军骑兵最令人钦佩的成就无疑是英王德意志军团第一轻骑兵团取得的。1810年3月到1810年5月，在第十四轻龙骑兵团和第十六轻龙骑兵团的协助下，他们在长达四十英里的阿格达和阿扎瓦防线上坚持了四个月，对抗四倍于己方兵力的法军骑兵。他们一次也没有让对方侦察兵通过，并且没有损失一名哨兵。他们掩护罗伯特·克劳弗德少将指挥的前线兵力，并且没有将虚假信息传给罗伯特·克劳弗德少将。

本章的开场白已经提到威灵顿公爵阿瑟·韦尔斯利关于骑兵战术管理的备忘录。这个备忘录是在滑铁卢战役后发布的，并且以“对占领军骑兵指挥官的指示”的形式出现。但毫无疑问，这份备忘录代表了威灵顿公爵阿瑟·韦尔斯利从伊比利亚半岛战争的经验中总结出来的骑兵战术[1]。这份备忘录太长，我们无法完整列出，但仍值得分析。其要点如下：

（一）必须始终保持预备军，以提高成功率，或掩护不成功的进攻。这一预备军不应该少于士兵总数的一半，偶尔也多达三分之二。

（二）通常骑兵部队应该形成三条线列：第一条和第二条线列应该周密部署，预备军可以在纵阵中，但可以很容易地变成线列。

（三）如果骑兵即将迎战骑兵，那么第二线列距离第一线列应该有四百码或五百码，预备军距离第二线列也应有相仿的距离。这个距离对于防止对手通过前列获得优势来说不算太长，对于防止溃败的前列穿越后列来说也不算太短。

（四）然而，当骑兵攻击步兵时，第二线列应该在第一线列后方二百码处，其目的是第二线列能毫不拖延地向攻打第一线列的对手发起进攻，并且能阻止对手快速连续向第一线列发起第二次进攻。

（五）当第一线列急速发起攻击时，步兵必须步行跟随，以免被进攻方冲击，并且避免在进攻开始时与骑兵混杂在一起。必须严格保持步兵的秩序，步兵如果陷入混乱，那么当他们想要维持并掩护第一线列时，他们就毫无办法了。

关于骑兵的笔记可能会完善我们对威灵顿公爵阿瑟•韦尔斯利骑兵战术的研究。在不计其数的地方，如在威灵顿公爵阿瑟•韦尔斯利的公文和日记中，我们发现了这样的抱怨：1810年，骑兵军官没有好好管理骑兵，是不合格的马主人。他们在喂养坐骑和整理马鞍等时非常粗心大意。人们经常说，原来伊比利亚半岛军中的一个德意志轻骑兵团，即英王德意志军团的第一轻骑兵团，对自己的坐骑照看得很认真和体贴，树立了一些其他团可以模仿的榜样。有趣的是，法军骑兵队的报告也有同样的抱怨，法军各团因病马而没有马骑的人数和英军的一样多。我多次发现有报告提到，当很多法军骑兵被俘时，他们的战马中只有很小部分可以作为英军士兵的坐骑，因为其他战马的健康状况堪忧。事实上，气候和食物似乎对英军和法军的战马同样有害：战马食用的碎草和玉米——通常是从伊比利亚半岛得到的食物——对习惯于稳定饮食的马都是致命的。威灵顿公爵阿瑟•韦尔斯利有时从英国进口干草和

① 《威灵顿公爵阿瑟·韦尔斯利一般命令》（收集版），第481页到第482页。——原注

燕麦，但驻扎在离海边较远的军队得不到，只有那些冬季被安排在靠近海边的团能得到。实际上，英军几乎所有的战马都来自英国，虽然多次尝试使用葡萄牙和西班牙的战马，但都失败了。1808年，在没有战马的情况下，第二十轻龙骑兵团上船前往葡萄牙，并且得到命令在葡萄牙寻找战马，但这一尝试完全失败。

威灵顿公爵阿瑟•韦尔斯利对炮兵的使用只需要一个简短的说明。在威灵顿公爵阿瑟•韦尔斯利的早期指挥生涯中，他的炮兵武装几乎和骑兵武装一样薄弱。1809年，英军每个师甚至没有一座英国炮台可以使用。然而，葡萄牙炮兵人数众多，并且在很长一段时间内战斗效率很高。1810年后，大部分的炮兵被补充到英军中。然而，即使炮兵与英军全军人数成正比，威灵顿公爵阿瑟•韦尔斯利也没有像拿破仑•波拿巴那样重用炮兵。威灵顿公爵阿瑟•韦尔斯利从没有在前线大量使用过枪，也从没像英国君主那样使用炮兵支援过一次进攻。只有在布萨科战役、维多利亚战役和滑铁卢战役中，我们才能找到许多炮台在战斗中发挥重要作用的案例。通常情况下，威灵顿公爵阿瑟•韦尔斯利喜欢使用小型装置，如单个炮台。他通常会把小型装置部署在精心挑选的地方，并且通常在关键时刻才使用小型装置。小型装置分布在阵地前方，而不是集结在一起。大多数情况下，小型装置被看作是对赢得战斗胜利的步兵的宝贵支持，而不是为实现炮兵的独立作战目标或在战争中发挥特殊作用准备的武器。在拿破仑•波拿巴的几次胜利中，我们可以说这是炮兵的功劳。但对威灵顿公爵阿瑟•韦尔斯利的任何胜利，我们不能这样预测，尽管威灵顿公爵阿瑟•韦尔斯利总是将枪炮的位置部署得很好，而且是有效部署，正如在布萨科战役、丰特斯-德奥尼奥罗战役和滑铁卢战役中一样。

威灵顿公爵阿瑟•韦尔斯利使用工程炮的问题，我们必须在后面的章节中加以说明①。这不是威灵顿公爵阿瑟•韦尔斯利自己的弱点，而是他军中最薄弱的地方。事实上，直到1811年，他才拥有一支突击队，而在巴达霍斯早期围攻时，他什么都没有。他不得不使用临时的突击队员，其成员主要是葡萄牙人，并且军事素养很差。这份记录不是一份令人愉快的记录，但必须指出的是，英国政府，而不是威灵顿公爵阿瑟•韦尔斯利，才是英军遭受任何攻击的责任方。一位伟大的将军，如果不是炮兵

① 见本书第17章《围攻》。——原注

或工程专家，就必须信任他的专业军官。当然，他不能由于家中主人的吝啬而对兵力和物质短缺负责。

关于威灵顿公爵阿瑟·韦尔斯利的战术，我们就说这么多。现在，我们将研究他的军事组织系统，即其军队的内部机制。但在讲述他的军事组织系统前，我们必须留意他的副手，因为他们的性格在威灵顿公爵阿瑟·韦尔斯利军队的管理中发挥了重要作用。

第 6 章

威灵顿公爵阿瑟·韦尔斯利的副手：罗兰·希尔子爵、威廉·贝雷斯福德子爵及林内多男爵托马斯·格雷厄姆将军

精彩看点

罗兰·希尔子爵温和的性格——罗兰·希尔子爵的组织能力——罗兰·希尔子爵强劲的驱动力——罗兰·希尔子爵在伊比利亚半岛战争中的最大战果——威廉·贝雷斯福德子爵的身世——威廉·贝雷斯福德子爵对葡萄牙王国军队的整治——威廉·贝雷斯福德子爵的指挥能力——林内多男爵托马斯·格雷厄姆中年参军——林内多男爵托马斯·格雷厄姆的海外从军经历——林内多男爵托马斯·格雷厄姆对巴达霍斯战役的贡献——林内多男爵托马斯·格雷厄姆在荷兰沼泽遭遇失败——林内多男爵托马斯·格雷厄姆的人道主义精神

没有什么比“铁公爵”威灵顿公爵阿瑟·韦尔斯利给追随者留下的印象，与他信任和最负责任的副手罗兰·希尔子爵给人留下的印象之间的反差更强烈了。无论罗兰·希尔子爵走到哪里，人们都会祝福他、记住他。罗兰·希尔子爵是一个仁慈的人，人们在任何日记中提到他时，通常都会说他如何深思熟虑，总会用一些友好的词语描述他。一名在阿尔布埃拉战役中受伤的军官正痛苦地拖着自己孱弱的病体返回里斯本，在经过英军总部时，这名军官向罗兰·希尔子爵报告了自己的情况。第二天早上，“罗兰·希尔子爵亲自陪我上路，并且送给我一篮子茶、糖、面包、黄油和一大块鹿肉馅饼”[①]。1813年，一位心怀感激的中士写信给罗兰·希尔子爵，他除了想得到罗兰·希尔子爵的肯定及答复外别无所求。然而，这位中士惊讶地发现，罗兰·希尔子爵命令仆人向信使提供了一顿晚餐，并且为信使安排了当天晚上的住处。第二天早上，他又命人往信使的背包里塞满了面包和肉，还给了他一英镑，并且建议信使在返程中去哪个地方休息[②]。罗兰·希尔子爵会给疲惫的士兵喝一杯他私人饮用的饮料，或者抽时间给不认识的中尉一个友好的建议。人们对这位朴素、虔诚、体贴的老军官的描述表明他与匹克威克先生有明显的相似之处。普通士兵们都称呼

① 参见我编辑的1908年《布莱克伍德》，第448页的布鲁克少校日记。——原注

② 约瑟夫·唐纳森：《约瑟夫·唐纳森中士回忆录（第九十四团）》，伦敦，1825年，第2卷，第 217页；并且参照一个类似的故事，哈里斯：《步枪手哈里斯》，伦敦，1848年，第30页和第31页。——原注

罗兰·希尔子爵为"希尔老爹"。第二师的一名军官在一封文笔很好的信中总结了罗兰·希尔子爵的性格[①]："在军队中，罗兰·希尔子爵受欢迎的基础是他的优秀品质和英雄气概，但他的性格被人了解后，他的声望就得到了提高。他是英国乡绅的代表，对来自英国乡村地区的士兵来说，他代表了家乡。他面容清秀，表情平静，目光温良，声音和蔼，行事低调。这些都使士兵们感到高兴。对士兵们来说，罗兰·希尔子爵的不满比其他将军最大的愤怒还要严重。罗兰·希尔子爵对他们所有需求的关注、对住院病人的关心、对贫苦农民的密切保护、对掠夺者的严厉谴责、对落入他手中法军囚犯和伤员的仁慈，都使其在士兵们心中永远留有一个温暖的印迹。无论他的军队的幸存者现在分散在哪里，毫无疑问，罗兰·希尔子爵的名字和形象仍然是极其珍贵的。"

这一描述听起来像是在描述一位仁慈的老乡绅，而不是一位杰出的中将。然而，罗兰·希尔子爵是一位十分伟大的士兵。威灵顿公爵阿瑟·韦尔斯利喜欢作为下属的罗兰·希尔子爵，因为罗兰·希尔子爵十分守时顺从，并且完全没有不安分的个人野心。这种个人野心容易使许多能干的人想得到更多机会使自己与众不同，而不是坚定地执行军队首领下达的命令。无论罗兰·希尔子爵在哪里，都不会冒任何险，也不会忘记任何事情。罗兰·希尔子爵是智慧和管理能力的完美结合。他不止一次在关键时刻给威灵顿公爵阿瑟·韦尔斯利带来安慰，其中最重要的是1810年9月向布萨科进军时。当时，就威灵顿公爵阿瑟·韦尔斯利的计划来说，这次进军很重要。利弗里公爵安德烈·马塞纳与让·雷尼耶领导下的类似独立部队会合成法军的一支主力部队。因此，罗兰·希尔子爵领导下的独立部队应该尽快加入威灵顿公爵阿瑟·韦尔斯利的军队。罗兰·希尔子爵率领独立部队以令人惊讶的速度在一个多山的国家进行了一场漫长而艰难的征程，并且在1810年9月26日，布萨科战役打响前一天，及时到达了战场。如果罗兰·希尔子爵迟到了，那么威灵顿公爵阿瑟·韦尔斯利的军队就不可能如此谨慎地参加战斗。

我们本可以从一个像罗兰·希尔子爵这样的人身上预料到这一点，但更令人惊

---

① 见埃德温·悉尼：《罗兰·希尔子爵传》，伦敦，1845年，第228页。——原注

讶的是，当罗兰·希尔子爵被信任[①]，并且允许以自己的名义发动进攻时，他不但展现了其组织力，而且表现出一种强劲的驱动力，这是威灵顿公爵阿瑟·韦尔斯利手下那些更急切、更暴躁的下属无法超越的。在行动中迅速追击对手并不是威灵顿公爵阿瑟·韦尔斯利的作战特点。威灵顿公爵阿瑟·韦尔斯利经常被指责没有从胜利中获得最大的利益，但这对他并非不公正的评价。1811年11月，罗兰·希尔子爵对让·巴普蒂斯特·吉拉尔的迅速跟进，以法军在莫利诺斯河突然遭到袭击、分散或俘虏而告终。完成这项任务，罗兰·希尔子爵需要在恶劣的雨天中快速、连续行进，在山路上行军，这一点拿破仑·波拿巴最好的副手们也是无法做到的。1812年4月，最迅捷和危险的另一次进攻是，罗兰·希尔子爵以轻快的速度冲击法军营地中间地带，打破了让-德-迪厄·苏尔特元帅和奥古斯特·德·马尔蒙联合守卫的重要桥梁。附近的法军还没有完全集中兵力前，法军的炮台已经被攻占，大桥被彻底摧毁。罗兰·希尔子爵得手后迅速率部撤走，法军追之不及。

在伊比利亚半岛服役期间，罗兰·希尔子爵的最高荣誉来自他有幸独立指挥的一次战役。这是伊比利亚半岛战争即将结束时在巴约讷附近进行的圣皮埃尔战

巴约讷

① 这种情况在威灵顿公爵阿瑟·韦尔斯利的军事管理系统中不会经常发生。——原注

役。当罗兰·希尔子爵与伊比利亚半岛军队的沟通被切断时，他正在组织威灵顿公爵阿瑟·韦尔斯利大军的右翼防线，因为尼夫河冲垮了他与主要部队沟通的桥梁。让-德-迪厄·苏尔特元帅率军通过巴约讷镇的桥梁，并且将其大部分野战部队转移到威灵顿公爵阿瑟·韦尔斯利面前，继而用五个师袭击了罗兰·希尔子爵的军队。当时，罗兰·希尔子爵手下只有两个师。1811年到1814年，罗兰·希尔子爵指挥过这两个师，即第二师和约翰·詹姆斯·汉密尔顿[①]的葡萄牙师。1813年12月的大部分时间里，罗兰·希尔子爵和手下一万五千名士兵面对法军三万人展开了防御战。当时，罗兰·希尔子爵的预备队已经用完，其麾下每个团都遭受多次攻击，损失惨重，他似乎不可能坚持住，但他做到了。最终，尼夫河对岸的增援部队在一个傍晚出现，让-德-迪厄·苏尔特元帅的军队停止了进攻并开始撤退。这是伊比利亚半岛战争中最不惜代价的战役之一，罗兰·希尔子爵是这次防御战的灵魂。在每一个危险的角落，人们都能看到罗兰·希尔子爵的身影。他不断率领着团结的部队去拯救一场看起来注定失败的战斗。目击者称罗兰·希尔子爵完全不同于以往的平静神态——这是充满斗志的写照。人们甚至听到罗兰·希尔子爵发誓，这是一件十分罕见的事情。因此，我们可以确信，在整个伊比利亚战争期间，这种事情只发生过两次。另一次是在塔拉韦拉战役爆发后的绝望混战中。

显然，罗兰·希尔子爵是一个能在战斗中取得最高战功的人。如果罗兰·希尔子爵有机会获得完全独立的指挥权，那么他可能建立更大的功勋。但这不是罗兰·希尔子爵的命运，在他最后一次参加的战役，即滑铁卢战役中，作为总司令，他几乎被忽视了，因为他的军队总是在威灵顿公爵阿瑟·韦尔斯利的直接管理下作战。罗兰·希尔子爵活得很长。1827年，威灵顿公爵阿瑟·韦尔斯利卸任英军总司令，并且接受英国首相一职时，罗兰·希尔子爵被任命为英国陆军总司令。直到1842年去世前几个月，他才卸任。这位慈祥的老人临终前的最后一句话是："我有很多要感恩的东西，我相信我在这个世界上没有敌人。"这的确是真的，了解"希尔老爹"的人都爱他。

威灵顿公爵阿瑟·韦尔斯利一再委托并授予半独立指挥权的另一位副手，既不那么无可指责，也不像罗兰·希尔子爵那样有能力。然而，威廉·贝雷斯福德子爵

① 现在是勒科尔葡萄牙师。——原注

沃特福特侯爵乔治·贝雷斯福德

绝不会被人轻视为只具有一名普通士兵的才华。威廉·贝雷斯福德子爵是爱尔兰贵族沃特福特侯爵乔治·贝雷斯福德的私生子。十七岁时，威廉·贝雷斯福德子爵参加了行军团。美国独立战争期间，他积累了很多实战经验。革命战争时期，一名大不列颠王国的军官很可能会被迅速派往四大洲的任何一个洲，威廉·贝雷斯福德子爵便受到了这样的待遇。1800年到1808年，他曾在印度、埃及、好望角、布宜诺斯艾利斯和葡萄牙等地工作过。

1809年，当葡萄牙王国政府要求由一名英国将军重组其残败不堪的军队时，威廉·贝雷斯福德子爵被选中，部分原因是他素来纪律严明，部分原因是他曾驻扎在马德拉数月，懂葡萄牙语，但据我们所知主要是其政治影响力。贝雷斯福德家族从没忽视过他，他也被当时作为爱尔兰强大势力的贝雷斯福德家族推崇，并且被各国政府承认。

如果指挥葡萄牙王国军队的这项任命是份工作，那么我们可以说[①]，就组织而

① 根据吉尔伯特的判断而言。——原注

言，这也是“一份好工作”，因为在整治葡萄牙王国军队的混乱秩序时，威廉•贝雷斯福德子爵做出了杰出的贡献。在短短一年时间里，他组建了一支纪律严明、能与英军并肩作战的军队，并且赢得了威灵顿公爵阿瑟•韦尔斯利及其他所有公正评论家对他第一次参加布萨科战役做出贡献的赞扬。葡萄牙王国新军的建立并非没有摩擦和阻力：为清除数十名无能但背后有着葡萄牙宫廷巨大背景的军官，同时把年轻的、默默无闻的人提拔到适合他们的岗位上，以及为加强理论上存在而实践中一直被回避的地方的征兵制度，威廉•贝雷斯福德子爵在葡萄牙都很不受欢迎。但威廉•贝雷斯福德子爵坚定地面对了这一切。最终，葡萄牙王国的军队终于强大起来了，学会了服从和如何战斗。为实现这种转变，威廉•贝雷斯福德子爵采取了最激烈的方法：威廉•贝雷斯福德子爵解雇军官、枪毙逃兵或掠夺者，忽视个人和法庭的影响及公众舆论，这都是威灵顿公爵阿瑟•韦尔斯利无法做到的。威廉•贝雷斯福德子爵的确是一位诚实、不灵活、努力工作的管理者，但凭借有点极端的性格和个人勇气，他的能力达到了极限。在威灵顿公爵阿瑟•韦尔斯利眼中，威廉•贝雷斯福德子爵的优点是，他完全、十分明智地把自己当成威灵顿公爵阿瑟•韦尔斯利的工具，并且做了他奉命做的所有事情，将葡萄牙王国军队组织成为英军的一支辅助力量，而不是试图建立一个独立的权力机构。葡萄牙王国军队被分成几个旅，除了少数旅，每个葡萄牙旅都被简单地附在一个英国师里，而不是掌握在威廉•贝雷斯福德子爵手中。

毫无疑问，威廉•贝雷斯福德子爵表现得如此顺从、忠诚并有彻底的自我克制精神，使1809年到1811年威灵顿公爵阿瑟•韦尔斯利委托他在远离主力军队的地方指挥大批独立军队。然而，威廉•贝雷斯福德子爵根本无法完成交给他的作战任务。在威廉•贝雷斯福德子爵经历了第一次围攻巴达霍斯的不愉快经历及惨烈的阿尔布埃拉战役后，威灵顿公爵阿瑟•韦尔斯利以里斯本需要更多组织工作为借口，撤销了威廉•贝雷斯福德子爵的单独指挥权。随后，威灵顿公爵阿瑟•韦尔斯利或将威廉•贝雷斯福德子爵留在里斯本，或者留在主力部队中[①]。1814年，威廉•贝雷斯福德子爵受托远征波尔多，但由于法军没有采取反抗措施——而且肯定会如此，

① 即使留在主力部队中，威廉•贝雷斯福德子爵也没有单独指挥军队的机会。——原注

正如威灵顿公爵阿瑟·韦尔斯利所知——这并没有赋予威廉·贝雷斯福德子爵重大责任。1812年到1814年，伊比利亚半岛战争的最后三年，作为一支军队名义上的指挥官，威廉·贝雷斯福德子爵确实处在一个十分被动和尴尬的位置，因为葡萄牙王国军队没有被视作一个作战单位，而是分散在英军各师内。在威灵顿公爵阿瑟·韦尔斯利的眼皮底下，威廉·贝雷斯福德子爵偶尔被任命为部队指挥官，就像在图卢兹一样。他在图卢兹领导了第四师和第六师的转弯纵列，并且摧毁了让-德-迪厄·苏尔特元帅的侧翼防御。对只需要进行艰难的战斗和服从命令的任务，威廉·贝雷斯福德子爵表现得像一名完全合格的副手。然而，当威廉·贝雷斯福德子爵需要靠自己的资源被迫独自做出决定时，他的表现远逊于他的继任者罗兰·希尔子爵。

威廉·贝雷斯福德子爵身材魁梧、身强力壮。每个人都知道他在阿尔布埃拉遇到了一位波兰骑兵，威廉·贝雷斯福德子爵挡住了波兰骑兵的推搡，抓住他的领子，并且用有力的手臂一扭，将这位波兰骑兵从马鞍上拽了下来。威廉·贝雷斯福德子爵面容异常粗犷、不精致，他的左眼失明，眼球颜色怪异，这使他的脸看上去很邪恶，这是他年轻时在一次枪击事故中受伤导致的。据说，他用受伤的眼睛怒视会击溃罪犯的心理防线，他不得不谴责和告诫罪犯，他总是以彻底的方式执行这一任务。在威廉·贝雷斯福德子爵执掌葡萄牙王国军队的五年时间里，他被迫处罚了许多行为不端的人，无论官职大小。因此，在葡萄牙王国军队内，他很不受欢迎。但我从没发现任何人指控他有不公正或压迫他人的情况。事实上，他有很多令人不满意的下属要处理。但他麾下的士兵和优秀军官都十分喜欢他，我们再怎么赞扬他的工作能力也不为过。威廉·贝雷斯福德子爵很少与英军接触。但我注意到，伊比利亚半岛战争爆发前，他曾指挥第八十八团。相对于该团的后任领导托马斯·皮克顿中将，第八十八团的官兵更喜欢他，并且对他有着亲切的回忆。与威廉·贝雷斯福德子爵有关的故事或逸事很少。因此，我推断，在英国军界，他既不受人喜爱，也不惹人痛恨。

最后一位更生动的人物是这三位将军中的第三位，威灵顿公爵阿瑟·韦尔斯利曾指派他负责指挥一支独立的军队，这位将军就是林内多男爵托马斯·格雷厄姆将军。在前言中，我已经提到过他，因为从某种意义上来说，他是这一时代最典型的人物，即在法兰西革命战争爆发时，拿着武器反抗法军的所有英国人的化身。当国家和政府处在危险中时，这些人将反抗法军看成自己的普通责任。林内多男爵托马斯·格雷厄姆将军曾见到过雅各宾派的暴徒，并且以一种十分可怕的方式。1792年，林内多男爵托马斯·格雷厄姆将军带着他病弱的妻子——曾在托马斯·庚斯博罗著名画作中出现的美丽的玛丽·格雷厄姆夫人，来到里维埃拉，希望她的肺痨能好转。然而，玛丽·格雷厄姆夫人还是去世了。林内多男爵托马斯·格雷厄姆将军带着她的棺材返回苏格兰，并且打算将她安葬在格雷厄姆家族的墓地中。在返回苏格兰途中，林内多男爵托马斯·格雷厄姆将军经过一座城镇。在那里，疯狂追捕保王党人的行动正在如火如荼地进行。一群醉酒的国民警卫，认为林内多男爵托马斯·格雷厄姆将军是伪装的使者，并且怀疑他为贵族们带了武器。他们说，棺材里可能装

托马斯·庚斯博罗

马尔格雷夫伯爵亨利·菲普斯将军

满了手枪和匕首。当悲伤的林内多男爵托马斯·格雷厄姆将军试图摆脱国民警卫时，国民警卫把棺材打开了，露出了玛丽·格雷厄姆夫人的尸体。这一事件发生后，林内多男爵托马斯·格雷厄姆将军认为他一生中唯一的职责就是杀死雅各宾派。当他把妻子安葬在梅斯文时，他已经为履行这一职责做好了准备。1792年年底，大不列颠王国与法兰西第一共和国的战争爆发了，林内多男爵托马斯·格雷厄姆将军的机会就在眼前。此时，林内多男爵托马斯·格雷厄姆将军是一介平民，一名大不列颠王国议会四十四岁的辉格党议员。虽然对军事一无所知，也从没有听到过愤怒的枪声，但他立即前往前线，继而作为马尔格雷夫伯爵亨利·菲普斯将军的志愿助手参加了土伦围攻。巧合的是，尤利乌斯·恺撒和奥利弗·克伦威尔都是在这个年龄开始成为士兵的。在一系列反对法兰西第一共和国的无休止战役中的首场战役中，林内多男爵托马斯·格雷厄姆将军通过自费筹建第九十步兵团或珀斯郡志愿者团获得了准军事地位。为此，他获得了荣誉上校军衔的奖励。带着荣誉上校的军衔[①]，林内多男爵托马斯·格雷厄姆将军成为意大利驻奥地利公国陆军的随员。他能获得这一职位是由于会说德语和意大利语的英国人很少。随后，林内多男爵托马斯·格雷厄姆将军经历了1796年到1797年在约翰·彼得·博利厄、达戈贝特·西格蒙德·冯·乌尔姆泽和科堡和泰申公爵查理大公带领下的不愉快的战役。因此，他是为数不多的曾目睹过拿破仑·波拿巴第一篇战略文章的英国观察家。接下来，林内多男爵托马斯·格雷厄姆将军在梅诺卡岛和马耳他的行动中担任工作人员。1799年，他再次为在意大

科堡和泰申公爵查理大公

① 林内多男爵托马斯·格雷厄姆从没有比荣誉上校更低级别的军衔。——原注

利的奥地利人服务。为军队做出许多贡献后，他在图德拉战役中最后一次作为英国驻西班牙卡斯塔尼奥斯军队的随员。随后，林内多男爵托马斯·格雷厄姆将军终于被告知，由于长期出色地服务军队，他被提升为少将。直到1809年，虽然经历的战斗多于大多数人，林内多男爵托马斯·格雷厄姆将军还是没有任何合适的军衔，因为1794年后，他做了十五年荣誉上校，但只是名义上和暂时的。实际上，他并没有任何正规的头衔。从本质上讲，他只是一位拥有荣誉头衔的平民！

然而，1810年，林内多男爵托马斯·格雷厄姆将军受托担任驻加的斯英军指挥官一职，并且开始在伊比利亚半岛战争中发挥重要作用。此时，他已经六十二岁。按照18世纪的观点，他已经超出服役年限了。然而，他并没有任何接近衰老的迹象，疲劳和贫困都不能击垮他，他仍然是英军最大胆的骑手之一。他的肖像显示他有一张规则的椭圆形脸，一副十分忧郁的表情——眼睑下垂和留了很长时间的浓密的白发。他的嘴巴坚定而僵硬，表情十分坚决，但有点疲惫。林内多男爵托马斯·格雷厄姆是一个与法军作战近二十年的人，但法军不能与之和解。林内多男爵托马斯·格雷厄姆还没有看到与法军决战的结局，他还打算继续战斗。他是一位优秀的学者，懂得六种语言，足迹遍布欧洲各地，并且文笔极佳。因此，他的公文、私信及日记都是这一时期最优秀和最有趣的原始材料之一。

林内多男爵托马斯·格雷厄姆将军生平的最大功绩是，1811年3月7日，他在巴罗萨战役中赢得的胜利。当时，他四面楚歌。这是一次快速胜利的例子。在行军过程中，林内多男爵托马斯·格雷厄姆将军突然被克劳德·维克托·佩兰从侧翼攻击，这是由于西班牙将军曼努埃尔·拉佩尼亚的愚蠢安排所致。林内多男爵托马斯·格雷厄姆将军没有坐以待毙，而是亲自率部反击。此时，他的军队在一片树林中列队行进，没有时间形成正规的战斗队形，因为法军正向他冲来。克劳德·维克托·佩兰认为自己会轻松取得胜利。但几分钟内，林内多男爵托马斯·格雷厄姆将军就派出麾下强大的冲锋队，将其余部队派往树林的边缘，并且突然快速地袭击了法军。这使克劳德·维克托·佩兰感到惊讶。还没来得及组成任何一条战线或部署一个营前，法军就遭到袭击。在这场血腥的战斗打响后一个小时，法军被赶出战场。林内多男爵托马斯·格雷厄姆将军像中世纪的将军一样领导着自己左翼的前锋，在军队前方十码处骑着马，右手挥舞着羽毛帽子，白发迎风飘着。对一位指挥官来说，这不是一个合适的地方。但此时是最关键的时刻，一切都取决于进攻的迅速和突然性。没有任何可能的动作，也没有进一步的命令，只有一直往前冲。五分钟内，林内多男爵托马斯·格雷厄姆将军临时完成了战斗命令，他将以五千人的劣势兵力迎战七千法军。他的军队进攻很艰难，但最终，他赢得了一场辉煌的胜利。如果西班牙军官曼努埃尔·拉佩尼亚向他伸出援手，那么法军将遭到彻底毁灭。但在离战场只有两英里远时，曼努埃尔·拉佩尼亚指挥的整个师停住了，他也没有鼓励手下任何一个人去帮助林内多男爵托马斯·格雷厄姆将军。

巴罗萨战役结束后的几个月，应威灵顿公爵阿瑟·韦尔斯利的要求，林内多男爵托马斯·格雷厄姆将军从加的斯加入驻扎在葡萄牙的伊比利亚半岛军队的主力部队。1811年秋季战役期间，林内多男爵托马斯·格雷厄姆将军指挥了威灵顿公爵阿瑟·韦尔斯利大军的左翼，并且在1813年的整个战争中再次行使指挥权。但在1812年的大部分时间里，林内多男爵托马斯·格雷厄姆将军都在休病假，这是他有生以来第一次远离欧洲大陆南方的太阳。不幸的是，他被提拔指挥伊比利亚半岛大军的一支，这意味着他基本上是在威灵顿公爵阿瑟·韦尔斯利的眼皮底下行动，很少有机会独立指挥作战。威灵顿公爵阿瑟·韦尔斯利选择他负责维多利亚战役最关键的行动，这是一次越过山后地区的侧翼行军，最终目的是包抄法军。林内多男爵托马斯·格雷厄姆将军在维多利亚穿过大路向法军进发，迫使战败的让-巴普蒂斯特·茹尔当的军队沿着小路撤退，并且损失了所有的炮兵，以及火车、行李等物资。

我们本希望1813年，这位老人——林内多男爵托马斯·格雷厄姆的辉煌事业已经戏剧性地圆满结束。但英国政府寻找到林内多男爵托马斯·格雷厄姆将军——一位值得信任的军官指挥同年冬季在荷兰的军事行动，但他指挥的最后一场战役以一场进攻失败而告终。的确，林内多男爵托马斯·格雷厄姆将军将法军的残余军队赶出了荷兰，尽管他的军队规模很小——只有七千人，并且由从英国驻军中匆匆召集来的兵力薄弱的第二营组成。但他大胆尝试用梯子进攻贝亨奥普佐姆的大堡垒，一个仍然被法军占领的据点。最后，他失败了。林内多男爵托马斯·格雷厄姆将军利用严酷的霜冻天气使贝亨奥普佐姆的沼泽防御暂时毫无用处，他计划在午夜时分用四个纵阵发起进攻，其中两个纵阵成功越过所有障碍物并进入该点。然而，当一切似乎都成功时，林内多男爵托马斯•格雷厄姆将军率领的部队虽然成功了，但负责进攻的其他军官无视命令，将其麾下的士兵轻率地分散在小队里。最后，军官们被集结的驻军攻击并被赶出镇子。这次进攻失败的损失是可怕的，整整两千人阵亡，其中一半是俘虏。这次小团体进攻的大胆构想并没有错，失败应归咎于林内多男爵托马斯•格雷厄姆将军，他对下属的管理不善令人难以置信。1814年，威灵顿公爵阿瑟•韦尔斯利环顾了这座要塞。据说，他发现要想攻入要塞十分困难。对此，他说道："一旦攻进去了，我就想知道他们怎么会被打败。"

虽然林内多男爵托马斯•格雷厄姆将军指挥的最后一场战役被这次攻击搞砸了，但1814年，在和平时期嘉奖时，他被授予了一个贵族头衔，成为林多内男爵，并且分享了伊比利亚半岛军队的其他荣誉。伊比利亚半岛战争结束时，他虽然年届六十六岁，但活到了1843年。这时，他已经九十六岁。林内多男爵托马斯•格雷厄姆将军为他的老战友们做出了很大的贡献，他创立了一个联合服务俱乐部。最初，林内多男爵托马斯•格雷厄姆将军将这个俱乐部设计成一个供伊比利亚半岛军队老军官聚会的地方，因为他注意到老军官中有许多人和自己一样，都是没有家人的孤独者，其他老军官被困在伦敦几天，却没有发现适合老朋友见面的地方①。林内多男爵托马斯•格雷厄姆将军的画像挂在他创立的机构最大的房间内最显眼的地方。

我从来没有在林内多男爵托马斯•格雷厄姆将军手下工作的军官和士兵写下的众多日记和自传中，发现对他的任何刻薄之词。所有的评论都是说他仪态庄重、礼貌周到，充满正义和仁爱之心。"我可以说，林内多男爵托马斯•格雷厄姆将军生活在其手下官兵的爱意之中。他们不但尊敬作为指挥官的林内多男爵托马斯•格雷厄姆将军，而且将他视为自己坚定的朋友和保护者。事实上，他总是做得很好。"②"英军在这样一名将领的领导下，什么做不到呢？"另一个人问道③。我可能

---

① 他写道，他想要"一个经济的可以享受社交的地方，并且聚集着自己在服役时的老熟人"，到截至目前，"短时间来到城里的军官被赶进了昂贵而不好的小酒馆、咖啡馆，却没有机会见到他们的朋友或受到任何良好的服务"。——原注

② 第九十五军团的威廉·瑟蒂斯所写《在步枪旅的二十五年》，伦敦，1881年。——原注

③ 第二十八团的卡德尔。——原注

会列出许多英国军官的名字，他们都把自己的责任与林内多男爵托马斯·格雷厄姆将军的仁慈联系起来[①]，但也许最令人信服的证据来自法军上校弗朗索瓦·维戈-鲁西永，他是林内多男爵托马斯·格雷厄姆将军在巴罗萨俘虏的法军军官之一，他用足够有力的言辞表达在加的斯时，自己作为一名受伤的俘虏受到的慷慨待遇。林内多男爵托马斯·格雷厄姆将军来到病床旁看望他，派自己的医生去看他，并且为其饮食和住宿做了大量工作。实际上，对法军出于良心的仇恨，无论是血腥的雅各宾共和国，还是拿破仑·波拿巴的专制主义，都不能阻止林内多男爵托马斯·格雷厄姆将军对被施予怜悯的法军官兵表现出他的仁慈[②]。

---

① 特别是托马斯·邦伯里、亚历山大·达拉斯和罗伯特·布莱克尼。——原注

② 弗朗索瓦·维戈-鲁西永说：“林内多男爵托马斯·格雷厄姆将军身材高大，他满头白发，仍然保持着警惕性和活力。他高贵和坦率的面容激发了我的敬意，即使是在战场上。”参见《两个世界杂志》，1891年8月。——原注

第7章

威灵顿公爵阿瑟·韦尔斯利的副手：托马斯·皮克顿中将及罗伯特·克劳弗德少将等人

精彩看点

托马斯·皮克顿中将的性格特征——托马斯·皮克顿总督任期遇到的麻烦——托马斯·皮克顿中将与士兵的关系——托马斯·皮克顿中将的骁勇作战经历——托马斯·皮克顿中将缓慢的晋升之路——罗伯特·克劳弗德少将的海外经历——罗伯特·克劳弗德少将组建轻型师——罗伯特·克劳弗德少将成功保护葡萄牙边境地区——科阿河战役——罗伯特·克劳弗德少将阵亡——对罗伯特·克劳弗德少将的不同评价

如果林内多男爵托马斯·格雷厄姆将军没有敌人，并且受到接触过的每个人的爱戴，那么接下来，我要提到的两位杰出的军官，罗伯特·克劳弗德少将和托马斯·皮克顿中将就不是这样了。他们都是值得怀念的人，罗伯特·克劳弗德少将甚至比托马斯·皮克顿中将还值得纪念。他们都在战役获得胜利时阵亡，并且都受雇于威灵顿公爵阿瑟·韦尔斯利。在很大程度上，威灵顿公爵阿瑟·韦尔斯利应该感激他们令人钦佩的执行能力。他们两人各自受许多朋友与对手仰慕，我们也不难发现他们被仰慕或憎恨的原因。在某种程度上，他们两人容易心怀不满，并且总认为自己的工作从没得到足够的认可。在其他方面，他们完全不一样。实际上，他们性格差异颇大，彼此见面时，甚至经常发生冲突和争吵。

托马斯·皮克顿中将，一位威尔士乡绅，典型的18世纪士兵。他十三岁时入伍，十五岁时前往国外服役。我们认为，他的举止完全像营房的人，他酗酒、严厉、粗鲁。威灵顿公爵阿瑟·韦尔斯利并非苛刻之人，也称托马斯·皮克顿中将是“肮脏、粗俗的恶魔”[①]，但服役时，他表现得十分出色。声名狼藉的昆斯伯里公爵亨利·斯科特，绰号“老Q”，是托马斯·皮克顿中将的朋友和仰慕者，在遗嘱中给托马斯·皮克顿中将留下了五千英镑的遗产。“老Q”心中的英雄们并不是卫理公会

① 菲利普·斯坦诺普伯爵：《与威灵顿公爵阿瑟·韦尔斯利的谈话记录》，第69页。——原注

的信徒。人们读托马斯·皮克顿中将手下留下的日记时，感触最深的就是他惊人的咒骂能力。约翰·金凯德对攻占罗德里戈城的描述为自己主要受“托马斯·皮克顿中将控制，他就像诅咒所有人的二十支号角”。[①]但托马斯·皮克顿中将即使不具备这些优点和美德，也是一名十分优秀的士兵。托马斯·皮克顿中将有着敏锐的眼光、无限的自信及十足的勇气。当法兰西革命战争爆发时，托马斯·皮克顿中将立即赶往前线。1794年，他成为上尉。1799年，他成为准将，他的晋升是由于他无可否认的优良战绩。最终，1797年，托马斯·皮克顿被任命为新征服的位于西印度群岛的原西班牙殖民地特立尼达岛的总督，但当时，他只是一名上校。这也是他麻烦的开始，特立尼达总督一职有利可图，但危险重重，困难颇多。特立尼达岛上驻军不足，并且挤满了被解散的西班牙士兵、逃跑的黑人奴隶、法兰西第一共和国的冒险家及西班牙的私掠者和海盗。因此，在特立尼达岛，托马斯·皮克顿中将必须建立并维持良好秩序，但他采取的方法是极端的，即使用鞭刑、木枷、烙铁及必要时的军事处决。公正的调查表明，在执政时，托马斯·皮克顿中将似乎从没表现出自私自利、偏袒或腐败，他只是试图用自己粗暴的方式使一个不守规矩、无法无天的群体恢复良好秩序。大多数上层赞同他的统治，正如他们中的一人所说，“这是殖民地需要的”，因为殖民地的总督“必须使自己既令人敬爱，又令人敬畏”。自然而然，托马斯·皮克顿中将树立了许多对手，无论白人、黑人、混血儿、英国人、西班牙人，还是冒险家、官员。他们在英国殖民地部门一直反对托马斯·皮克顿中将，并且声称托马斯·皮克顿中将在特立尼达就像古罗马暴君尼禄。托马斯·皮克顿中将的反对者中最机灵和最聪明的是富勒顿上校，他成功找到了一种如果在英国试验肯定会流行的攻击方法。此时，旧的西班牙法律在特立尼达岛仍然有效。这部法律允许特立尼达殖民当局对被捕嫌疑人实行各种形式的拘留和酷刑。在一起案件中，一名混血少女因涉嫌从一个西班牙烟草商处偷盗两千西班牙银元，被当地治安法官野蛮判处桩刑[②]，以迫使这位少女承认谁拿走了钱及钱藏在哪里。几分钟后，这位少女承认在她的帮助和同意下，她的情人偷走了钱，并且事实证明她说的是真

① 约翰·金凯德：《步枪旅的冒险经历》，伦敦，1830年，第116页。——原注

② 实施桩刑时，受刑人必须脚后跟站在木桩上。——原注

的。因此，根据托马斯·皮克顿中将的规定，并且据他所知，有一名妇女受了刑。她确实有罪，但受刑轻微。

回到英国后，托马斯·皮克顿中将被富勒顿上校指控犯有多项暴力行为。但最重要的是，富勒顿上校指控托马斯·皮克顿中将实施诱供并让一名妇女遭受酷刑，这与英国的法律及人道主义精神格格不入。随后，由于辉格党和托利党的党派关系问题，托马斯·皮克顿中将受到了长时间的政治审判。最终，英国政府放弃了对托马斯·皮克顿中将的起诉，因为事实充分证明，1801年，特立尼达岛实行的是西班牙法律，而不是英国法律。此外，因为直到1802年签署《亚眠和约》时，特立尼达岛才被英国正式吞并，所以当时，特立尼达总督只能允许地方治安法官按照惯例行事。因此，对托马斯·皮克顿中将的其他指控也全部撤销。

然而，正如富勒顿上校原本希望的那样，谣言继续传播，人们普遍认为托马斯·皮克顿中将是允许女人遭受酷刑的人。对托马斯·皮克顿的审判拖了好几年，这对身为被告的他来说代价很大。由于检方只是撤诉，法院没有判决，托马斯·皮

签署《亚眠和约》

克顿中将甚至不能底气十足地说自己被陪审团宣告无罪。无论多么不公正，托马斯·皮克顿中将身上总有一个污点。

因此，当威灵顿公爵阿瑟·韦尔斯利向英国政府写信，要求派托马斯·皮克顿中将去指挥一个师时，人们认为威灵顿公爵阿瑟·韦尔斯利拥有相当大的独立性并无视公众舆论[①]，这纯粹是因为在军事记录里，威灵顿公爵阿瑟·韦尔斯利被描述为一名硬汉。托马斯·皮克顿中将带着一个不被人喜欢的名字来到葡萄牙，他的同事和下属也准备以批判的眼光看待他。一位在托马斯·皮克顿中将手下服役的军官写道："不可否认，人们普遍对托马斯·皮克顿中将有着强烈的厌恶感。他在特立尼达岛的行为……给各阶层的人留下了十分不好的印象。人们对他第一次出现感到十分不安。当托马斯·皮克顿中将在工作人员的陪同下到达葡萄牙时，每一双眼睛都转向他，人们密切注视着他的外表和举止。他看上去有五六十岁，我从来没见过一个比他更完美的军官榜样。将他定位为残酷暴君的人试图在他的脸上找出这样的轮廓，但都是徒劳。相反，他脸上有一种坦率的男子气概，这与人们对他的诽谤截然相反。事实上，托马斯·皮克顿中将并不是一个暴君。指挥第三师多年，他从来没实施过暴行。但如果他的脸上没有表现出残酷，那么人们就会讥讽他。他嘴唇的形状表明他是一个鄙视而非期盼掌声的人。严肃的面容、健壮的身躯、尖刻的言语和刻板的举止告诉我们，他不太可能说了一件事然后不按说的去做。总之，他的外表表明他是一个意志坚定、体格强健的人。"[②]

第一次视察自己指挥的师时，托马斯·皮克顿中将以对两名偷羊士兵的战地军事法庭审判并目睹他们遭到惩罚而结束，这是很有特点的。然后，托马斯·皮克顿中将骑马前往罪犯所属的第八十八团，并且"用不是他这种等级军官应该使用的语言"说道："在军队中，康诺特别动队的名字无人知晓，但康诺特强盗的名字家喻户晓，"托马斯·皮克顿中将还对他们的国家和宗教发表了一些不必要的评论。

这一令人不安的事件是托马斯·皮克顿中将与第八十八团的长期宿怨的开始。这一宿怨一直持续到伊比利亚半岛战争结束，并且最终导致康诺特别动队拒

① 他提出的要求在菲利普·斯坦诺普伯爵的《与威灵顿公爵阿瑟·韦尔斯利的谈话记录》中，第69页。——原注

② 威廉·格拉顿：《康诺特别动队冒险》，伦敦，1847年，第16页。——原注

绝接受第三师其余人员对托马斯·皮克顿中将的赞美之词。然而，这种不和与双方都不情愿的尊重并不是不相容的。在罗德里戈城战役中，康诺特别动队扮演了十分勇敢的角色。罗德里戈城战役结束后的一天早晨，我们被告知，一些兴奋的士兵们向他们的指挥官喊道："将军，我们昨天为您欢呼。现在轮到您了。"托马斯·皮克顿中将摘下帽子笑着说道："你们这些醉醺醺的流氓们，好了！我们很快就要到达巴达霍斯了。"接下来的几个星期内，托马斯·皮克顿中将把第三师带到了更辉煌的地方。

我发现了大量与托马斯·皮克顿中将有关的故事，无论是真实的、半真实的，还是虚假的，一方面与他行动中极端的无畏和冷静有关，另一方面与他语言和行为的激烈有关，这使他愤怒的对象感到恐惧。我知道的关于他行动中无畏与冷静的最好案例来自我曾引用过的第八十八团日记作者威廉·格拉顿中尉的记述。1811年9月25日，这是与埃尔博登有关的一天。当时，由于威灵顿公爵阿瑟·韦尔斯利少有的战术失误，第三师陷入一个有点孤立的位置，正从一处被路易·皮埃尔·德·蒙布兰率领的大军和法军三个骑兵旅围困的水平高地撤退。"穿过六英里的平地，没有丝毫防护，没有大炮，也几乎没有骑兵，第三师继续前进。在整个行军过程中，法军骑兵从没离开我们，他们有六支轻机枪从侧翼和后方攻击第三师，并且使用炮火攻击第三师。托马斯·皮克顿中将像往常一样冷静行事。他骑马走在纵队左侧，一再告诫各营注意距离并准备攻击。最后，我们到达了我军位于丰特·古纳尔多营地一英里内的地方。此时，路易·皮埃尔·德·蒙布兰由于担心猎物从手中逃脱而急躁不安。他命令士兵向我方倾斜。路易·皮埃尔·德·蒙布兰的中队毫无秩序，并且距离我们只有手枪射程的一半。托马斯·皮克顿中将摘下帽子，举着帽子遮挡阳光，严肃而焦急地望着法军。当时，法军右中队前进时马的踢踏声和刀鞘的摩擦声如此之大，使许多人认为这是一次大范围攻击的前奏。有些军官喊道：'我们不应该形成方阵？'托马斯·皮克顿中将回答道：'不！这不过是吓唬我们的诡计而已，不会得逞的。'再过半个小时，我们就安全了。"①

① 威廉·格拉顿：《康诺特别动队冒险》，伦敦，1847年，第116页和第117页。——原注

这一事例很好地说明托马斯·皮克顿中将的冷静决断，并且终结了威灵顿公爵阿瑟·韦尔斯利的焦虑。但我认为，总司令威灵顿公爵阿瑟·韦尔斯利对第三师指挥官最大的亏欠发生在围攻巴达霍斯时。人们将会记住，在血腥的1812年4月6日夜晚，尽管第四师和轻型师拼尽全力，但对巴达霍斯城墙缺口的进攻还是失败了。登上堡垒高耸墙壁的尝试，虽然成功并导致堡垒的倒塌，但并不是威灵顿公爵阿瑟·韦尔斯利最初的计划，而是托马斯·皮克顿中将的建议。托马斯·皮克顿中将看过这些缺口，但不相信英军能把它们攻克下来。因此，他恳求威灵顿公爵阿瑟·韦尔斯利允许他用自己的师试一下，并且只是作为附属行动①。最终，托马斯·皮克顿中将成功得手，反败为胜。如果托马斯·皮克顿中将没有提出建议，那么即使第五师的一个旅在远离致命缺口的另一个地方成功进入巴达霍斯，巴达霍斯被攻陷的机会也会小得多。尽管托马斯·皮克顿中将由于当晚的勇敢表现受到许多赞扬，但人们并不知道他应该为自己的先见之明受到更多称赞。

在威灵顿公爵阿瑟·韦尔斯利手下服役的六年，我们可以从无数的例子中看到托马斯·皮克顿中将的谋略和坚韧，但最能说明托马斯·皮克顿中将拥有斯巴达式勇气的逸事是他生命最后三天的故事。他的师曾在卡特勒布拉斯战役阻止了米歇尔·奈伊元帅的猛烈进攻。在卡特勒布拉斯，他身体左侧受到一个火枪球的袭击，尽管只是擦碰而没有穿透他的身体。然而，托马斯·皮克顿中将还是折断了两根肋骨。托马斯·皮克顿中将相信第二天的战斗还会持续下去。因此，他下决心不让别人知道自己受伤，以免外科医生坚持将他送到后方。托马斯·皮克顿中将在士兵的协助下粗略地包扎了伤口，并且在1815年6月17日一整天都骑着马，指挥军队撤退。1815年6月18日，托马斯·皮克顿中将由于头部中弹阵亡。当时，他正领导手下的军队从圣约翰山高处击退让-巴普蒂斯特·德鲁埃·德隆发起的决定性冲锋。当脱掉托马斯·皮克顿中将的战袍并将他放入棺材时，人们才发现他在滑铁卢作战时，身上有一个存在了两天、危险甚至致命的伤口。因为此时，他的肋骨肿胀发黑，所以医生们认为，即使在6月18日的战斗中毫发无伤，这个被忽视的伤口也很可能要他的命。

① 见J.麦卡锡的《巴达霍斯围攻》，伦敦，1836年，第35页和希顿·鲍斯特德·鲁滨逊的《托马斯·皮克顿爵士的回忆录》，第170页。——原注

托马斯·皮克顿中将的这一美德与他身上严重的缺点并不矛盾。托马斯·皮克顿中将的暴力言辞和对普通礼节形式的轻视成为许多故事的主题。当托马斯·皮克顿中将认为在巴达霍斯战役中，指挥第三师的工兵军官将他们引入歧途时，他拔出了剑，并且发誓说，如果工兵军官出了差错，他会把瞎了眼的工兵军官干掉。我们有那位工兵军官的第一手资料，幸运的是，他能证明他走的是正确的道路[①]。一个更广为人知的故事是关于托马斯·皮克顿中将和军需官的，这个故事也被认为是罗伯特·克劳弗德少将的故事，也是最近，约翰·威廉·福蒂斯丘写给约翰·科普·舍布鲁克将军的一个故事。在威灵顿公爵阿瑟·韦尔斯利的一次长途行军中，军需官奉命在某个时间某个地点准备第三师的军粮。但军需官没有来，并且找了一系列借口解释他们为什么没来。托马斯·皮克顿中将狠狠地指着附近的一棵树对一名军需官

约翰·科普·舍布鲁克将军

① J.麦卡锡：《巴达霍斯围攻》，伦敦，1836年，第41页。——原注

说：“好吧，先生，如果你明天晚上12时没有将我师的补给送到指定地点，我会在半夜把你挂在上面。”军需官奔向威灵顿公爵阿瑟·韦尔斯利，带着受伤的自尊心抱怨托马斯·皮克顿中将暴力和庸俗的语言。威灵顿公爵阿瑟·韦尔斯利冷静地说：“哦，他说他会把你挂在树上，是吗？”“是的，大人。”“那么，托马斯·皮克顿将军是个说话算话的人。我想你最好及时把补给送去。”进一步的建议是没有必要的，因为补给被准时送到了指定地点[①]。奇怪的是，托马斯·皮克顿中将去世多年后，有人在英国议会上提出了一个问题，并且在报纸上引发了一场争论，那就是托马斯·皮克顿中将的愤怒对象是三名军需官中的哪一位。

然而，将托马斯·皮克顿中将描述为无论何时都无法控制自己火暴脾气的人是错误的。托马斯·皮克顿中将生气一般都有理由，只是他的语言过于激烈才使他成为传说种的火药桶。虽然看起来很奇怪，但普通士兵并不认为托马斯·皮克顿中将是位暴君。人们承认他十分公正，并且他从来没有不听辩护就惩罚别人。此外，他有能力赦免别人。当他暴怒时，他并不是没有理由。因此，第四十五团的一位中士这样写道：“托马斯·皮克顿中将有时很严厉，特别是对士兵的掠夺行为。他总是说由于国家恰好打仗就掠夺穷人是严重的错误。当他发现手下的士兵们有掠夺行为时，他甚至鞭打他们。他只是鞭打这类士兵，但许多将军会要了这类士兵的命。此外，士兵们认为托马斯·皮克顿中将将士兵们的福利放在心上。师里的每个士兵都知道，如果自己有什么要抱怨的话，那么老皮克顿会来听他们的故事。如果可能的话，托马斯·皮克顿中将还会帮士兵们改正错误。总的来说，尽管托马斯·皮克顿中将语言粗暴，但我们都认为他是一位好将军。”

几位军官的日记中也提到了托马斯·皮克顿中将身上的正义感，他们对托马斯·皮克顿中将为获得默默无闻的功绩做出的努力，在晋升时保持的工作作风[②]，或者他身为高级军官对下属的专横表达了自己的看法。托马斯·皮克顿中将对下属很和蔼，甚至十分友善和体贴。正如我们注意到的那样，这种亲切感使托马斯·皮克顿中将深受下属爱戴，但威灵顿公爵阿瑟·韦尔斯利并没有获得来自下属的爱

① 希顿·鲍斯特德·鲁滨逊：《托马斯·皮克顿爵士的回忆录》，第390页。——原注

② 见之前提到的麦卡锡和麦克弗森的日记（《罗宾逊》中的标注，第394页到第397页）。——原注

19 世纪 10 年代的威灵顿公爵阿瑟・韦尔斯利

戴。威灵顿公爵阿瑟·韦尔斯利与托马斯·皮克顿中将的交往很正式，但并不频繁。威灵顿公爵阿瑟·韦尔斯利曾经特意说过，人们说他与托马斯·皮克顿中将吵过架或者与托马斯·皮克顿中将关系很好都是不对的。但在承认托马斯·皮克顿中将做出贡献的同时，威灵顿公爵阿瑟·韦尔斯利也从不假装自己对托马斯·皮克顿中将有任何个人的喜爱。

托马斯·皮克顿中将一直认为在伊比利亚半岛战争结束时，他遭受了严重的不公正待遇，因为他没有被列入五位因个人表现而被封爵的伊比利亚半岛军官名单中。“如果验尸官躺在破口的王冠上，我应该和他们中的任何一人一样有好的机会。”托马斯·皮克顿中将曾尖刻地说。对于为什么遗漏托马斯·皮克顿中将，官方解释是威廉·贝雷斯福德子爵、罗兰·希尔子爵、林内多男爵托马斯·格雷厄姆将军、詹姆斯·阿奇博尔德·霍普和康伯米尔子爵斯特普尔顿·科顿五位将军都曾在一段时间拥有独立指挥权，但托马斯·皮克顿中将在伊比利亚半岛战争中不曾拥有。尽管这个解释对前三个人是正确的，但并没有真正涵盖詹姆斯·阿奇博尔德·霍普和康伯米尔子爵斯特尔普顿·科顿的情况，因为他们的独立指挥权只是名义上的，并且托马斯·皮克顿中将曾多次，特别是在比利牛斯战役期间，以相似的方式行使过独立指挥权。事实上，托马斯·皮克顿中将是一个不受欢迎的人。因此，英国政府忽略了他，威灵顿公爵阿瑟·韦尔斯利也没有积极回应他的请求。托马斯·皮克顿中将通过宣布自己计划在1814年退役表达自己的不满。如果拿破仑·波拿巴从厄尔巴岛回来且英国政府没有征召他参战，那么他会在1814年退役。

托马斯·皮克顿中将对各种盛况和仪式极度鄙视。除了参加晚会，托马斯·皮克顿中将的着装一直很随意，并且常常不带军事色彩。正如几位目击者所说，他在卡特勒布拉斯战役中戴着一顶高高的海狸帽对抗法军。在维多利亚战役中，由于眼睛受了伤，他戴着一顶宽边的同类型帽子。托马斯·皮克顿中将的助手很自然地照搬他的着装风格，因为他们都对外表漠不关心。据说，根据他们的举止和穿着，他们被称为"熊和衣衫褴褛的工作人员"[①]。最近，这一术语已经几次被用于类似的政党。

与托马斯·皮克顿中将截然不同的是我们必须提及的几位将军中的最后一位——罗伯特·克劳弗德少将。他们都是威灵顿公爵阿瑟·韦尔斯利手中的有效武器，托马斯·皮克顿中将更像攻城槌，而罗伯特·克劳弗德少将更像双刃剑。与托马斯·皮克顿中将一样，罗伯特·克劳弗德少将带着失望的情绪来到伊比利亚半岛。他的委屈是，尽管自己提供了出色的服务，但没有得到应有的晋升，因为像罗兰·希尔子爵、威廉·贝雷斯福德子爵和威灵顿公爵阿瑟·韦尔斯利等比他小几岁的高级将领都担任更重要的职位时，他只是一名初级准将。罗伯特·克劳弗德少将是英军中为数不多的几位懂军事战术的军官之一。早在1782年，他就研究过腓特烈大帝的军队在柏林的战术，并且将普鲁士王国官方的战争文章译成英文。除了他和林内多男爵托马斯·格雷厄姆将军，威灵顿公爵阿瑟·韦尔斯利手下的军官们都不懂德语。因此，1794年，罗伯特·克劳弗德少将在奥地利公国驻荷兰陆军中担任重要军事随

① 约翰·威廉·科尔：《伊比利亚半岛战争期间英国杰出将领回忆录》，第2卷，第84页。——原注

拿破仑·波拿巴在厄尔巴岛登船，准备潜回法国

员。1795年到1797年，他又跟随科堡和泰申公爵查理大公参加了一系列失败多于成功的战役。1799年，当奥地利公国与法兰西第一共和国再次爆发战争时，罗伯特·克劳弗德少将受命与奥地利公国的老朋友一起服役，并且陪同弗里德里希·冯·霍策男爵来到奥地利公国军队驻瑞士的总部。直到1799年年底，他被叫来与约克和奥尔巴尼公爵腓特烈王子一起处理指挥不善的入侵荷兰的相关事务。因此，与林内多男爵托马斯·格雷厄姆将军一样，罗伯特·克劳弗德少将不幸目睹了一连串的灾难。对此，他负有责任。正如罗伯特·克劳弗德少将的报告和公文显示的那样，他以心中的热忱和出色的能力履行自己的职责，但他讽刺性的言语和暴躁的脾气似乎妨碍了自己的晋升。1794年，服役十三年后，罗伯特·克劳弗德少将成为少校。但直到1801年，他仍然只是一名中校。1794年到1801年，他虽然一直以一种令接触他的人敬佩的方式履行着重要职责，但仍有无数战友在职位上超过他。看起来，他对法兰西革命战争带来的灾难的连续报告似乎将他的名字与厄运联系在一起。1801年，由于对申请爱尔兰的一个官方职位感到失望，罗伯特·克劳弗德少将继续半薪，并且以一个口袋选区议员的身份进入英国议会，碰巧这是他兄长查尔斯·克劳弗德的礼物①。1802年到1806年，罗伯特·克劳弗德少将一直是英国议会军事问题方面的发言人，并且对小威廉·皮特、梅尔维尔子爵亨利·邓达斯和西德默斯子爵亨利·阿丁顿的政策持强烈的批评态度。罗伯特·克劳弗德少将对在第一条线列和第二条线列适当组织英军击退法军入侵提出了广泛的意见，并且总是与英国内阁大臣们的意见相左。公平地说，罗伯特·克劳弗德少将的意见基本上是对的，而内阁大臣的是错的。罗伯特·克劳弗德少将恳求裁撤众多不守军纪的志愿军，并且希望在第一条线列上有一支短期服役的庞大的正规军；第二条线列位于第一条线列的后面，其成员全部来自征兵，并且作为一种受过非正规作战训练的大规模屏障，而不是为了操练或参加激战。罗伯特·克劳弗德少将的尖锐批评十分具有说服力，但只要西德默斯子爵亨利·阿丁顿和小威廉·皮特掌权，就不太能帮助他晋升。然而，当小威廉·皮特去世，名为“所有的人才”的辉格党政府上台执政时，新任战争大臣威廉·温德姆竭

① 罗伯特·克劳弗德少将的兄长查尔斯·克劳弗德娶了纽卡斯尔公爵托马斯·佩勒姆–克林顿的遗孀安娜·玛丽亚·斯坦诺普夫人。由于新任纽卡斯尔公爵是未成年人，他的母亲安娜·玛丽亚·斯坦诺普夫人及其丈夫查尔斯·克劳弗德便处理了佩勒姆口袋选区及其他赞助。——原注

西德默斯子爵亨利・阿丁顿

小威廉・皮特

尽所能为罗伯特·克劳弗德少将做了一切能做的事情。罗伯特·克劳弗德少将不但是威廉·温德姆的私人朋友，而且经常就军队组织和技术等军事问题向他提供建议。

最后，经历了五年激烈的英国议会批评后，罗伯特·克劳弗德少将的朋友威廉·温德姆为他提供一个机会，让他在比以往任何时候更高的职位上服役。虽然仅仅只是晋升为上校，但罗伯特·克劳弗德获得了一个四千人旅的指挥权，并且负责远征。这次冒险是当时掌权的不幸内阁进行的许多徒劳无功的计划中，最令人费解的冒险行动之一。为征服智利，罗伯特·克劳弗德少将尝试飞渡合恩角！然而，罗伯特·克劳弗德少将从没见过麦哲伦海峡，因为他的军队在航行结束后被解散成约翰·怀特洛克将军领导下的令人不快的军队的一部分。1807年，这支军队灾难性地

威廉·温德姆

约翰·怀特洛克将军

进攻了布宜诺斯艾利斯。罗伯特·克劳弗德少将站在前面，指挥着约翰·怀特洛克将军的轻型旅，向混乱的街道挺进，约翰·怀特洛克，这位无能的将军将他的军队分散在许多小纵阵中。此役，罗伯特·克劳弗德奋战到被包围为止。由于与主力军队失去联系，罗伯特·克劳弗德少将被迫与其余的士兵投降。因此，罗伯特·克劳弗德在战场上第一次指挥作战以灾难性的惨败告终。在军事法庭对约翰·怀特洛克将军的审判中，罗伯特·克劳弗德被判无罪，但一想到自己被人称为放弃英国旅的军官，他的心中愤怒无比。直到生命尽头，罗伯特·克劳弗德少将的内心一直负担很重。

罗伯特·克劳弗德少将被无罪释放的标志是1808年，他被任命为伊比利亚半岛军中某个旅的指挥官。但他平时的不幸似乎又开始出现在他身上。对维梅罗战役来说，他来得太晚了。在穆尔·史密斯手下任职期间，他脱离了穆尔·史密斯麾下大军的主力部队，并且没有参加科鲁尼亚战役。1809年，在重返威灵顿公爵阿瑟·韦尔斯利手下任职，并且参加塔拉韦拉战役时，他又迟到了。尽管为到达塔拉韦拉战场，二十六小时内，他完成了令他记忆深刻的四十三英里长的行军，那是在威廉·弗朗西斯·帕特里克·内皮尔记忆中一个不可能实现的成就。那时，六十二英里的行程，甚至连罗伯特·克劳弗德少将和著名的第四十三团、第五十二团和第九十五团都无法完成。

1809年起，罗伯特·克劳弗德少将终于得到了机会，并且在1809年到1811年的大部分时间里[①]，指挥威灵顿公爵阿瑟·韦尔斯利的大军。1810年，他于1809年指挥的轻型旅改编成为轻型师。最后，罗伯特·克劳弗德少将得到了早年军旅生涯没有完成的事业成就，一个独特和责任重大的职位，并且看到了胜利的前景。1794年到1809年的十五年来，罗伯特·克劳弗德除了撤退和灾难，什么也没看到。在罗伯特·克劳弗德少将快乐的日子里，他无疑是威灵顿公爵阿瑟·韦尔斯利拥有的最杰出的副手。然而，罗伯特·克劳弗德少将并不像罗兰·希尔子爵一样被他的首领威灵顿公爵阿瑟·韦尔斯利信任，因为他偶尔没有那么谨慎，也不会对威灵顿公爵阿瑟·韦尔斯利言听计从。罗伯特·克劳弗德少将偶尔也会冒险，或大胆修改上级下达的命令——一个热切而又雄心勃勃的灵魂在兴奋时会犯的错误。

罗伯特·克劳弗德少将的成就是伟大而辉煌的，其中他最辉煌的成就是在整个1810年春夏季期间保护葡萄牙东北部边境。当时，他和自己指挥的师及两个骑兵团在英军主力部队前方数英里外布阵，面对利弗里公爵安德烈·马塞纳的集团军集结，直到其开始大规模入侵葡萄牙。五个月的时间里，罗伯特·克劳弗德少将守卫了一条长长的前线对抗实力六倍于己的对手。他没有让法军冲破防线，也没有让他们知道自己的后方发生了什么事。这是一个伟大的壮举，他的资源极其有限，但他凭借完整和极小的组织完成了这项任务。阿格达河沿岸有十五个浅滩，在溪水很高的时候，阿格达河沿岸还会有更多浅滩。罗伯特·克劳弗德少将必须守在这条河上，他必须在天气干燥时完成部署。1810年3月和1810年4月，法军有三千骑兵迎战罗伯特·克劳弗德少将。1810年5月和1810年6月，法军拥有五千骑兵，超过罗伯特·克劳弗德少将整个师的总兵力。罗伯特·克劳弗德少将知道在法军骑兵屏障后有两个集团军或四万多人，并且法军步兵的许多分遣队离自己的前哨只有四五英里，可能随

---

① 1810年冬到1811年5月，罗伯特·克劳弗德少将正在休假，只是为参加丰特斯-德奥尼奥罗战役才回归伊比利亚半岛战场。——原注

时攻击自己。然而，罗伯特·克劳弗德少将从没遭受过任何突然袭击。他的观察哨所布置和管理得如此之好，使哨兵会在难以置信的短时间内向他报告法军的细微活动。罗伯特·克劳弗德麾下军队的整张通信网络一触即发，轻型师全神贯注准备战斗或撤退。罗伯特·克劳弗德少将训练军队十分出色，正如威廉·弗朗西斯·帕特里克·内皮尔记录的那样，他的任何一个营在接到第一次警报信号后七分钟内就已经准备就绪，一刻钟内就可以在指定的岗位上进行战斗，也能打包好行李，准备好撤退到后方。

作为罗伯特·克劳弗德少将的助手，历史学家肖·肯尼迪写道："要理解罗伯特·克劳弗德少将的行动，绝不能忽视他的计算能力，因为他一直都在计算。"每天早上，罗伯特·克劳弗德少将都会收到来自阿格达河众多浅滩的特别报道，这些浅滩水位上升的速度会周期性地被标记出来。士兵们在显眼的高处放置了信标，以传达法军进攻的信息。为防止夜间出错，指示器被放置在指向信标的通信台上。前哨的骑兵团是英王德意志军团第一轻骑兵团，后面是一个老兵团。之所以选择这个团，是因为其军官的侦察能力优于其他骑兵部队。罗伯特·克劳弗德少将精通德语，可以直接与每位中队队长沟通。每位中队队长都知道自己在前线的职责，并且每个人都十分出色地完成了自己的任务。罗伯特·克劳弗德少将不屈不挠，可以毫无倦意地骑很长时间的马，亲自了解每一处分水岭、峡谷和弯路。因此，没有什么成功是偶然的[①]。

令人遗憾的是，1810年7月24日，罗伯特·克劳弗德少将以不必要的科阿河之战结束了持续五个多月的精彩服役。在科阿河待了一天后，威灵顿公爵阿瑟·韦尔斯利虽然曾指示罗伯特·克劳弗德少将在受到猛烈攻击时撤退，但罗伯特·克劳弗德少将还是遭到了米歇尔·奈伊元帅率领的整支军队的突然攻击，这支军队有两万人或更多人。罗伯特·克劳弗德少将被迫越过科阿河，如果没有他训练的精锐部队和团级军官头脑冷静的作战技巧，那么其损失可能很大。当罗伯特·克劳弗德少将穿过科阿河大桥时，他成功占领了这座桥，并且损失不超过三百人。但他违背了威灵

① 所有这一切都来自肖·肯尼迪的日记，这本日记被长篇印刷在一个最不可能的地方——弗雷德里克·菲茨克拉伦斯勋爵《前哨职责手册》的附录，这是一本19世纪40年代的书。——原注

顿公爵阿瑟·韦尔斯利的命令，拿整个师冒险。对此，威灵顿公爵阿瑟·韦尔斯利十分不满，并且让罗伯特·克劳弗德少将知道了这一点。但在公文中，威灵顿公爵阿瑟·韦尔斯利并没有斥责罗伯特·克劳弗德少将，而是继续让他指挥作战。威灵顿公爵阿瑟·韦尔斯利在一封密函中写道："你会说'为什么不指责罗伯特·克劳弗德少将？'我回答说，'因为我即使为此被绞死，也不能指责一个好心的人。他的错误是判断错误，而不是故意的。'"但为未来着想，威灵顿公爵阿瑟·韦尔斯利将罗伯特·克劳弗德少将安排在离自己更近的地方，使罗伯特·克劳弗德少将没有机会实施自己的策略。即使如此，还有一些其他情况，罗伯特·克劳弗德少将由于太为自己考虑而陷入困境。其中一次是1811年9月25日，在埃尔博登战役当天，罗伯特·克劳弗德少将接到威灵顿公爵阿瑟·韦尔斯利命令前往一个危险的地方。当时，他已经晚了十二个小时加入主力部队。罗伯特·克劳弗德少将被告知要进行一次夜间行军，但他一直等到黎明，因为当时，他正在一个满是沟壑和洪流的破碎的国家中艰难前进，他认为在黑暗中行动很危险。由于他的拖延，执行这项任务的军队比威灵顿公爵阿瑟·韦尔斯利的计划晚了半天才集合起来。"我很高兴看到你安然无恙。"威灵顿公爵阿瑟·韦尔斯利带着一些浮躁的神气说，因为轻型师在丰特·吉纳尔多时人手不足。"哦，我没有遇到危险，我向你保证。""但从你的行为来看，我有。"威灵顿公爵阿瑟·韦尔斯利回答道。罗伯特·克劳弗德少将对部下说："他今天脾气很差。"①在这种情况下，为了公正评价罗伯特·克劳弗德少将，我们应该提到正是他的首领威灵顿公爵阿瑟·韦尔斯利将他置于危险的境地，而不是罗伯特·克劳弗德少将自己，并且他对夜间行军不可行的判断很可能是正确的。但罗伯特·克劳弗德少将违抗了命令，顽固的威灵顿公爵阿瑟·韦尔斯利记住了这一点。

必须通过一个长期谨慎和科学的士兵的军旅生涯表来应对这些失误，罗伯特·克劳弗德少将高明的机动性和突然的攻击使其他在伊比利亚半岛的将军都无法与他竞争。击退米歇尔·奈伊元帅在布萨科的集团军也许是罗伯特·克劳弗德少将及其轻型师最光荣的表现。在布萨科战役中，法军被轻型部队耽搁和侵扰的方

① 参见的《弗朗西斯·西摩·拉尔庞日志》，伦敦，1853年，第85页，以及亚历克斯·克劳弗德的《罗伯特·克劳弗德将军传》，第184页和第185页。——原注

式是罗伯特·克劳弗德少将采取战术的一个很好的例子。当法军到达阵地顶峰时，他们在适当的时刻被一支部队攻击并被赶下山。其中最令人惊讶的是，由于罗伯特·克劳弗德少将仔细选择了一个位置，并且在关键时刻及时隐藏了路线，他几乎没有任何损失就打败了法军。在这次交火中，罗伯特·克劳弗德少将的军队只伤亡一百七十七人，但法军损失超过一千二百人。然而，罗伯特·克劳弗德少将还有另一项壮举，虽然不那么耀眼，但可能比布萨科战役中的进攻更能展示其战场谋略。这就是1811年5月5日，轻型师在丰特斯-德奥尼奥罗的撤退。当时，罗伯特·克劳弗德少将从英军主要阵地被派去营救第七师，因为第七师与英军主力部队失去联系并几乎被一支法军骑兵部队以压倒性优势包围。在解救第七师后，罗伯特·克劳弗德少将不得不带着五个精良的骑兵旅撤回到主力部队，并且配合炮兵，寻找机会突围。在两英里开阔的高原上以方阵撤退，是一项微妙而危险的任务。然而，罗伯特·克劳弗德少将顺利完成了这项任务，并且把整个师带回到威灵顿公爵阿瑟·韦尔斯利的阵地，损失不到五十人。如果将这次撤退作为勇气和谋略的展现，那么罗伯特·克劳弗德少将营救第七师甚至超过了托马斯·皮克顿中将在埃尔博登的撤退。因为这次法军骑兵兵力更强，但轻型师的规模比第三师小。当时，轻型师只有四千人，但在埃尔博登，第三师有五千二百人。然而，在丰特斯-德奥尼奥罗撤退的危急时刻，英军与法军的距离更近，只有两英里。在埃尔博登，两军的距离是七英里。

1812年前，罗伯特·克劳弗德少将又开始行动了。如果不是1812年1月19日，他在罗德里戈城视察和指挥时被击中身亡，他独特的军事才能无疑会在布尔戈斯撤退时指挥后卫军及在维多利亚战役的前进中展现出来。比利牛斯战役的特点也与罗伯特·克劳弗德少将独特的管理风格一致。罗伯特·克劳弗德少将麾下的军官阿尔滕伯爵查尔斯十分怀念他。阿尔滕伯爵查尔斯是罗伯特·克劳弗德少将指挥的轻型师的接班人，他资质平庸[①]，总是尽力服从威灵顿公爵阿瑟·韦尔斯利的命令，绝不会即兴发挥。从官兵们的行为看，罗伯特·克劳弗德少将去世后，轻装师的行动虽然令人钦佩，但再没有天才去领导他们了。

① 伊比利亚半岛战争结束时，威廉·弗朗西斯·帕特里克·内皮尔拒绝表扬阿尔滕伯爵查尔斯，他曾公开表示他看不到阿尔滕伯爵查尔斯有足够的价值。——原注

罗伯特·克劳弗德少将与罗兰·希尔子爵或林内多男爵托马斯·格雷厄姆将军不同，但与他的竞争对手托马斯·皮克顿中将一样，有许多对手。罗伯特·克劳弗德少将军纪严明，甚至对军官们比对士兵们更严格。他脾气暴躁，言语刻薄。罗伯特·克劳弗德少将并不像托马斯·皮克顿中将那样通过一股脑儿的咒骂发泄自己的怒气，而是通过措辞合理、清晰尖刻的讽刺，这可能比任何一次的咒骂更让人生气。作为一个受过高等教育的人，一位老练的英国议会发言人，罗伯特·克劳弗德少将可以用一种轻蔑的态度进行一种使人不易忘记的责备。或许正是这种伎俩使他成为内皮尔家族的对手，他们在日记和其他著作中十分痛恨罗伯特·克劳弗德少将，尽管威廉·弗朗西斯·帕特里克·内皮尔由于罗伯特·克劳弗德少将许多辉煌成就给了他应有的荣誉[①]。此外，还有其他几位军官痛斥罗伯特·克劳弗德少将的傲慢，一位称他为"暴君"，另一位说他从没忘记过怨恨。但罗伯特·克劳弗德少将拥有的朋友不比对手少，他的下属中许多优秀的成员，如肖·肯尼迪和阿奇博尔德·坎贝尔，都很喜欢他。令人惊讶的是，他麾下的普通士兵们不但对他充满信心，而且对他充满热情。在对罗伯特·克劳弗德少将的颂词中，最好的赞颂来自第九十五团的步枪手哈里斯。内容如下：

> 我想我从来没有比崇拜罗伯特·克劳弗德少将更崇拜穿英国军装的人。我可以用一本书来写他，因为我经常在行动中注视着他。步兵们喜欢他，但害怕他，因为如果军中有人不服从命令，他可能会变得很可怕。"你认为，因为你是步枪手，你就可以做任何你认为合适的事情？"有一天，撤退到科鲁尼亚时，他对周围的人说。"在处理你之前，我会告诉你不同之处。"我记得有一天晚上，在科鲁尼亚撤退期间，他发现有两人离开了主力部队。那是在科鲁尼亚撤退的早期阶段，罗伯特·克劳弗德少将知道他必须使整个师团结一致。因此，罗伯特·克劳弗德少将用雷电般的声音

① 有关他的旅长巴克利和约翰·贝克威思如何谈及他的一个痛苦故事，请参阅穆尔·史密斯的《西顿男爵约翰·科尔伯恩传》，伦敦，1904年，第174页。关于罗伯特·克劳弗德少将偶尔对军官不屑一顾的逸事，参照威廉·海的《1808年到1815年利比利亚半岛回忆录》，伦敦，1901年，第35页；乔治·西蒙斯的《英国步枪手》，伦敦，1899年，第26页和第27页。——原注

叫停他指挥的旅，命令立即进行一次战地军事审判，这两名士兵被判一百次鞭刑。进行仓促的审判时，罗伯特·克劳弗德少将从马上下来，站在中间，像一只忧心忡忡的斗牛犬一样，严厉而愤怒。罗伯特·克劳弗德少将不喜欢退缩。

审判结束后，由于天太黑，无法施加惩罚。罗伯特·克劳弗德少将走了整整一夜。天亮的时候，他的头发、胡子和眉毛都覆盖着一层霜，我们也一样。当罗伯特·克劳弗德少将在山上的积雪中停下来时，天色不佳。他命令麾下的军队形成一个方阵，并且发表讲话称："虽然我这样做，军官们不会感激我，士兵们也不会明白我，但我决心依据判决来惩罚那些人，尽管法军就在我们后面。从丹尼尔·霍万斯开始。"

这两人被带出来。与此同时，他们的中校汉密尔顿·韦德站出来，放下他的剑，请求罗伯特·克劳弗德少将原谅这两人，因为他们都是好士兵，他们都参加过所有在葡萄牙进行的战役。罗伯特·克劳弗德少将说："先生，我命令你履行你的职责。这些人必须受到惩罚。"执行到第七十五鞭后，罗伯特·克劳弗德少将停止了鞭打。但在他的旅再次起程前，他发表了另一个简短的讲话，说道："你们大家注意，如果我看到任何人不服从我的命令，那么我会第一时间再次停下来，并且通过军事法庭当场对他进行审判。"然后他下令，我们继续行军。

许多读过这篇文章的人可能会认为，在科鲁尼亚撤退的这种可怕和折磨人的情况下，这是一种残酷和不必要的严厉。然而，我，一名普通士兵，认为这是相当必要的。只有像罗伯特·克劳弗德少将这样的人才能拯救这个旅。如果他鞭打了这两个人，那么他就拯救了数百人。

最近，在《周六评论》上，有人发表了一篇关于罗伯特·克劳弗德少将葬礼的奇闻逸事[①]，这来自一个同时代人没有发表的回忆录，文章充分说明了轻型师普通官兵对其老首领罗伯特·克劳弗德少将的崇敬。罗伯特·克劳弗德少将最严厉的原则

① 参见1912年1月20日威洛比·弗纳上校的一封信。——原注

之一是，行军绝对不能绕道避难，不能避开河流或泥土，也不能为让每个人趟浅水区或踩石头行军而打破行列。罗伯特·克劳弗德少将认为，这种拖延是对迅速行动的阻碍。因此，这种情况绝不能发生。一次，一位军官因灌水或者蹲下来喝水而掉队，罗伯特·克劳弗德少将鞭打了他[①]。罗伯特·克劳弗德少将还发现，由于想躲避坑洼，一名士兵骑在另一名勤务兵的背上，于是，他让这名士兵站在小溪中[②]。从罗伯特·克劳弗德少将的葬礼归来，轻型师的先锋连穿过围城工程后方的坑，坑中有很多泥和水。士兵们非但没有转过头躲避这些泥水，反而看了看水坑，振作起来，径直走过去。他们整齐稳重，好像正在接受将军的检阅一样。整个师沿着泥泞行进。在他们看来，纪念老指挥官罗伯特·克劳弗德少将的最好方法就是当他不再以惯用的激烈方法强制士兵接受他的理论时，士兵们依然尊重他最著名的军事思想。

对罗伯特·克劳弗德的优缺点，我还可以写更多，但这些已经足够了。我也没有篇幅讲述伊比利亚半岛战争中的其他高级将领，虽然其中一些将领，如詹姆斯·利特爵士和劳里·科尔爵士，都是伟大的战斗者，但他们只是适合做威灵顿公爵阿瑟·韦尔斯利的工具。因为他们从来没有被信任并完成独立的任务，所以我们无法判断他们全部的精神状态。我倾向于高度评价劳里·科尔爵士在阿尔布埃拉战役中的表现，因为他是在未经威廉·贝雷斯福德子爵许可的情况下自己负责，命令燧发枪旅和威廉·蒙迪·哈维的葡萄牙军队展开著名的进军，并且将最危险的战斗转变为胜利之战[③]。在威灵顿公爵阿瑟·韦尔斯利手下大部分的师级军官中，我们只能说他们有能力严格执行命令并完成规定的任务，但他们没有参与制订任务。充其量，执行命令的战术技巧可以归因于他们。虽然在这方面，我们并不缺乏详细的资料，甚至其中不乏萨拉曼卡战役、维多利亚战役及比利牛斯战役零星战斗的资料。几乎同样可以预测一些优秀的准将，他们很好地处理了细节，但从没有机会展示自己的全部能力。要列出一长串清单很容易，至少詹姆斯·肯普、丹尼斯·帕克、爱德华·巴恩斯、丹尼尔·麦金农、西顿男爵约翰·科尔伯恩、威廉·海、威廉·拉姆利、

① 参见威廉·海的《1808年到1815年伊比利亚半岛回忆录》，1808年到1815年。——原注

② 参见哈里斯：《步枪手哈里斯》，伦敦，1848年，第206页。——原注

③ 当时，亨利·哈丁子爵负责前进，但劳里·科尔爵士是负责下令执行的人。他应该有这个决心和战术。——原注

罗伯特·罗斯、柯林·霍尔基特、斯塔福德伯爵约翰·宾、爱德华·迈克尔·帕克南少将、约翰·贝克威思和安德鲁·巴纳德都应该被列入名单。他们中的一些人去世或被驱逐，另一些人再次在滑铁卢战役中指挥旅级作战单位，但除了斯塔福德伯爵约翰·宾，他们中没有一个人被赋予一个师的永久指挥权，尽管他们的中几个人在正规首领生病或缺席时，曾在伊比利亚半岛战争中担任临时指挥官。罗伯特·罗斯和爱德华·迈克尔·帕克南少将在美国晋升为独立指挥官。罗伯特·罗斯负责1813年到1814年指挥前往波托马克和切萨皮克的远征队，并且以惊人的攻势夺取华盛顿。但不久后，他在巴尔的摩开展了一次进攻。他倒下时，他指挥军队的进攻就停止了。爱德华·迈克尔·帕克南少将的新奥尔良之旅是一连串的不幸，其中至少有一部分是他自己的过错。可以肯定的是，威灵顿公爵阿瑟·韦尔斯利从没有训练出一位战争指挥艺术一流的将军，但正如我们前面所说，他的军事组织管理制度并不是为培养副手的主动性或自力更生能力而设立的。

我们可以说，威灵顿公爵阿瑟·韦尔斯利的其他下属并不适合他们的工作，即使在执行命令时，他们有独立作战能力和清醒的头脑。布伦特·斯潘塞和约翰·斯莱德少将也是这样，他们只能向前执行明确的命令。可以这么说，他们必须像有轨电车一样放在一条线上，向前推进，否则他们会放慢脚步，甚至停下来，因为他们缺乏主动性和行动能力。像威廉·厄斯金爵士这样的少数人，是威灵顿公爵阿瑟·韦尔斯利最讨厌的人——由于政治影响力而无法从军队中撤换这些人。他们身上的短视、粗心大意和固执己见，导致他们变得很危险。威灵顿公爵阿瑟·韦尔斯利在一次公文中说，他认为自己的头脑有点不对劲[①]。令人震惊的是，威廉·厄斯金爵士在卡萨尔·诺沃和萨布格尔犯下错误后，威灵顿公爵阿瑟·韦尔斯利并没有不惜一切代价摆脱他。威灵顿公爵阿瑟·韦尔斯利只是试图将他转移到不太可能造成更大损失的指挥区，并且继续在公文中连同其他军衔的军官们一起提到他，直到1812年到1813年，威廉·厄斯金爵士在战役间隔期自杀。这是最困难的境况，由于政治考量和国内舆论的原因，威灵顿公爵阿瑟·韦尔斯利并不在意面对这一使将军丢脸回家

① 参见1816年8月4日威灵顿公爵阿瑟·韦尔斯利写给骑兵卫队的政务次官亨利·托伦斯的公文。——原注

詹姆斯·肯普

罗伯特·罗斯

安德鲁·巴纳德

柯林·霍尔基特

的决定性一步。但有几位准将，威灵顿公爵阿瑟·韦尔斯利没有要求他们，也不喜欢他们，他在私人书信中用一小串感恩赞美诗向他们告别[①]。令人惊讶的是，即使1811年后，威灵顿公爵阿瑟·韦尔斯利仍然没有放手摆脱他知道的无能或顽固的下属，就像他不用参考骑兵卫队的观点提拔官员一样。确实，伊比利亚半岛战争后期，他的建议一般能得到执行，虽然并非总能得到执行。然而，从萨拉曼卡或马德里的一封信到达伦敦花了整整几个月的时间。随后，这封信通过刊登在《公报》上才生效。威灵顿公爵阿瑟·韦尔斯利从没有行使过及时处罚或奖励的权力，他总是拖延很长时间。当行为与其结果间隔几个月时，惩罚和奖励都会失去其大部分有益的效果。拿破仑·波拿巴有一个独特的优势，他既是总司令，又是恩惠和惩罚的分发者。有他在，法兰西第一帝国政府从未把时间浪费在审核奖惩这件事上。

① 例如，参见《威灵顿公爵阿瑟·韦尔斯利公文》，1810年10月4日。他镇定自若地看着由于各种原因离开的将领，包括罗伯特·托马斯·威尔逊爵士、斯塔福德·莱特伯恩、克里斯托夫·蒂尔森和迈尔斯·南丁格尔。——原注

第 8 章

伊比利亚半岛军队的组成：总部

精彩看点

伊比利亚半岛军队总部的三个军官——军事秘书——军需处长的主要职责——军需处长的其他职责——副官长的职责——威灵顿公爵阿瑟·韦尔斯利的副官长——皇家炮兵指挥官的职责——皇家工兵——骑兵参谋部与军团指挥部——宪兵司令的职责——伊比利亚半岛军队的七大民事部门

讲述了威灵顿公爵阿瑟·韦尔斯利副手中的大人物后，我们应该谈谈他的军队是由什么样的组织构成的。

一些伟大的指挥官十分信任士兵，并且将最能干的下属留在自己身边。但威灵顿公爵阿瑟·韦尔斯利并不这样做：他不愿意为自己配备一位正规的参谋长，就像他不愿给军队配备一位正式的副司令一样。按照现代观念，一些应该归属参谋长的职责，由威灵顿公爵阿瑟·韦尔斯利分给了三名军官。这三名军官中，有一名地位相当低，只有一位军衔高于上校级别。这三名军官分别是军事秘书、军需处长和副官长。

军事秘书只负责拟订总司令的书信，并且将其转达给适当的人或部门。1809年4月27日到1810年9月19日，军事秘书由第六十团的詹姆斯·巴瑟斯特中校担任。1810年9月19日，詹姆斯·巴瑟斯特中校休假回家，拉格伦男爵菲茨罗伊·萨默塞特上尉获任代理军事秘书一职。三个月后，即1811年1月1日，拉格伦男爵菲茨罗伊·萨默塞特被正式任命为军事秘书。后来，拉格伦男爵菲茨罗伊·萨默塞特更被人熟知的称呼是克里米亚战争的拉格伦勋爵。伊比利亚半岛战争结束前，他一直担任这一职务。此时，他已经成为上校。拉格伦男爵菲茨罗伊·萨默塞特是威灵顿公爵阿瑟·韦尔斯利最值得信赖的下属之一，也是他的私人朋友。但因为拉格伦男爵菲茨罗伊·萨默塞特很年轻，比所有部门负责人的军衔都低，所以在威灵顿公爵阿瑟·韦尔斯利指挥的战争中，他不是一个值得注意的角色。事实上，拉格伦男爵菲茨罗伊·萨默塞特不过是空有秘书头衔而已。他根本没有组织责任，也没有资格提供建议。

拉格伦男爵菲茨罗伊·萨默塞特

更重要的是另外两个部门的首长——军需处长和副官长。军需处长负责与军队各部门的登船、下船、装备、驻扎、停车、封锁和前进有关的一切事宜。军需处长必须向所有领导自己的将军传达总司令的命令。因此，他手下有助理军需处长和副助理军需处长。1809年4月，伊比利亚半岛军队首次组建时，助理军需处长有五人，副助理军需处长有七人。但在伊比利亚半岛战争期间，这些岗位需要的工作人员数量不断增加，因为每个作战单位都有一名助理军需处长和一名副助理军需处长，并且随着师和旅数量的增加，军需部门的军官也随之增加。留在直接隶属于威灵顿公爵阿瑟·韦尔斯利军队总部的军需处工作人员数量也在相应增长。

威灵顿公爵阿瑟·韦尔斯利有一个有趣的记录，记述了师级将军和部门参谋的关系。他指出，虽然部门参谋是总部处理各师事务的人员，但仍归师级将军指挥，并且师指挥官对通过部门参谋传达的命令和一般行为负责。威灵顿公爵阿瑟·韦尔斯利说：“每位参谋必须在上级军官的直接命令和监督下行事，上级军官协助他并为他的行为负责。从其他角度考虑将军和参谋人员的相关情况，往往会改变服役的性质，并且实际上，可能会将军队的指挥权交给一名下级参谋而不是他们的将军。”①

军需处的军官除负责军队或其分遣队的调动外，还常常在远离总部甚至远离战区的地方从事独立工作。他们负责勘测地形、调查道路和桥梁，以及汇报军队在不久或遥远的将来可能需要通过地区的资源情况。早在1810年，军需处就印发了一份名为《军需处军官指示》的小手册，并且下发给军需处所有成员。这本小手册包含一些命令和表格，涉及可能委托其接收者履行的每一项职责。最有趣的部分是地形勘测，其中附上了从特鲁西略到梅里达的道路示范报告。这份报告中包含了一名参谋在地形勘测时应该注意的一切事项的说明，其中包括勘测地点的位置、峡谷的位置、村庄的大小、路段的特征、道路的数量、牧场或废物的数量、对危险地点的警告、与河流深度有关的注意事项及浅滩的实用价值等。

据我所知，在伊比利亚半岛战争执行最高指挥权时，威灵顿公爵阿瑟·韦尔斯利只任命了两名军需处长。1809年4月到1812年5月28日，第三卫队的乔治·默里上

乔治·默里上校

① 《一般命令选编》中第573页的会议记录。——原注

校担任这一职务。我们必须把他和另外两名有时会出现在公文中的默里区别开。在另两位默里中，一位是约翰·默里少将。在波尔图战役中，约翰·默里少将指挥一个旅。随后，他返回英国，因为他认为威廉·贝雷斯福德子爵超越他，得到了不公正的晋升。后来，约翰·默里少将来到伊比利亚半岛加泰罗尼亚一侧。对塔拉戈纳地区管理不善的行动，他应负相应的责任。另一位是约翰·默里，军需官。威灵顿公爵阿瑟·韦尔斯利有时在公文中写下了这样一句话，“默里知道这一点”，或者“看到默里被告知”时，我们通常很难确定是指这三人中的哪一位。早在1811年，乔治·默里上校就成为一名少将。1812年5月，他似乎已经返回英国，并且由詹姆斯·戈登上校接替他担任军需处长。同样，我们不能将詹姆斯·戈登上校与亚历山大·戈登爵士混淆。亚历山大·戈登爵士是威灵顿公爵阿瑟·韦尔斯利的高级助手，在滑铁卢战役中阵亡。这是同音词间的另一种混乱。如果一位日记记者谈到“戈登上校”，那么我们必须确认是这两位戈登上校中的哪一位。1811年5月到1813年1月，詹姆斯·戈登上校担任军需处长。随后，他返回英国。1813年早些时候，乔治·默里上校返回伊比利亚半岛大军总部，在他原来的职位上服役十五个月，直到战争结束。

与军需处长平行的是伊比利亚半岛大军总部的另一位伟大部门的负责人——副官长，其职责是维持军纪和统计。副官长负责所有职责分配的细节，收集和汇编晨报中所有人员和马匹返回的资料以供总司令使用，并且执行最高级别的军队纪律监督任务。此外，他保留许多没有交给军事秘书的官方信函。粗略地说，军队的内部管理归副官长负责，军队的行动归军需处长管理。1809年，副官长不得不帮助军需处长组建第一个军队组织，包括八名助理副官长和六名副助理副官长。但如军需处一样，随着战争的进行，副官长下属的数量增加了，因为新的作战单位不断出现，并且每个师都配有助理副官长。

伊比利亚半岛战争中，第一位担任英军副官长职务的是伦敦德里侯爵查尔斯·文。后来，他成为最早的伊比利亚半岛战争史专家。1809年4月起，他开始担任副官长，直到1813年4月，他从这一职位卸任，共效力四年时间。随后，伦敦德里侯爵查尔斯·文被派往柏林执行外交任务。于是，威灵顿公爵阿瑟·韦尔斯利将副官长这

伦敦德里侯爵查尔斯·文

詹姆斯·戈登

一职位交给了他的姐夫爱德华·迈克尔·帕克南少将。负责第三师期间，爱德华·迈克尔·帕克南少将在萨拉曼卡开展了决定性的进攻。1813年4月到1814年4月，即伊比利亚半岛战争最后一年，爱德华·迈克尔·帕克南少将担任副官长。随后，他直接从波尔多出发指挥不幸的新奥尔良远征军。在这次远征中，他不幸丧生。

值得注意的是，在指挥伊比利亚半岛战争的五年中，实际上，威灵顿公爵阿瑟·韦尔斯利只任用了两名军需处长和两名副官长，这足以证明他一旦发现人才就会坚持任用他们。伦敦德里侯爵查尔斯·文能为威灵顿公爵阿瑟·韦尔斯利服务这么长时间，具有政治重要性，因为他是卡斯尔雷子爵罗伯特·斯图尔特的弟弟和知己。在伦敦德里侯爵查尔斯·文开始担任副官长时，他似乎有时会向上司威灵顿公爵阿瑟·韦尔斯利提点建议，但他几乎没有受到任何鼓励，因为威灵顿公爵阿瑟·韦尔斯利喜欢自己的作战方式，不愿受最高参谋的影响[①]。威灵顿公爵阿瑟·韦尔斯利不希望有奥古斯特·奈德哈特·冯·格奈泽瑙或老赫尔穆特·冯·毛奇在他身边，他只想要热情和能干的首席文员。

奥古斯特·奈德哈特·冯·格奈泽瑙

老赫尔穆特·冯·毛奇

① 伦敦德里侯爵查尔斯·文对针对自己的攻击感到十分恼怒，并且写信给卡斯尔雷子爵罗伯特·斯图尔特抱怨自己的职位微不足道。——原注

除了已经提到的三位伟大的工作人员，伊比利亚半岛大军总部还有几名其他部门负责人。他们分别是：

（一）指挥皇家炮兵的将级军官。他全面监督各师拥有的炮兵，1811年，后备炮兵和弹药运输连成立后，由他负责指挥。第一位皇家炮兵指挥官是爱德华•豪沃思准将。1809年，爱德华•豪沃思准将几乎与威灵顿公爵阿瑟•韦尔斯利同时抵达里斯本。1811年，爱德华•豪沃思准将晋升为少将，并且在当年返回英国。随后，一批人担任过这一职位。紧随其后担任这一职务的是威廉•博斯威克少将。1812年3月，任职不到一年后，威廉•博斯威克少将返回英国。威廉•博斯威克少将之后担任这一职务的是弗拉明汉上校，但几个月内，他被G.B.费希尔上校接替。与威廉•博斯威克少将一样，G.B.费希尔上校曾与总司令威灵顿公爵阿瑟•韦尔斯利发生争执，1813年6月前，他申请回国休假。1813年5月月底，威灵顿公爵阿瑟•韦尔斯利任命亚历山大•迪克森上校为皇家炮兵指挥官。1811年到1813年，亚历山大•迪克森上校一直负

亚历山大·迪克森上校

责威廉·贝雷斯福德子爵的葡萄牙炮兵。在罗德里戈战役和巴达霍斯战役中，亚历山大·迪克森上校都交出了令人满意的答卷。因此，威灵顿公爵阿瑟·韦尔斯利将他重新调到英军服役，并且与他完成了1814年的战役。

（二）介绍完皇家炮兵的指挥官后，我们要说伊比利亚半岛大军总部的皇家工兵的指挥官。他对自己的工作人员和隶属师的工兵负有监督职责，并且管理“皇家军事工匠”，因为直到1812年，懂得自然科学知识的士兵们才被命名为皇家工兵和矿工[①]。这一职位还负责工兵师驻地和浮桥列车的建造。1809年起，理查德·弗莱彻上校开始担任这一职务，直到1813年9月，他在圣塞巴斯蒂安被杀。此外，他还是托里什韦德拉什防线的设计师。理查德·弗莱彻上校去世后，这一职务落到威廉·乔治·基思·埃尔芬斯通中校身上。他负责建造一座横跨阿杜尔海峡的著名船桥，这座船桥使1814年成功围攻巴约讷成为可能。

威廉·乔治·基思·埃尔芬斯通

① 见第本书第17章。——原注

（三）伊比利亚半岛大军总部还有骑兵指挥参谋部的军官。骑兵指挥参谋部是一个由大约二百人组成的小单位，成立于1812年，履行军队的治安职责，并且与宪兵司令一起工作。他们偶然也被雇为骑兵，并且承担其他机密任务[①]。

（四）伊比利亚半岛大军总部内军团指挥部的军官。军团指挥部也是一个小团体，大约有一百五十人或二百人，其中一部分成员是英国人，一部分成员是葡萄牙人，并且葡萄牙人占多数。他们被分成三三两两的小组，充当口译员或自己国家军队的向导。由于这个原因，他们必须会双语，不管是熟悉一些葡萄牙语的英国人，还是懂一些英语的葡萄牙人，因为他们总是在被询问道路、物资等情况时，充当军队与当地农民的中间人。军团指挥部的军官还负责邮政工作，负责向前线传送书信。

（五）宪兵司令也隶属伊比利亚半岛大军总部。他负责所有由军事法庭审判的囚犯、逃兵和战俘。宪兵司令对赤手空拳的罪犯有司法权，但正如威灵顿公爵阿瑟·韦尔斯利所说，“无论士们兵犯了什么罪，宪兵司令都无权对其实施即决处罚，除非他看到士兵们正在犯罪。”[②]仅凭证据被捕的人必须由军事法庭审判。为更好地处理这些问题，1812年，威灵顿公爵阿瑟·韦尔斯利在工作人员中增加了一名法官，其职责是确保审判以适当的形式进行，并且对证据的有效性给予应有的评价——总司令威灵顿公爵阿瑟·韦尔斯利认为宪兵司令在这方面经常失职。1812年年底到伊比利亚半岛战争结束，弗朗西斯·西摩·拉尔庞一直担任这一职务。关于他的职责和经历，他留下了一本有趣的日记[③]。

威灵顿公爵阿瑟·韦尔斯利保留了有限的人数作为自己的助手。在伊比利亚半岛战争期间，他只雇用了约二十名助手，其中他一次雇用不超过八名或十名助手。

---

① 对1813年3月成立的“骑兵参谋部”职能的特别说明，请参阅当日的一般命令。这个机构必须与参谋部仔细区分开来。关于参谋部的有关信息，请参阅约翰·威廉·福蒂斯丘的《英军史》，第881页：它是一种军事设计师的附属军团，独立于“皇家军事工匠”所属的军械办公室。这是平行组织的恶性重复。——原注

② 《威灵顿公爵阿瑟·韦尔斯利一般命令》，福睿恩达，1811年11月1日。——原注

③ 弗朗西斯·西摩·拉尔庞：《1812年到1814年法官弗朗西斯·西摩·拉尔庞私人日志》，伦敦，1853年。——原注

奥兰治亲王威廉二世

他的助手几乎都是伟大政治家族的年轻人[①]，其中有近一半是卫队的军官，其余大部分属于骑兵。1811年到1812年，奥兰治亲王威廉二世也位列威灵顿公爵阿瑟·韦尔斯利的助手中间。除了拉格伦男爵菲茨罗伊·萨默塞特上尉和亨利·卡多根上校，威灵顿公爵阿瑟·韦尔斯利的助手中没有一人获得过任何重大的军事地位或声望。

① 这些名字足以显示出他们出身的阶级：博福特公爵亨利·萨默塞特、马奇勋爵、詹姆斯·巴瑟斯特、布弗里、威斯特摩兰伯爵约翰·费恩、乔治·坎宁爵士、曼纳斯、菲利普·斯坦诺普伯爵、弗里曼特尔、詹姆斯·戈登、德伯格、亨利·卡多根、拉格伦男爵菲茨罗伊·萨默塞特。——原注

伊比利亚半岛大军总部就谈到这里。此外，伊比利亚半岛大军总部还有七个民事部门，大小不一。在这里，我也列出了一份清单，其中一个或两个部门，我们将在后面的章节中详细谈谈，特别是军需部和医疗部门。这些部门包括：

（一）医院督察下的医务部。医院督察负责管理隶属于军队各单位的医生、外科医生、助理等。1812年到1814年，担任医院督察的詹姆斯·麦格雷戈爵士在《自传》中很好地描述了这个部门的管理及其面临的所有困难。1809年，威灵顿公爵阿瑟·韦尔斯利首次登陆时，医院督察一职由詹姆斯·麦格雷戈爵士的前任弗兰克博士担任。1811年秋，弗兰克博士退役。

（二）供应部门独立于医疗部门，尽管它很可能附属于医疗部门。供应部门由一位供应商，以及副供应商和助理供应商组成，负责提供医院及医院需要的从病人的药品到死者的丧葬费用的所有材料和信息。

（三）支付总长及其助手负责将收到的款项转交给各单位的支付长。支付总长整天忧心忡忡，通常拖欠三个月到六个月的费用，但这不是他的过错，而是因为很难获得硬币、达布隆和新克鲁扎多。新克鲁扎多是直到伊比利亚半岛战争后期唯一在伊比利亚半岛流通的货币。向伊比利亚半岛军队发放英国货币是没有用的，因为当地人不会接受英镑和金币，并且甚至拒绝瞧一眼几乎是这一时期英国唯一的流通媒介——一英镑钞票。直到1814年，伊比利亚半岛战争的最后一年，黄金几内亚才被西班牙王国政府和葡萄牙王国政府用来征收关税，并且这种货币很快流行起来①。

（四）所有民事部门中最重要的是军需部。军需部由军需部长管理，军需部长手下设有副军需部长、助理军需部长和副助理军需部长、军需职员及许多其他下属。军需部分为两个分支，一个是商店，另一个是账户。1809年到1810年6月，军需部长一职由上文已经提及的约翰·默里担任。1810年6月到1811年9月，军需部长由罗伯特·肯尼迪担任。1811年9月后，军需部长由约翰·比塞特担任。每个步兵旅和骑兵团都有一名助理军需部长，但只有一名军需部长负责整个伊比利亚半岛大军炮兵的需求，另一名负责伊比利亚半岛大军总部的需求②。

---

① 参见第16章中的注释。——原注

② 参见1809年5月4日的《威灵顿公爵阿瑟·韦尔斯利一般命令》。——原注

1809年，伊比利亚半岛大军的前途取决于军需部门能否履行其职责。如果在伊比利亚半岛战争期间，这支两万或三万人的小型军队要发挥任何作用，那么威灵顿公爵阿瑟·韦尔斯利就必须集中他的军队。饱受诅咒和批评的军需部成功履行了自己的职责，而英军能如此长时间地集中精力作战令法军羡慕不已。事实上，法军驻扎在伊比利亚半岛，一旦耗尽集结地区的资源，他们就得离开。在某种程度上，这一事实是整个伊比利亚半岛战争的关键。威灵顿公爵阿瑟·韦尔斯利能得救在于他使整个伊比利亚半岛军队团结一致，但法军不能做到这一点。威灵顿公爵阿瑟·韦尔斯利一次又一次地依靠这一优势——他的整个战略都取决于此。在后面的章节中，我们将说明军需部是如何工作的。

（五）仓库管理员负责提供伊比利亚半岛军队的野战装备、帐篷和重型行李。沉重的行李往往留在里斯本。1809年到1811年，伊比利亚半岛军队没有将帐篷带到前线。只有在维多利亚战役和法兰西第一帝国南部战役中，伊比利亚半岛军队才会经常携带行李。在运输车队还没有完全建立起来的日子里，即使有价值的行李也要留下。

（六）除了军需部，所有部门都要向军队财务总监汇报其收支统计数字。

（七）最后，我们要提到出版社，因为在可能的情况下，随军出版社和军事打印机需要随同总部印刷一般命令和需要多份副本的其他文件及表格。在档案室，我看到了很多当时的文件[①]，但从没有见过有关随军出版社的记录，或者出版社印发的从军生活中的任何逸事。在转移期间，随军出版社一定经历了许多变迁。此外，随军出版社受副官长的全面监督。

---

① 随军出版社最伟大的成就是在滑铁卢战役爆发后，法军占领康布雷期间，在康布雷印制的少量地图、卡迈克尔·史密斯上校的笔记及由第三卫队巴肯中士出版印刷的1815年的《威灵顿公爵阿瑟·韦尔斯利一般命令》。——原注

第 9 章

伊比利亚半岛军队的组成：旅和师

精彩看点

旅与线列——伊比利亚半岛军队的第一支师级作战单位——伊比利亚半岛军队最初的四个师——轻型师的组建及其功绩——威灵顿公爵阿瑟·韦尔斯利麾下师级作战单位数量的增加——伊比利亚半岛军队各师的绰号及其形成原因——伊比利亚半岛军队各师内部结构的调整——伊比利亚半岛军队各旅的结构——威灵顿公爵阿瑟·韦尔斯利麾下的骑兵师——伊比利亚半岛军队的炮兵师

可能会让一些读者感到惊讶的是，1809年5月，威灵顿公爵阿瑟•韦尔斯利开展了他拥有伊比利亚半岛军队最高指挥权后的第一次战役——波尔图战役。当时，他手下没有比旅编制更高的军事组织。但这是事实：他可以部署的一万八千名步兵分成八个旅，每个旅有两个或三个营，兵力从一千四百人到两千五百人不等。但威灵顿公爵阿瑟•韦尔斯利在组建师的方面并没有像人们想象的那般拖延。对英军来说，他们仍然是一支不正常的军队。实际上，1793年以来，大不列颠王国参加的大部分远征中，其士兵人数都是如此之少，没有必要部署旅以上的任何作战单位。但值得注意的是，约克和奥尔巴尼公爵腓特烈王子1793年到1794年第一次远征荷兰，1799年第二次远征荷兰，以及1801年阿伯克龙比家族远征埃及的战役，都没有形成师一级的作战单位，尽管每一次远征，英军都集结了一支十分庞大的队伍。当几个旅不是在总司令的直接领导下一起行动时，在场的高级准将会暂时负责集合部队。在低地国家，约克和奥尔巴尼公爵腓特烈王子通常说他的军队分成了两个旅或三个旅的“纵阵”①，但这种安排并没有固定下来。此外，拉尔夫•阿伯克龙比在亚历山大胜利和死亡前写的最后一份公文中，提出了一个理论组织，即军队应该分为三条线列——第一条由三个旅组成，第二条和第三条分别由两个旅组成。如果在这些战役的任何官方文件中使用了“师”这个词，那么这个词没有任何技术上的军事意义，只是用作

① 譬如，见1799年10月6日，约克和奥尔巴尼公爵腓特烈王子的阿尔克马尔公文。——原注

军队一部分的模糊同义词[①]。事实上，据我所知，在拿破仑·波拿巴战争期间，第一支在现代意义上被划分为不同师的英国军队，是参加1807年哥本哈根远征的军队。这支军队经常被分成四个师，每个师都有一个中将，并且每个师都由两个、三个或四个旅组成，每个旅一般只有两个营。这是一支大约有两万六千人的军队。

1808年，最初的伊比利亚半岛军队在蒙德古河登陆，并且赢得了维梅罗战役。因此，它距离成为第一支以师建制的英国军队不远了。值得注意的是，这只是理论上的，并不是真实的，因为维梅罗战役开始时，英军还有几个旅没有登陆。在一个旅系统中，威灵顿公爵阿瑟·韦尔斯利临时指挥了不完整的军队。在维梅罗战役中，没有任何使用师作为真正作战部队的痕迹。事实上，即使在理论上，一些旅的组成也与实际行动中看到的有所不同。伊比利亚半岛没有真正的旅，直到约翰·穆尔爵士接管了英军，英军的老首领休·怀特福德·达尔林普尔、莱明顿男爵哈里·伯拉德和威灵顿公爵阿瑟·韦尔斯利被调回国。因此，我们不应该感到惊讶。1809年4月，威灵顿公爵阿瑟·韦尔斯利到达里斯本后的三个月内，当有两个或两个以上的旅有机会组成一个行军或作战单位时，他以指挥旅的方式指挥两万一千名英军士兵。实际上，这些旅只是在高级准将的领导下，以正式和临时的方式联系在一起。

关于威灵顿公爵阿瑟·韦尔斯利指挥的波尔图战役，还有两点值得注意。这是威灵顿公爵阿瑟·韦尔斯利第一次，也是唯一一次尝试将英军团和葡萄牙团编入同一个旅[②]。在组成步兵的八个旅中，有五个旅都有一个葡萄牙营，这是威廉·贝雷斯福德子爵在阿布兰特什和托马尔集结的杂乱无序军队中挑选出的最好的军队。虽然葡萄牙团在这场短暂的战役中没有出现差错，并且在威灵顿公爵阿瑟·韦尔斯利的公文中受到表扬，但这一尝试并没有继续下去。显然，这是由于人们发现葡萄牙团没有很好地发挥作用。波尔图沦陷后不久，五个葡萄牙营由威廉·贝雷斯福德子爵接管。

在思考波尔图战役中威灵顿公爵阿瑟·韦尔斯利军队的组织构成时，我们要注意的一点是，威灵顿公爵阿瑟·韦尔斯利已经开始加强散兵制度。他为每个旅增加

---

① 譬如，在1799年爱德华·沃尔什的《荷兰远征》第22页中，整个英国原始登陆部队，有一万五千人，被称为“第一师”。但这只是与尚未登陆的部队比较，并非严格意义上的师。——原注

② 当然，除了第一卡加多营和第三卡加多营，在整场战争中都属于在轻型师的两个旅。——原注

休·怀特福德·达尔林普尔

了一个步枪连，这些步枪连都是从第六十团第五营中抽调的。这一安排在威灵顿公爵阿瑟•韦尔斯利战术总体方案中的重要性已经在前面的章节中解释过了。

关于威灵顿公爵阿瑟•韦尔斯利军队的第一次组织构成就说这么多。这种情况持续了不到三个月，因为1809年6月18日，阿布兰特什的副官长办公室下达了一项一般命令，这一命令授予伊比利亚半岛军队师级组织。在师级组织下，伊比利亚半岛军队将赢得随后的所有胜利。一些无关紧要的关于饲料和弹药的指示，出现了这样一句话："由于现在天气允许军队临时驻扎，他们可以大规模行动，各旅可以形成师，如下所示。"

最初，伊比利亚半岛大军部署的只有四个师，其中第一个师由四个旅组成，其余三个师由两个旅组成，不包括葡萄牙人。英王德意志军团的四个营首先被安排为第一师的一个旅。后来，一个旅变成两个旅。现在，步兵被分成十个旅，其中七个旅只有两个营，其余三个旅各有三个营。后来，由于两个英国团抵达伊比利亚半岛，伊比利亚半岛军队的骑兵人数增加。因此，一个由三个旅组成的师形成，其中每个旅各有两个团。在炮兵中，只有五个野战炮兵团[①]到达前线。因此，尽管某些军队以师的方式作战，但尚未正式形成师编制。

至于对各师的指挥，威灵顿公爵阿瑟·韦尔斯利设想每个师由一名中将负责。但由于他手下只有三名中将级别的军官，即罗兰·希尔子爵、约翰·科普·舍布鲁克和骑兵指挥官威廉·佩恩，因此，一般命令指示："各旅的高级将领将分别指挥其旅所在的师，直到其他中将加入。"这样，由两名准将，即约翰·兰道尔·麦肯齐和亚历山大·坎贝尔临时指挥第三师和第四师，约翰·科普·舍布鲁克指挥第一师，罗兰·希尔子爵指挥第二师。约翰·科普·舍布鲁克指挥第一师不到一年就返回英国了。除了短暂的休假时间，罗兰·希尔子爵在整个伊比利亚半岛战争期间都在指挥第二师。然而，1812年到1814年，在伊比利亚半岛战争的最后三年里，罗兰·希尔子爵实际上是一名陆军集团军的指挥官，第二师由他的替代者威廉·斯图尔特领导。由于新师的成立，伊比利亚半岛军队内部组织唯一的变化是每个师要配备一名助理副官长、一名军需处长和一名教务长，担任师指挥官的准将还会有一些额外的副手。

正是有了师一级的作战单位，威灵顿公爵阿瑟·韦尔斯利的军队才进行了塔拉韦拉战役，并且撤退到瓜迪亚纳，结束了这场战役。在塔拉韦拉战役中，整个伊比利亚半岛军队都由英军士兵组成，没有一个葡萄牙营随行。1809年夏，英军由威廉·贝雷斯福德子爵指挥，以掩护杜罗河和塔古斯河之间的葡萄牙贝拉边境地区。塔拉韦拉战役还没结束，更多英军增援部队开始抵达里斯本，并且已经向葡萄牙内部推进了一段距离。其中一个由三个轻型营组成的旅[②]，由罗伯特·克劳弗德少将率领。后来，这个旅作为轻型师的核心在伊比利亚半岛战争史上留名。1809年7月29日，塔拉韦拉战役结束的第二天，这个旅抵达前线，虽然威廉·弗朗西斯·帕特里克·内皮尔和过去的历史记载都夸大了这一点。在一次行动中，威灵顿公爵阿

① 当时称为"连"。——原注

② 这一旅由第四十三团第一营、第五十二团第一营、第九十五团第一营组成。——原注

瑟·韦尔斯利将这个旅编入第三师，该旅在第三师中完成了塔拉韦拉战役。此外，还有其他七个营[①]虽然在战场上没有取得如此大的进展，但最终，这七个营都加入了位于西班牙边境威廉·贝雷斯福德子爵指挥的葡萄牙团。1809年9月，威灵顿公爵阿瑟·韦尔斯利将这些部队召集到埃斯特雷马杜拉，并且为第二师和第四师各自组成了一个第三旅。但与此同时，各营从一个师转到另一个师，详细说明这一点是很乏味的。最终的结果是，1809年年底，威灵顿公爵阿瑟·韦尔斯利拥有四个比同年夏季强大得多的师，第一师由原来的八个营变成九个营，第二师由原来的六个营变成十个营，第三师依旧是六个营，第四师由原来的五个营变成八个营。

1810年的前几个月，威灵顿公爵阿瑟·韦尔斯利抱有一种期待，在葡萄牙边境地区等待法军在利弗里公爵安德烈·马塞纳率领下不可避免的入侵。这次入侵宣布了很长时间，又拖延了一段时间。在这个久拖不决焦虑不安时期，英军正在托里什韦德拉什防线。在军队组织方面，威灵顿公爵阿瑟·韦尔斯利进行了一些重要的变革，使除了军队数量问题，伊比利亚半岛军队的组织结构一直保留到伊比利亚半岛战争结束前。

在伊比利亚半岛军队组织结构的变化中，最值得注意的是，威灵顿公爵阿瑟·韦尔斯利决定恢复他1809年4月采用的旧计划，将葡萄牙王国军队和英军混合编排起来。然而，这次编排采取了一种新形式。威灵顿公爵阿瑟·韦尔斯利没有将两国的营并排部署在一个旅中，而是将一个由四五个营组成的葡萄牙旅作为一支独立作战的单位编入他的大部分英军师中。1810年2月22日，这一制度从第三师和第四师开始实施。一个完整的葡萄牙旅由两个团[②]和一个卡加多营或步枪营组成。步枪营总是负责该旅的小规模作战任务，当有四个营的轻型连加入时，它们将很有可能负责该旅的小规模作战任务。威灵顿公爵阿瑟·韦尔斯利认为这样做是必要的，因为整个葡萄牙王国军队的作战能力还没有得到验证，并且在任何一般行动中，葡萄牙王国军队一直没有发挥重要作用。1810年秋，葡萄牙王国军队在布萨科战役中证明

① 这七个营包括第五团第二营、第十一团第一营、第二十八团第二营、第三十四团第二营、第三十九团第二营、第四十二团第二营和第五十八团第二营。为了塔拉韦拉战役，第四十团第一营和第二十四团第二营及时加入威灵顿公爵阿瑟·韦尔斯利的大军。——原注

② 每个团有两个营组成。——原注

了威灵顿公爵阿瑟·韦尔斯利对他们的信任。在那里，他们所有人，特别是轻型师的两个卡加多营发挥了值得赞扬的作用。

1810年春，威灵顿公爵阿瑟·韦尔斯利进行的第二项重大创新是创建了著名的轻型师。1810年2月22日，轻型师正式成立，由罗伯特·克劳弗德少将的旅、第三师中的第四十三团第一营、第五十二团第一营和第九十五团第一营组成，还增加了上述两个葡萄牙卡加多营。威灵顿公爵阿瑟·韦尔斯利的计划是通过建立这一新的作战单位，为整个伊比利亚半岛大军做他在1809年4月将步枪连加入各个旅时已经做过的事。轻型师本来是整个伊比利亚半岛军队的防护屏障，即整个军队的防线。轻型师挡在其他士兵前面，直到真正的战斗时刻抵挡法军，并且掩护伊比利亚半岛主力军队。罗伯特·克劳弗德少将负责领导这支精锐部队，因为威灵顿公爵阿瑟·韦尔斯利理所当然地认为罗伯特·克劳弗德少将是最优秀的前哨和侦察工作人员。关于这位值得信赖的下属如何完满地履行赋予他的职责，我们已经在讨论他的性格和战绩的章节中讨论过。在整个伊比利亚半岛战争中，威灵顿公爵阿瑟·韦尔斯利都以轻型师作为屏障。他去前线时，轻型师是他的高级卫兵；他撤退时，轻型师是他的后卫军，并且从没背叛过他。罗伯特·克劳弗德少将去世后，轻型师并不总是在具有特殊能力的将领领导下。

轻型师创建后，威灵顿公爵阿瑟·韦尔斯利一共有五个师，而不是四个师，因为1810年夏，他的军队又增加了一个师。1810年8月，威灵顿公爵阿瑟·韦尔斯利创建了第五师，由詹姆斯·利特爵士长期指挥。第五师是将两个迄今为止尚未加入的葡萄牙旅编入到一个刚从英国抵达的旅而组成的[①]。1810年10月，威灵顿公爵阿瑟·韦尔斯利将从加的斯返回的军队中的第二个英军旅划拨给詹姆斯·利特爵士[②]。随着这些旅的到来，第五师放弃了一个葡萄牙旅，成为一个具有正常形式和规模的作战单位。在第五师中，三分之二的成员是英国人，三分之一的成员是葡萄牙人。然而，直到1811年，第五师才有了自己的卡加多营[③]。

因此，布萨科战役期间，威灵顿公爵阿瑟·韦尔斯利有六个师，即原有的第一

① 第五师的英国旅由第一团第三营、第九团第一营和第三十八团第二营组成。——原注

② 即第三十团第二营和第四十四团第二营。第四团第一营后来加入第五师。——原注

③ 第五师的卡加多营从卢西塔尼亚军团抽调而来。——原注

师到第四师、轻型师及新成立的第五师。除了现在已经被编入各师的葡萄牙旅，威灵顿公爵阿瑟·韦尔斯利手下还有六个旅仍然是独立的。在阿奇博尔德·坎贝尔准将和丰塞卡准将的领导下，其中有两个旅被编入约翰·詹姆斯·汉密尔顿将军领导的师中。这个师一直与罗兰·希尔子爵的第二师一起行军，但从没正式成为第二师的一部分。但由于约翰·詹姆斯·汉密尔顿将军与罗兰·希尔子爵一起行动，这两支部队连同他们的十个英国营和八个葡萄牙营，实际上组成了一支双师部队或者说一个小型集团军——用威灵顿公爵阿瑟·韦尔斯利在伊比利亚半岛战争从未用过的词来说[①]。此外，威灵顿公爵阿瑟·韦尔斯利手下还有四个独立的葡萄牙旅，即丹尼斯·帕克、阿奇博尔德·坎贝尔、弗朗西斯·约翰·科尔曼和托马斯·布拉德福德指挥的旅。1811年，葡萄牙旅减少到两个，因为其中一个旅并入英军新成立的第七师，

托马斯·布拉德福德

① 1815年滑铁卢战役中首次出现集团军的名字。——原注

另一个旅加入第二师。在一系列军官的指挥下，直到伊比利亚半岛战争结束，剩下的葡萄牙旅作为独立的旅存在，但我们很难追踪到这些军官的下落[①]。独立的葡萄牙旅经常协同伊比利亚半岛军队的主力作战，但当执行特殊任务且不需要一个师时，它们也会作为附属行动的分遣队执行任务。

1810年到1811年冬，伊比利亚半岛军队在托里什韦德拉什防线停留期间，军队的最终组织结构已经形成，并且很少有任何变动。当时，两个初级师成立了。1810年10月，第六师成立。1811年3月月初，第七师成立。当然，这两个师在伊比利亚半岛战场上出现是由于在1810年秋和1810年冬，有相当数量的新营从英国抵达伊比利亚半岛。然而，威灵顿公爵阿瑟·韦尔斯利并没有把所有新来的人员都带走，也没有组建新师。第六师是第四师的一个旧旅，即阿奇博尔德·坎贝尔指挥的旅，联合第五师额外的葡萄牙旅形成的[②]。第六师的第二个英国旅是几个月后，来自英国新来的军队提供的[③]。第四师从第一师接管了爱德华·迈克尔·帕克南的旅，以补偿它提供给第六师的旅。此时，第一师接收了三个刚刚从英国派遣来的营[④]。

这是一次复杂的转化和重组，旨在通过新近抵达伊比利亚半岛的营和经验丰富的营确保师的作战水准。但在组建第七师时，威灵顿公爵阿瑟·韦尔斯利由于天气原因，无法执行同样明智的计划。当时，逆风来袭，1811年战役中最后一批增援部队推迟了抵达里斯本的时间。当伊比利亚半岛大军的主力部队已经在追捕刚刚从圣塔伦撤退的利弗里公爵安德烈·马塞纳率领的军队时，新增援的军队才抵达战场。威灵顿公爵阿瑟·韦尔斯利被迫将新增援的兵员放在一起，因为他没有时间在自己的军队全部出动时安排他们。起初，第七师的兵力十分薄弱，只有一个英国旅，包括两个英国团和两个外国团[⑤]及一个弗朗西斯·约翰·科尔曼率领的葡萄牙旅。另

① 在一个葡萄牙旅中，旅长的顺序似乎是：丹尼斯·派克、罗伯特·托马斯·威尔逊和亚历山大·坎贝尔。在另一个葡萄牙旅，托马斯·布拉德福德几乎在整个伊比利亚半岛战争期间都担任旅长，但1811年到1812年的一部分时间内，托马斯·麦克马洪担任这个旅的旅长。1811年6月后，查尔斯·阿什沃思的旅已经正式隶属于第二师。

② 现在已经不需要，因为詹姆斯·利特爵士已经有了第二个英国旅。——原注

③ 第二团、第三十六团第一营和数月之后新增的第三十二团第一营。——原注

④ 第五十团第一营、第七十一团第一营和第九十二团第一营。——原注

⑤ 第五十一团、第八十五团、不列颠猎兵团和不伦瑞克·奥尔斯猎兵团。1811年7月，第六十八团加入第七师，但1811年10月，第八十五团返回英国。——原注

外，属于英王德意志军团[①]的两个外国团组成了第七师的第二旅，但直到1811年夏才加入第七师。与此同时，它们被转移到另一个战区。

一段时间以来，第七师一直被看作“丑小鸭”，或者说是伊比利亚半岛军队中落后的孩子。第七师只有两个英国营、四个外国营，甚至有时被称为“蒙古人”。在丰特斯-德奥尼奥罗战役中，第七师的第一次行动并不顺利，因为它是被法军骑兵调动和部分削弱的外围侧翼部队。此后一年多，第七师从没有认真参与过战斗。此外，第七师的外国士兵还屡屡出现逃兵。因此，第七师声名狼藉。出现逃兵并非完全不是外国士兵的本性，因为他们大部分是从英国的浮桥和监狱营地招募来的[②]。因此，在几位伊比利亚半岛日记作者给这几个师的绰号中，有一个残酷的笑话。毫无疑问，这是它们自己的成员赋予它们的头衔。第一师，“绅士的儿子”，因为第一师中有一个步兵旅，后来又有两个。第二师被称为“观察师”，因为它常常被分离成一种遏制对手的力量。第二师曾在埃斯特雷马杜拉和安达卢西亚一侧迎战让-德-迪厄·苏尔特元帅，以便伊比利亚半岛大军的主力部队负责莱昂地区的战事。第二师的职责如此之大，以至于1810年秋到1813年夏，它只参与了一次大规模的军事行动，即阿尔布埃拉战役。其间，第二师带来了一系列精彩的战斗胜利的插曲，如莫利诺斯河战役的惊喜及对阿尔马拉斯要塞的突袭。第三师被称为“战斗师”，其火爆的领导者托马斯·皮克顿中将带领第三师到达布萨科战役和丰特斯-德奥尼奥罗战役的前线，更不用说像在雷迪尼亚或埃尔博登进行的小规模战斗了。此外，第三师在罗德里戈城和巴达霍斯战役中进行了艰苦的战斗。第四师被称为“支援师”，我想这是因为它被派去支援在埃斯特雷马杜拉的第二师，并且在阿尔布埃拉战役中有效地完成了这一任务[③]。第五师被称为“先驱者”，这个绰号的来源我无法解释，它可能指第五师在1810年从事的一些筑路工作。第六师是“行军师”，我相信之所以这样叫它，主要是因为直到行军到萨拉曼卡，第六师跟随着威灵顿公爵阿瑟·韦尔斯利的指挥穿梭于伊比利亚半岛的南面和北面，但从没有运气加入最紧要的战斗。然而，

① 英王德意志军团的第一轻型营和第二轻型营很晚才登陆伊比利亚半岛，加入威廉·贝雷斯福德子爵在埃斯特雷马杜拉的军队，并且在1811年6月才与本应从属的师联合在一起。——原注

② 在“助手”一章中可以看到关于这些营的注释。——原注

③ 阿尔布埃拉战役后，第四师的绰号变为“热心人”。——原注

在萨拉曼卡，第六师渴望拥有和其他军队一样的战斗力。关于第七师的评价十分恶毒，“我们听说有第七师，但从没见过它”。事实是，在经历了丰特斯-德奥尼奥罗战役的不幸和巴达霍斯的一些不成功围攻后，1811年到1812年，第七师很少参与战斗。但1813年，第七师在比利牛斯战役中表现得格外突出，巴恩斯率领的旅在法军防线上的冲刺被威灵顿公爵阿瑟·韦尔斯利称为他见过的最好和最有效的进攻。

1811年3月，第七师成立后，威灵顿公爵阿瑟·韦尔斯利再也没有组建新师。当然，1811年到1813年，威灵顿公爵阿瑟·韦尔斯利接收了大量新营，但仅仅将它们编入到一个或两个现有的旅中，或者最多把其中的两个或三个作为一个新旅编入一个旧的师中。其中，第一种做法更常见。我记得第二种的唯一一个例子是，1812年，第一师有了第二个卫兵旅。1813年，第一师从刚刚派出的增援部队中获得了一个由艾尔默男爵马修·惠特沃思-艾尔默率领的新的线列旅。此时，伊比利亚半岛大军前

艾尔默男爵马修·惠特沃思－艾尔默

线营数量的增加并不像预期的那么大，因为不时有一些被精简到几乎不存在的团被送回英国，重新招募士兵并进行重组。1811年3月，威灵顿公爵阿瑟·韦尔斯利的英军营[①]的数量是五十八个。1814年3月，英军的营数不超过六十五个，仅增加了七个。其间，各团的第一营和第二营进行了相当大的轮换。很多情况下，第二营是伊比利亚半岛的原始部队。当第一营出现时，并且在将其可用的士兵转交给新到的兄弟部队后，第二营作为一支由军官和中士组成的骨干部队就返回英国了[②]。

师的内部组织只进行过两次较大的重新安排。其中一次发生在1811年5月，原因是第二师在阿尔布埃拉战役中遭受了严重的损失。在组成西顿男爵约翰·科尔伯恩和丹尼尔·霍顿两个旅的七个营中，有两个营被送回国，另外四个营缩编成一个旅。为填补消失的旅的位置，肯尼思·亚历山大·霍华德指挥的旅从第一师调到第二师，并且在剩下的战争中成为第二师的一部分。1812年到1813年冬，布尔戈斯撤退后，这两个旅从一个师又转移到另一个师。

不过，1811年以来，伊比利亚半岛大军中，正常的师级组织保持不变，除了三次例外，1812年到1814年，伊比利亚半岛军队的每个师都由两个英国旅和一个葡萄牙旅组成，英国旅通常有三个营，葡萄牙旅有五个营。这条规则适用于第三师、第四师、第五师、第六师和第七师。轻型师的规模比其他师小，只有三个或三个半英国营和两个葡萄牙卡加多营的兵力。只有第一师没有葡萄牙旅，但其三个旅[③]中有一个是外国旅，并且由英王德意志军团的线列营组成。如前文所述第二师有三个英国旅，没有葡萄牙旅，但与约翰·詹姆斯·汉密尔顿指挥的葡萄牙旅[④]连在一起。这样，它就不会出现像第一师那样的情况。

说一个英国旅总有三个营，并不是很准确。在英军中，有几个旅有四个营，一个旅有五个营，但有几个旅只有两个营。在有能力的时候，威灵顿公爵阿瑟·韦尔斯利一般就把几个旅中营的数量增加到三个，但只有两个例外。在第一师的警卫旅中，

---

① 在这里，将英王德意志军团和其他两个外国军团内的营统计在内。——原注

② 这发生在第五团、第二十八团、第三十八团、第三师九团、第四十二团中。第四团第二营和第五十二团第二营出现了在很短的时间内将可用人员编入第一营，并且返回英国的情况。——原注

③ 1813年后，第一师有四个旅。——原注

④ 及1812年到1814年查尔斯·阿什沃思指挥的旅。——原注

两个营总是如此强大，使战役开始时，为其配备了一千八百把或两千把刺刀，这相当于大多数三营旅中的刺刀总数。此外，还有人反对将警卫旅和线列旅混为一谈。在轻型师中，第四十三团第一营和第五十二团第一营也很强大，招募工作完成得很好。每个营都是一个旅的核心，其余的旅由一个葡萄牙卡加多营和第九十五步枪团若干连[①]组成。

粗略地说，一个英国-葡萄牙师的规模通常在六千人以下，除了轻型师[②]及第一师在1810年和1813年时，有四个旅，七千多人。在一个正常师中，其五千五百或五千八百官兵中，约三千五百人是英国人，两千人或更多一点是葡萄牙人。然而，第二师是一个双重单位，有五千五百名英国人及约翰·詹姆斯·汉密尔顿和查尔斯·阿什沃思率领的葡萄牙旅，共六千五百人。

与步兵一样，伊比利亚半岛大军各师中的民族混合在骑兵部队中几乎不为人知。只有极少数上战场的葡萄牙团[③]通常没有民族混合的情况。1808年到1810年，伊比利亚半岛战争的前三年，威灵顿公爵阿瑟·韦尔斯利手下来自英国和葡萄牙王国的骑兵团太少了。因此，他根本不可能将骑兵组成几个师。1809年，正如已经说过的那样，伊比利亚半岛只有六个英国骑兵团，分成三个实力较弱的旅。1810年，只有一个骑兵团加入。但在1811年的春季战役中，当威灵顿公爵阿瑟·韦尔斯利在伊比利亚半岛南部给威廉·贝雷斯福德子爵留下三个团时，追捕利弗里公爵安德烈·马塞纳和参加丰特斯-德奥尼奥罗战役时只有骑兵兵力四个团和少得可怜的武器供给——一千五百把军刀供三万多人的军队使用，大约是当时正常配给的四分之一。

直到1811年，威灵顿公爵阿瑟·韦尔斯利才获得骑兵增援部队，这使他的骑兵兵力增加了一倍多。当时，他有十五个英国和德意志骑兵团。最后，威灵顿公爵阿瑟·韦尔斯利将十五个骑兵团分成两个师，一个师有十一个团，跟随其率领的主力军队。另一个师有四个团，他留给了在埃斯特雷马杜拉的罗兰·希尔子爵。但这两个师

① 通常为六个连。——原注
② 轻型师的兵力不足四千人。——原注
③ 作者认为上战场的葡萄牙团最多不超过七个，通常只有四个。——原注

没有任何葡萄牙团，尽管在萨拉曼卡战役中，他带了本杰明·杜尔万指挥的旅，并且给南方的洛夫特斯·威廉·奥特威和乔治·艾伦·马登留下了两个旅[①]。

然而，1813年春，伊比利亚半岛军队的两个骑兵师被取消了。威灵顿公爵阿瑟·韦尔斯利有着可怕的经历，那就是指挥第二师的威廉·厄斯金爵士指挥能力的缺失。在伊比利亚半岛战争的其余时间，从理论上讲，所有七个骑兵旅都编入由威灵顿公爵阿瑟·韦尔斯利选定的骑兵队长康伯米尔子爵斯特普尔顿·科顿领导的一个师。事实上，对这些骑兵旅，康伯米尔子爵斯特普尔顿·科顿没有被授予任何独立指挥权。在总司令威灵顿公爵阿瑟·韦尔斯利的直接命令下，各骑兵旅被三三两两调动起来。威灵顿公爵阿瑟·韦尔斯利从来没有在任何伟大的单独演习中使用过骑兵。威灵顿公爵阿瑟·韦尔斯利通过骑兵侦察敌情、掩护前线、保护侧翼，有时[②]会用骑兵展开进攻，如约翰·勒·马尔尚少将的重骑兵在萨拉曼卡战役中或加西亚·埃尔南德斯战役爆发后第二天参战，以及埃博哈特·奥托·冯·博克率领的德意志军团在加西亚·埃尔南德斯战役中的出击。在介绍威灵顿公爵阿瑟·韦尔斯利战术的一般特征时，我们已经谈到了这一点。

在步兵中占主导地位的英国和葡萄牙王国联军的组合规则，尽管不在骑兵队中，在炮兵中有所体现。1810年，当威灵顿公爵阿瑟·韦尔斯利征召葡萄牙旅编入每个师时，他还装备了几个葡萄牙炮兵连。威灵顿公爵阿瑟·韦尔斯利手下的英国炮手津贴很低，使1811年，当他创建他最后的两个步兵师时，他不能为每一个师配备一个野战连，除非他向盟友求助。在丰特斯-德奥尼奥罗和阿尔布埃拉战场，只有三个英军炮兵连[③]和五个附属于步兵师的英国野战连参与战斗。第三师和第七师只配备了葡萄牙枪支。但通过利用盟友十分高效的炮兵，威灵顿公爵阿瑟·韦尔斯利能部署十三个野战连，这使他能为第二师、第三师、第五师、第六师和约翰·詹姆斯·汉密尔顿的葡萄牙旅各提供两个连，并且为第一师、第四师和第七师各提供一个连。英国和葡萄牙王国联军在炮兵组织合作上和步兵一样成功。

① 或是四个团。——原注

② 威灵顿公爵阿瑟·韦尔斯利很少动用小规模骑兵展开进攻。——原注

③ 这三个英军炮兵连隶属于骑兵和轻型师。——原注

由于新炮兵的加入，1812年，除了轻型师[1]，威灵顿公爵阿瑟·韦尔斯利不仅为每个师配备一个到两个野战连，还集合了一个属于整个伊比利亚半岛军队而不是任何特定师的小预备队。1813年到1814年，威灵顿公爵阿瑟·韦尔斯利的军队更强大了，尽管他可以处置的枪支数量从来不能与拿破仑·波拿巴相提并论。

---

① 轻型师保留了原有的炮兵部队，罗斯少校的炮兵。——原注

第10章

伊比利亚半岛军队的组成：团

精彩看点

伊比利亚半岛军队最初的团级作战单位——各团营数不同的原因——伊比利亚半岛军队各营编制的一般规则——伊比利亚半岛军队的核心团——伊比利亚半岛军队各团士兵的招募——增援部队的构成——威灵顿公爵阿瑟·韦尔斯利下定决心保留老兵团——伊比利亚半岛军队实力很强大的团——伊比利亚半岛军队一个团的人员构成——伊比利亚半岛军队的骑兵团——骑兵团与步兵团结构的不同

1809年，威灵顿公爵阿瑟•韦尔斯利进驻葡萄牙时，英国步兵由三个警卫步兵团和一百零三个线列团组成。另外，伊比利亚半岛大军的步兵还有英王德意志军团的十个营、八个西印度团、八个老兵营及大约十个外国和殖民团。在伊比利亚半岛大军全部一百零三个团中，六十一个团有两个营。在其余的团中，第六十团，或称为皇家美国团有七个营，第一团或皇家苏格兰团有四个营，第十四团、第二十七团和第九十五团各有三个营，其余三十七个团是单营团①。因为第一警卫步兵团有三个营，冷溪近卫卫兵团和苏格兰燧发枪兵团各有两个营，所以英军总共有一百八十六个营。

各个团中营数差异很大的原因②是，1803年，《亚眠和约》破裂时，英国陆军是由数个单营团组成的。伊比利亚半岛战争爆发时，不列颠群岛和其他驻地的五十个团被命令成立第二营③。不久，又有几个团接到同样的指示。第十四团和第二十七团成功组建了新营。当时，已经是双营团的第一团或皇家苏格兰团也组建了新营。但由于远离士兵招募中心，在海外服役的团很少接到命令组建新营。因此，它们仍然是单营团，除了第三十五团、第四十七团和第七十八团。尽管这三个团分别驻扎在

① 这三十七个团是第二团、第十二团、第十三团、第十六团、第十七团、第十九团、第二十团、第二十二团、第二十九团、第三十三团、第三十七团、第四十一团、第四十六团、第四十九团、第五十一团、第五十四团、第五十五团、第六十四团、第六十五团、第六十八团、第七十团、第七十四团、第七十五团、第七十六团、第七十七团、第八十团、第八十五团、第八十六团、第九十三团、第九十四团及第九十七团到第一百零三团。——原注

② 将警卫步兵团、皇家苏格兰团和皇家美国团放在一边，即使在18世纪，这三个团的营数也不止一个。——原注

③ 组建第二营的目的是在英国国内服役。因此，这些团的第二营被称为“后备军”。但不久，这些团的第二营被用于进行一般作战。——原注

马耳他、百慕大和印度，但它们成功组建了第二营。1804年或随后增派的编号为第九十七团到第一百零三团的七个新团一直是单营团。

1803年到1804年，英军相当一部分在国外或英属殖民地服役的团开始返回大不列颠。除在极少数情况下，这些团从来没有能力增加更多营。1805年后，能够额外增加营的团只有八个[①]。因此，威灵顿公爵阿瑟·韦尔斯利指挥的伊比利亚半岛军队的团必须分成单营团和多营团。

1809年提交英国议会下议院的评估显示，英军在大不列颠和其他欧洲驻地团中有几个兵力参差不齐。对不在东印度群岛的军队来说，这是完全不同的一套体系。

下议院内景

① 组建第二营的团包括1813年成立的第十二团、1814年成立的第二十二团、1811年成立的第三十七团、1814年的第四十一团、1809年成立的第七十三团、1814年成立的第八十六团、1814年成立的第九十三团成立。第九十五团在1809年和第五十六团在1813年分别组建了第三营。——原注

两个营都在服役的双营团，有较多人数的编制，大约拥有二千二百五十名或二千零三十一名官兵。当高级营被派遣到现役部队时，一般已经配备了一千名士兵，加上中士、军官和乐手，这个营应该超过一千一百人。其中，效率较低的人员被编入第二营。如果编制已满[①]，第二营就会有九百多人。实际上，我们发现几个第二营的兄弟营远征海外，兵力分别是九百零六人、九百二十九人或九百一十六人等。

此时，这九百人及各级官兵，不但包括第二营的效率较低的人员，而且包括第一营的人。因此，第二营如果被派去参战，就必须留下大量不适合服役的人员。如果第二营带着七百把刺刀驶往葡萄牙，那将是幸运的。许多案例都记录在册，还有人数更少的第二营在里斯本或其他地方上岸。此外，组建预备部队往往需要留下两百多名士兵。因此，在前线时，第二营的兵力通常比第一营少得多。

对单营团，如第二团、第二十九团、第五十一团或第九十七团来说，我们在1809年的陆军统计中发现了很多种不同的“编制”。它们的在编人员从一千一百五十一人到六百九十六人不等。一两个特殊的团甚至人数更少。一般来说，我们可能认为，理想的做法是招募这样一个团，当它被派去服役时，其人数就会增加。但如果不得不在英国留下两百人左右，即作为预备部队的效率低下人员时，那么该团能在伊比利亚半岛登陆八百人就很幸运了。为维持这个营，预备部队有时不够用。那里挤满了效率低下的人员，只能派遣新兵维持人数。

不服现役的单营团是一些规模较小的团，如只拥有七百一十六人、六百九十六人等类似兵力的团，人们没有期望它们上战场，它们也没有通过民兵征兵或招募增加编制人数。

三个警卫步兵团的编制比任何一个营的都大得多。第一警卫步兵团的三个营召集了不少于四千六百一十九名各级官兵，冷溪近卫团和皇家苏格兰步兵团各有两千八百八十七名官兵。因此，第一警卫步兵团可以轻松地派遣两个兵力强大的营，每个营一千一百名或一千两百名官兵。冷溪近卫团和皇家苏格兰步兵团可以各派一个营，留下一个营和一支预备部队以便为现役军队招募新兵。因此，伊比利亚半岛上的一个警卫步兵营很少不到八百人，有时甚至多达一千人。在巴罗萨作战的加

---

① 虽然第二营编制满员的情况并非总会发生。——原注

的斯分遣队，包括第一警卫步兵团的六个连，冷溪近卫团的两个连及皇家苏格兰步兵团的三个连，有时被称为旅[①]，有时被称为临时团，总兵力大约为一千二百人或一千三百人。

这些数字摆在我们面前，我们开始明白为什么个别营在伊比利亚半岛军队中来来去去。一个双营团，其中一个营在英国，一个营在葡萄牙，这个团总能通过在英国的营定期和大量的征兵维持自己的兵力。或者，如果在伊比利亚半岛服役的是第二营，那么它可以派出第一营替班。一般第二营从未被派去取代第一营，因为高级队伍一向优先服役。但偶尔，一个团的两个营都不在大不列颠，少数情况下，两个营都会在伊比利亚半岛[②]。在这种情况下，一段时间后，第二营总会被送回英国，其有效兵力会被编入兄弟营，并且以一支骨干队伍的身份返回大不列颠，其中还会有几名年龄偏大、不能服役或服役期将满的士兵。

制订了一般规则后，我们将看到威灵顿公爵阿瑟·韦尔斯利手下1809年原始军队的一些营在整个伊比利亚半岛战争中如何与他一起坚持下来，但其他一些营先后被送走，并且被新部队代替。

1808年，伊比利亚半岛的大部分英国陆军在约翰·穆尔爵士撤退结束时从科鲁尼亚返回英国。在这些军队中，有些根本没有返回伊比利亚半岛分享威灵顿公爵阿瑟·韦尔斯利率军取得的胜利[③]。其他军队在1812年、1813年和1814年返回只是为及时看到伊比利亚半岛战争的结束[④]。1809年夏，只有罗伯特·克劳弗德少将的三个著名轻步兵营，即第四十三团第一营、第五十二团第一营和第九十五团第一营回到英国。

---

① 实际上，加的斯分遣队如果被称为旅的话，那么它又太小了。——原注

② 1811年，第一团、第四十八团、第五十二团和第八十八团就是这种情况。——原注

③ 1809年到1814年，第三轻骑兵团，英王德意志军团、第十四团第二营、第二十三团第二营、第四十三团第二营、第八十一团第二营从没回到威灵顿公爵阿瑟·韦尔斯利手下服役。——原注

④ 1810年，英军下列军队返回葡萄牙：第一团第三营、第四团第一营、第九团第一营、第五十团第一营、第七十一团第一营、第七十九团第一营。1811年，英军下列军队重返葡萄牙效力：第二团、第二十六团第一营、第二十八团第一营、第三十二团第一营、第三十六团第一营、第五十一团、第五十二团第二营，英王德意志军团。1812年，英军以下军队回到葡萄牙：第五团第一营、第六团第一营、第二十团、第三十八团第一营、第四十二团第一营、第五十九团第二营、第八十二团第一营、第九十一团第一营。1813年，英军重返葡萄牙的军队有：第七团、第十团、第十五团，第十八轻骑兵团、第一警卫步兵团的第一营和第三营及第七十六团。——原注

永久的伊比利亚半岛军队的真正核心不是约翰•穆尔爵士指挥的各团，而是1808年最初登陆部队的一小部分。这支军队没有跟随约翰•穆尔爵士到达萨拉曼卡、萨阿贡和科鲁尼亚，而是留在了伊比利亚半岛[①]。除了十一个营和一个骑兵团，一直在伊比利亚半岛服役的军队，还有1809年4月，威灵顿公爵阿瑟•韦尔斯利接任指挥官前就存在或与威灵顿公爵阿瑟•韦尔斯利一同来到伊比利亚半岛的增援部队。这些增援部队超过十二个营，有四个骑兵团[②]。1809年5月4日，当其首次被编成旅并在科英布拉作为作战部队组织起来时，整个伊比利亚半岛军队只有两万三千人——这支部队不但注定要拯救葡萄牙，而且最终要驱逐入侵西班牙的法军。当时，入侵伊比利亚半岛的法军人数已经超过二十万。1810年到1811年，入侵伊比利亚半岛的法军甚至达到三十万人。直到1812年，为入侵俄罗斯帝国战争招募新兵时，在伊比利亚半岛的法军兵力一直保持这一规模[③]。

这支部队，正如约翰•穆尔爵士在一份值得注意的、写给卡斯尔雷子爵罗伯特•斯图尔特的书信中说的，是唯一一支适合作战的英军部队。由于这支被挑选出来的部队只有一小部分能立即返回伊比利亚半岛，1809年，威灵顿公爵阿瑟•韦尔斯利军队的大部分由被认为第二等的军队组成，论作战能力，还不如在可怕的科鲁尼亚撤退中遭受巨大损失的营适合在伊比利亚半岛服役。除了警卫步兵团和英王德意志军团，1809年7月，威灵顿公爵阿瑟•韦尔斯利的野战军有十八个英军营，其中只有六个营是全员团的第一营，第二十九团和第九十七团是单一营，其余十个是初级营，即已经在国外有一个营的团或者由于其第一营不适合立即作战而刚从科鲁尼亚返回

① 这支登陆部队包括第三团第一营，第九团第二营，第二十九团，第四十团第一营，第四十五团第一营，第六十团第五营，第九十七团，英王德意志军团第一线列营、第二线列营、第五线列营、第七线列营及第二十轻龙骑兵团，其中第二十轻龙骑兵团并不完整。——原注

② 1808年到1809年春和前一个冬，在威灵顿公爵阿瑟•韦尔斯利或在他之前到达的有：1807年冬，有第二十七团第三营、第三十一团第二营、第十四轻龙骑兵团。1808年4月，有第一冷溪近卫警卫步兵团，第一苏格兰警卫步兵团、第七团第二营、第三十团第二营、第四十八团第二营、第五十三团第二营、第六十六团第二营、第八十三团第二营、第八十八团第一营、第十六轻龙骑兵团、第三龙骑兵卫队及第四龙骑兵团。——原注

③ 1808年4月起，伊比利亚半岛军队已经包含了第二十三轻龙骑兵团、第一轻骑兵团、英王德意志军团、第六十一团第一营、第四十八团第一营、第二十四团第二营。但由于派往西西里岛，第二十轻龙骑兵团的兵力已经被削减，第九团第二营和第三十团第二营被送回里斯本，后前往直布罗陀。因此，1812年4月到1812年7月净增加的只是一个骑兵团。——原注

的团[①]。威灵顿公爵阿瑟·韦尔斯利的这支军队的军事素养明显低于1809年1月，约翰·穆尔爵士率领进入西班牙的那支军队。第二营总是兵力不足，因为在其突然开赴前线前，一直在向驻外的兄弟部队提供必要的驻外服务。许多营的兵力少得可怜，兵力达不到理论上规定的九百人，不少营只有六百三十八人、六百零八人、七百四十九人或七百七十六人。这些人数除去伤病员和指挥人员后，剩下的数字意味着在战场上，每团的兵力不足六百人。实际上，1809年7月，在塔拉韦拉战役中[②]，包括所有拥有军衔的人员在内，六个第二营和两个单一营的人数都少于六百人。

考虑到一个英国团由于在人员稀少和赏金高时招募困难，通常不能通过征兵来使不止一个营在现役时达到必要兵力。因此，我们已经可以预见注定要加入威灵顿公爵阿瑟·韦尔斯利麾下最初伊比利亚半岛军队各营的命运。由于伊比利亚半岛战争，几乎所有第二营都疲惫不堪，其人数之少使其不能作为正常营服役。当处于这一阶段时，这些军队会发生下面两种情况中的一种情况。如果一个团的第一营在英国国内服役，并且适合战地工作，那么便会前往伊比利亚半岛替换已经被耗尽的第二营。但如果任何一个团的第一营已经派驻在印度或其他地方，那么在伊比利亚半岛战争早期，半岛营会被送回国征兵，其团编号会在威灵顿公爵阿瑟·韦尔斯利的花名册中消失。在伊比利亚半岛战争后期，这种情况并不经常发生。其原因是，几个在前线幸存到1812年的老兵第二营留在伊比利亚半岛军队中，但每个营减少到四个连，并且成对合作以形成一支可供使用的军队。1809年八个原始第二营中，有两个被征召编入其已经到达伊比利亚半岛的第一营[③]。其中，第八十七团第二营被派往加

① 我再重述一遍。此时，伊比利亚半岛军队的第一营有第三团第一营、第四十团第一营、第四十五团第一营、第四十八团第一营、第六十一团第一营、第八十八团第一营，第二营有第七团第二营、第三十一团第二营、第二十四团第二营、第四十八团第二营、第五十三团第二营、第六十六团第二营、第八十三团第二营、第八十七团第二营，其他初级营有第六十团第五营和留在里斯本的第二十七团第三营，单营团有第二十九团和第九十七团。此外，伊比利亚半岛军队还有两个“分遣营”。——原注

② 塔拉韦拉战役中最强的营是有一千零一十九名官兵的第三警卫步兵团的第一营、由九百七十人组成第一冷溪近卫卫兵团、由八百零七人组成的第四十八团第一营。最弱的营由五百二十六人组成的第六十六团第二营、由五百零二人组成的第九十七团、由五百三十五人组成的第八十三团第二营。——原注

③ 这两个第二营是第七团第二营和第四十八团第二营。——原注

的斯，但1812年返回伊比利亚半岛野战部队。1811年到1812年，有四个营兵力被削减到一半[①]。只有一个营，即第八十三团第二营，在伊比利亚半岛战争结束前，一直作为一个完整的营留在伊比利亚半岛。

单营团也面临同样的命运。这些营在英国没有兄弟营，只有一支预备部队。1811年，第二十九团和第九十七团都返回英国，名存实亡。

直到1814年伊比利亚半岛战争结束时，1809年5月与伊比利亚半岛野战军在一起的六个第一营依然在伊比利亚半岛战争的最前线，尽管其中两个营曾在阿尔布埃拉的血腥战场损失严重。事实上，我认为，在整个伊比利亚半岛战争中，只有一次一个完整团的第一营前往战斗前线，并且在1814年伊比利亚半岛战争结束前被送走。

1810年到1812年，派给威灵顿公爵阿瑟•韦尔斯利的增援部队可分为两部分，其中较大部分由约翰•穆尔爵士的科鲁尼亚军队重组和招募的营组成。在重组和招募的营中，1810年有六个营组建，1811年有九个营出现，1812年有八个营，1813年到1814年有三个营。这些营中更多的是第一营，或者将警卫步兵团和英王德意志军团放在一边，其中二十三个营中有十五个第一营，除了第二十六团第一营都参加了伊比利亚半岛战争剩下的战斗。单营团中有四个，即第二团、第五十一团、第二十团和第七十六团。属于已经在国外有一个营的团的初级营也只有三个，即第一团第三营、第五十二团第二营和第五十九团第二营。第五十二团第二营士兵在被征召进第五十二团第一营后不久，就被送回国了；第二营的兵力减少到四个连，并且在1812年成为临时营，直到伊比利亚半岛战争结束。1813年到1814年，第七十六团在战场上只待了几个月。第一团第三营虽然是一个初级营，但属于一个由四个营组成的大团。因此，第一团第三营没有缩小到太小规模。我们可以说，在不是全团第一营的八个营中，只有三个营长期服役。但在1814年的和平时期，第二十营、第五十一营和第五十九团第二营没有受到缩编，但其中两个是1812年才出现的，即伊比利亚半岛作战不到两年。显然，同样的规则在增援部队和1809年最初的军队中都适用，这些营只有成为第一营才能不消失。

① 这四个营是第二十四团第二营、第三十一团第二营、第五十三团第二营、第六十六团第二营。其中三个团的第一营在东印度群岛，第四个团的第一营在西西里岛。——原注

作为增援部队派给威灵顿公爵阿瑟·韦尔斯利的营并不是约翰·穆尔爵士率领的科鲁尼亚军队的一部分，增援的营的数量明显很少，只有十九个营。其中六个第一营[①]，八个第二营[②]，五个单营团[③]。所有的第一营都参加了整个伊比利亚半岛战争，但第二营和单营团中的几个营都被送回英国。它们要么是由于增援第一营而被消耗殆尽，要么是因其他原因被送回国。如果不是由于增援的营中有几个营最后抵达伊比利亚半岛，只参加了1813年到1814年的秋末和冬季战役，没有多少时间耗费在战场上，那么被送回国的营的比例会更大[④]。1813年到1814年，伊比利亚半岛战争的最后两年，第五十八团第二营作为一个四连营参加战斗。

各营轮换及实力较弱的营被送回国的结果是，1814年，当与拿破仑·波拿巴的战争结束时，在前线的五十六个英军营中，只有十三个是第二营，前面已经提到过最后五个营[⑤]的兵力如此之少，使它们都是联合作战。五个营中，每个营只有四个连，每个营的人数不超过二百五十人或三百人。

如此薄弱的最后五个营被留在伊比利亚半岛是由于1811年的战役结束后，威灵顿公爵阿瑟·韦尔斯利的一个决心。1811年下半年，威灵顿公爵阿瑟·韦尔斯利最担心的是，他派到增援部队中的很多团都曾参加过前往瓦尔赫伦的远征队，几乎每个人都由于曾在荷兰沼泽地中逗留过一段时间对威灵顿公爵阿瑟·韦尔斯利心怀怨言。葡萄牙夏季的酷暑和秋季的暴雨立刻暴露了这些士兵体质的潜在弱点，他们只不过是疗养员，而1811年7月抵达里斯本的八百五十人的团在1811年10月仅剩五百五十人[⑥]。医院里发烧和患鼠疫的病例如此之多[⑦]，令人震惊，威灵顿公爵阿

---

① 六个第一营是第七团第一营、第十一团第一营、第二十三团第一营、第三十七团第一营、第三十九团第一营、第五十七团第一营。——原注

② 八个第二营是第五团第二营、第三十四团第二营、第三十八团第二营、第四十四团第二营、第四十七团第二营、第五十八团第二营、第六十二团第二营、第八十四团第二营。——原注

③ 五个单营团是第六十八团、第七十四团、第七十七团、第八十五团、第九十四团。——原注

④ 第六十二团第二营、第七十七团、第三十七团第一营、第八十四团第二营就是这种情况。——原注

⑤ 临时营的第六个是敌营团，第二步兵营或女王营。——原注

⑥ 典型的数字是第七十七团，1811年7月抵达时有八百五十九人，1811年9月时只有五百六十人。第六十八团大约在同一时间抵达，有二百三十三名伤兵和四百一十二名士兵；第五十一团，1811年4月抵达，有二百四十六名伤兵和二百五十一名士兵。但第五十一团在第二次围攻巴达霍斯时损失了士兵。其他两个团没有参与太多战事。——原注

⑦ 1811年10月有一万四千多人。——原注

瑟•韦尔斯利写信回国求助，希望不要把在瓦尔赫伦的另一支部队送到他那里。此时，他下定决心保留老兵团，尽管老兵团的人数已经减少了，而不是派其回国招募并接收新兵，因为一个团要花好几个月时间才能学会转变并适应环境变化。在伊比利亚半岛最初几个月里，新来的军队总有很多伤病员和散兵。新兵们刚从营房里出来，就被炎热的气候和长距离的行军压垮。他们仍然要按照威灵顿公爵阿瑟•韦尔斯利的要求去做，并且十分无助。老兵团的耐力比英军新团强得多，虽然新团中的大多数人都参加过如瘟疫般恐怖的瓦尔赫伦远征，但新团中到处是伤兵。因此，威灵顿公爵阿瑟•韦尔斯利决心让习惯于伊比利亚半岛气候的老兵团剩余成员继续待在伊比利亚半岛，而不是请求更多没有适应伊比利亚半岛气候的营增援。随后，1812年年底，已经提到的两个“临时营”的机构出现了①。在伊比利亚半岛战争的早期阶段，它们无疑会被送回英国②。但此时，在1812年到1814年的战役中，这些精疲力竭的老兵取得了很好的战绩。

或许值得一提的是，威灵顿公爵阿瑟•韦尔斯利对其军中出现同一个团拥有两个强大营的态度感到好奇。如果第二营很弱，他会立即将其征召到第一营，并且将剩余兵力送回英国。但从某种程度上来说，如果两个营都拥有足够的兵力，那么他根本没有必要将两个营集合在一起。例如，1810年10月到1811年7月，第七团第一营和第七团第二营都在前线。但在几个月的时间里，其中一个营在第四师，另一个营在第一师。一个更突出的例了是第四十八团。它的两个营从进驻伊比利亚半岛时就在第二师服役，但1809年6月到1811年5月，这两个营被分别安排在不同的旅③。同一

① 威灵顿公爵阿瑟·韦尔斯利写信给英国战争大臣亨利·巴瑟斯特伯爵说道，“我向你保证，军队中一些最好的营是临时营。我最近看到其中有两个营参与其中，包括第二十四团第二营和第五十八团第二营，以及由第二女王团和第五十三团第二营组成的部队，任何部队都不可能表现得更好。同样的安排现在可以适用于第五十一团和第六十八团和其他团”。参见《威灵顿公爵阿瑟·韦尔斯利公文》，第10卷，第629页。1812年到1813年的一段时间内，还有一个由第三十团第二营和第四十四团第二营组成的另一个“临时营”。——原注

② 1812年年底之后大概一年，威灵顿公爵阿瑟·韦尔斯利不会允许第二十九团和第九十七团这两个在阿尔布埃拉战役后被送英国的旧单营团离开，但可能会把它们集合在一起作为一个“临时营”。他在私人通信中，对于失去了第二十九团和第九十七团表达了极大的遗憾，因为它们每个团人数下降到大约二百五十人。——原注

③ 在阿尔布埃拉遭受重创后，第四十八团第二营被送回英国，其有用人员被编入第四十八团第一营，这是它与兄弟营的第一次接触。——原注

个团的两个营在一个旅中服役的情况十分罕见，我只知道1813年到1814年，警卫步兵团的第一营和第三营，1811年3月到1812年3月，第五十二团的两个营，以及1810年11月，即阿尔布埃拉战役爆发前六个月，在第四师一起服役的第七燧发枪兵团的情况。在后两种情况中，第一营吸收了第二营，当第二营兵力开始减少时，士兵们会被当作名存实亡的骨干军队送回英国。所有其他合并案例存续时间一般很短，看来威灵顿公爵阿瑟•韦尔斯利的目的只是在方便的时候把第二营编入第一营。通过这种方式，长期驻守在里斯本的第八十八团第二营被带到了前线。1811年3月到1811年7月，在不到四个月的时间里，第八十八团第二营与第八十八团第一营合并。1812年夏出现的第五团第一营似乎与第五团第二营一起服役了几个月。随后，1812年10月，第五团第二营被送回国。与此同时，第三十八团第一营到达，并且1813年6月到1813年11月在第三十八团第二营旁边服务，然后离开。这些事例与第七团、第四十八团和第五十二团两个营的情况截然不同，第七团、第四十八团和第五十二团都在军队中服役一年以上。

伊比利亚半岛军队的作战单位是营，这个营由一名中校指挥且包括十个连。如同刚才提到的例外情况一样，当一个团的两个营聚在一起时，两名指挥官中的高级军官没有高于另一名军官的权利，并且两人都直接对准将负责。理论上，一个营除中士和乐手外，有三十五名军官和一千名士兵。在所有英军的一般报告中，一种流行的致命做法是，在较大的统计数字中只提供普通士兵，即下士和士兵的人数，军官、士官和乐手全都省略。在这种情况下，要使官兵人数达到实际的总人数，必须在给定的数字中加上大约八分之一或九分之一的人数。幸运的是，当需要绝对精确的官兵人数时，所有级别的详细报告都可以从档案室每两星期一次的一般状态报告中获得。

当然，第一营各级官兵约一千一百五十人的理论编制，在战场上几乎没有出现过。带着全部兵力登陆里斯本的营的官兵人数很快减少了，甚至在其到达前线前，就已经减少了，没有什么比总兵力为四位数的战斗营更罕见的了①。一支管理良好的部队，虽然最近没有行动也没有驻扎在一个环境不好的营地，但在整个战役中，可能

① 但偶然也会发现这样的数字。譬如，在布萨科战役中的第四团第一营及1811年9月的第四十三团第一营，拥有超过一千名士兵的兵力。在萨拉曼卡战役中的第四十二团第一营也出现了这种情况。——原注

会有七百名甚至八百名官兵。显然，警卫步兵营的兵力比这支管理良好的部队兵力要多得多，经常多达九百人或更多。

此外，一个经历过多次战斗的营，没有定期获得兵员补充，长期在贝拉荒凉的山里挨饿，或者在瓜迪亚纳的瘟疫谷中热得发昏，即使是一个有一千名官兵的第一营，也常常会减少到四百五十名官兵或更小的规模。在类似情况下，第二营可能会缩减到二百五十名或三百名官兵。1811年十分艰苦的战役中，包括对利弗里公爵安德烈•马塞纳的艰苦进攻，丰特斯-德奥尼奥罗战役及于炎热的夏季在卡亚的漫长停留结束时，与威灵顿公爵阿瑟•韦尔斯利的主力军队在一起的四十六个营中只有九个营[①]有七百多名各级官兵。其中十六个营有五百名到七百名官兵，十个营的官兵有四百人到五百人。不少于十一个营的官兵数不到四百人，并且需要指出的是，它们几乎都是双营团或单营团，有六个双营团和三个单营团。可以看出，整体平均每个营大约有五百五十名官兵。最强大的营有一千零五名官兵，而最弱的营只有二百六十三名官兵[②]。应该指出，此时，军队比以往任何时候都更脆弱，因为两万九千三百名官兵中有超过一万四千名官兵在医院。此后，威灵顿公爵阿瑟•韦尔斯利再也没有像当时那样受伤病员拖累，除了一段长达几星期的时间——1813年10月到1813年11月从布尔戈斯撤退到罗德里戈城后。1813年初冬，由于不停在雨水中行进，伊比利亚半岛军队疲惫不堪，食物短缺。因此，很多士兵都进了医院，这与1811年9月的状况一样令人不安。但短暂的休息有助于他们的恢复，1813年到1814年，即使被困在比利牛斯山口积雪中的几个星期里，伊比利亚半岛军队的士兵都十分健康。

关于步兵团就讲到这里。在关于伊比利亚半岛军队组织的这一章中必须加上几句对骑兵组织的论述。自始至终，威灵顿公爵阿瑟•韦尔斯利手下有二十一个英国骑兵团。此外，他手下还有四个来自英王德意志军团的轻重型骑兵团。但威灵顿公爵阿瑟•韦尔斯利手下的骑兵团从来没有同时达到二十一个。1809年，威灵顿公爵阿瑟•韦尔斯利有八个骑兵团。在威灵顿公爵阿瑟•韦尔斯利拥有伊比利亚半岛

---

① 除了一个第一营，其中两个营属于卫兵团。——原注

② 它们分别是第四十三团第一营和第三十八团第二营。这两个警卫步兵营当时总兵力都不到九百人。——原注

军队指挥权的几个星期前，他的一支军队[①]被带走并被运往西西里岛。1809年年底前，在塔拉韦拉战役中，第二十三轻龙骑兵团遭到致命打击，丧失了一半兵力，被送回英国招募新兵。因此，1810年1月1日，威灵顿公爵阿瑟·韦尔斯利只有六个骑兵团[②]，并且同年，只有一个骑兵团加入他的军队[③]。因此，威灵顿公爵阿瑟·韦尔斯利骑兵的总兵力只有七个团。直到1811年夏末和1811年秋，他才获得大量增援。在1812年的战役中，威灵顿公爵阿瑟·韦尔斯利拥有十六个骑兵团[④]，这几乎是他拥有的骑兵的最大兵力。因为，虽然在1813年的战役中，他又获得四个新的轻骑兵团，但与此同时，他麾下四个精疲力竭的骑兵团被送回英国招募新兵并进行重组。如果他没有得到一个由皇家骑兵团三支队伍中各两个中队组成的大型综合团，或实力较弱的旅的话，那么他骑兵的总兵力与1812年拥有十六个骑兵团时一样多。仅凭这一点，1813年到1814年，威灵顿公爵阿瑟·韦尔斯利的骑兵部队就超过了他在1812年时拥有的骑兵兵力。如果我们把皇家骑兵中队算成大约两个团级作战单位，那么伊比利亚半岛战争结束时，威灵顿公爵阿瑟·韦尔斯利手下骑兵团的总数就是十八个。

与步兵不同的是，英军骑兵毫无例外地组成了孤立的军队，就像今天一样。派往伊比利亚半岛的一个团在后面只留下了一个预备中队，除了预备部队，骑兵团没有别的来源，这与步兵赖以存续的兄弟部队没有任何相似之处。因此，如果一个骑兵团的人数减少，并且耗尽了预备中队能派出的兵力，那么这个骑兵团就必须返回英国招募新兵。在整个伊比利亚半岛战争期间，只有一个骑兵团，即在塔拉韦拉战役的第二十三轻龙骑兵团遭到灭顶之灾，其损失相当于第二步兵师在阿尔布埃拉战役遭受的灾难。1809年秋，不幸的第二十三轻龙骑兵团被送回英国。当时，英军

① 实际上是一个小分队，由两个轻龙骑兵中队组成。——原注

② 这六个骑兵团为第三龙骑兵警卫团、第一龙骑兵团、第四龙骑兵团、第十四轻龙骑兵团和第十六轻龙骑兵团及英王德意志军团下的第一轻骑兵团。——原注

③ 第十三轻龙骑兵团。——原注

④ 这十六个骑兵团包括第三龙骑兵警卫团、第四龙骑兵警卫团、第五龙骑兵警卫团、第一龙骑兵团、第三龙骑兵团、第四龙骑兵团、第九轻龙骑兵团、第十一轻龙骑兵团、第十二轻龙骑兵团、第十三轻龙骑兵团、第十四轻龙骑兵团、第十六轻龙骑兵团及英王德意志军团下的第一重龙骑兵团、第二重龙骑兵团、第一轻骑兵团、第二轻骑兵团。——原注

已经撤退到葡萄牙边境地区。但在1812年的战役中，其他四个骑兵团的兵力，尤其是战马的作战能力很低。因此，这四个骑兵团虽然没有像第二十三团那样在单一行动中被削弱，但已经消耗殆尽，不得不离开伊比利亚半岛。值得注意的是，这四个骑兵团都是新来的，于1811年出征，只坚持了一年多一点时间就陷入低效状态，其低效状态远远超过1809年服役的经历了两年多艰苦战斗的骑兵团[①]。作者要描绘的寓意和我们在步兵中注意到的是一样的，自从威灵顿公爵阿瑟·韦尔斯利来到伊比利亚半岛就跟随他的各团士兵已经适应了，并且学会了老兵的窍门。他们可以为自己改变，也可以为他们的马改变，尽管这不是什么重要的事情，他们做得比任何新来的队伍都好。我们发现威灵顿公爵阿瑟·韦尔斯利对新人的侦察和前哨工作有很大的抱怨。一场小灾难后，威灵顿公爵阿瑟·韦尔斯利对两个新近登陆兵团的外围纠察队评论道："这种不愉快的情况往往显示出新旧军队的区别。在服役期间，老的骑兵团，连同其所有的损失加在一起，都没有这几天内新骑兵团损失的人多，但我们必须设法使新骑兵团像旧骑兵团那样好。"[②]显然，这不是一件容易的事情。无论如何，1812年年底，有四个新的骑兵团[③]作为精疲力竭的军队被送回英国，而不是七个旧的骑兵团中的一个。所有老的骑兵团都无一例外地加入了1814年伊比利亚半岛战争的最后一次战役，尽管1811年秋，它们几乎都[④]不得不由于作战效率降低从四中队团缩减为三中队团，但它们从来没有像1812年注定要回到英国的四个骑兵团那样士气低沉。1812年到1813年的这个冬天，伊比利亚半岛军队再没有骑兵团返回英国。

维多利亚战役和比利牛斯战役并没有对骑兵造成重大影响，因为他们中的大多数在1813年秋山区战斗时，都舒适地驻扎在埃布罗山谷。直到1814年春，伊比利亚半岛军队的骑兵才再次前进，因为法军的入侵在拿破仑·波拿巴政权垮台时戛然而止。

---

① 威廉·汤姆金森在他的日记第230页指出，第十一轻龙骑兵团不像其他被谴责的团那样糟糕，但其指挥官的上校军衔如此高级，并且他阻碍了几位更有能力的军官去指挥。因此，威灵顿公爵阿瑟·韦尔斯利决定让第十一轻龙骑兵团的这名指挥官离开伊比利亚半岛。——原注

② 《威灵顿公爵阿瑟·韦尔斯利公文》，第58页。写给利物浦伯爵罗伯特·詹金森的信。——原注

③ 第九轻龙骑兵团和第十一轻龙骑兵团、第四龙骑兵警卫团、第二轻骑兵团。——原注

④ 即第一皇家骑兵队、第十三骑兵团、第十四骑兵团和第十六轻骑兵团，以及第一轻骑兵团、英王德意志军团。参见1811年10月2日的《威灵顿公爵阿瑟·韦尔斯利一般命令》。——原注

理论上，1809年，骑兵团[①]编制固定为九百零五人。但一支大型预备部队总是落在英国。如果一个骑兵团以四中队抵达葡萄牙，配备六百把军刀，那么其兵力就达到一个骑兵团的平均水平。在前线，一个骑兵团很少会超过四百五十人，因为战马总是在适应伊比利亚的气候和饲料的过程中生病甚至死亡。一个从四中队减少到三中队的骑兵团，在一次战役中可能只有三百名骑兵。

① 这里不讨论皇家骑兵团的编制。——原注

第 11 章

伊比利亚半岛军队团的内部结构：军官

精彩看点

营和骑兵团的指挥官——临时指挥状况——购买晋升制度——难以晋升的穷军官——贵族军官的恶习——皇家军事学院的创立——开除普通军官——普通士兵晋升军官的比例——威灵顿公爵阿瑟·韦尔斯利对手下军官的态度

截至目前，我们一直关注团作为一个整体作战单位的问题，以及团在其旅和师中的地位。现在，我们不再将团看作一个整体，而是看作一个由军官、职员、中士、士兵和乐手等各部分人员组成的集合。

如果要了解一个团的机制，那么首先，我们需要谈谈军官的编制。营和骑兵团通常由中校指挥。军队中的上校人数很少，并且指挥一支军队的上校是警卫旅的上校。在警卫旅中，由于"双重职位"，所有的中尉成为"军队的上尉"，上尉成为中校，少校和中校成为上校，这导致营指挥官总有上校身份。

当一个营的中校生病、受伤或去世时，这个营常常由高级上校[1]指挥。有时会由高级上校连续指挥这个营几个月时间，直到缺席的指挥官返回，或者有人由于晋升替代了这名高级上校的职位。在某些情况下，由于拥有高级军衔人员的死亡率过高或无人胜任，我们可能会发现一名上尉在某一特定地方指挥这个营。我注意到，大约在布萨科战役期间，伊比利亚半岛军队的晨报显示卫兵团的两个营由上校指挥，三十个营由中校指挥，十六个营由少校指挥，一个营由上尉指挥，我认为这是一个相当正常的比例。

除了上校和两名少校，一个全员步兵营有十名上尉和两名中尉，或者有时军官的数量更多一点，为每个连额外配备三名军官。其中有多少副官是中尉，或有多少

① 此时，一个营通常有两名高级上校。——原注

少尉[1]只是个偶然问题，但中尉几乎总是占多数[2]。1811年9月，在布萨科战役中，伊比利亚半岛军队的晨报表明，第四十五团第一营有不超过一名少尉，另一个营，即第七十四团有多达十一名少尉。一个团十名上尉全部到位的情况十分罕见，几乎一个团中总有一两个连是由他们的高级中尉负责指挥。除了连的军官，每个营都有由副官、出纳员、军需官和外科医生及两名助理外科医生组成的“工作人员”。副官通常是一名中尉，但偶尔也会是一名少尉。在警卫队[3]时，副官通常是一名“中尉兼上尉”。除了定期任命的军官，一个营还经常有一两名“志愿者”——实际上，这些年轻人是缓刑犯，他们被允许在不需要花钱的情况下进入一个现役营。他们携带火枪在军中服役，但被允许穿比普通士兵更好的制服。这使他们很容易与军官们混淆。

许多高级指挥官受伤或战死后，最令人震惊的权力下放案例发生在阿尔布埃拉战役中。1811年5月17日，阿尔布埃拉战役结束后第二天早上，第二师第二旅的残余部队临时合并成一个营，因为第二师的三个旅中的每一个旅都遭受了可怕的损失，这个营由第四十八团第一营的高级上尉指挥。这名上尉碰巧是一个混血儿，名字有点忧郁，叫西米蒂艾尔。在战斗中，这个旅从一千六百五十一人减少到五百九十七人，其中至少有一千零五十四名官兵死亡、受伤或失踪，并且旅长及准将中军衔高于西米蒂艾尔的五名中校和上校都或死亡，或受伤[4]。在伤亡人数方面，阿尔布埃拉战役创造了纪录。在威灵顿公爵阿瑟·韦尔斯利军队的历史中，没有哪次伤亡可以与阿尔布埃拉战役相提并论，尽管在围攻巴达霍斯和滑铁卢战役中某些单独团几乎同样遭到严重损失。

临时指挥的可能性有时令人好奇。我前面提到的英勇的西顿男爵约翰·科尔伯恩虽然只是一位中校，但由于缺少准将，他在阿尔布埃拉战役中指挥了一个旅，因为他是四个营级指挥官中地位最高的。随后，1811年到1813年，西顿男爵约翰·科尔

---

① 少尉在步兵团称为第二中尉。——原注

② 在参加塔拉韦拉战役的伊比利亚半岛军队中，总共有五百三十六名中尉和二百五十九名少尉。在参加布萨科战役的伊比利亚半岛军队中，有六百二十四名中尉和二百三十七名少尉。1811年3月，伊比利亚半岛军队有七百三十九名中尉和三百二十三少尉——每种情况下中尉和少尉比都超过二比一。——原注

③ 大多数警卫队军官的军衔比线列营的高出一级。——原注

④ 即丹尼尔·霍顿准将和一名少校死亡，两名中校和两名少校受伤。——原注

弗雷德里克·亚当

伯恩只指挥自己的团，但1813年10月到1814年4月，在伊比利亚半岛战争的最后六个月里，他成功地成为轻型师一个旅的高级中校。虽然他曾两次在伊比利亚半岛战争中指挥过一个旅，但我们发现他在滑铁卢战役中又一次在弗雷德里克·亚当的旅中领导自己的第五十二步兵团。确实，在领导自己的单营团时，西顿男爵约翰·科尔伯恩比大多数将军干得更多，他做出的决定性进攻摧毁了法军卫队的进攻。

上校不但几乎成为临时的“准将”，并且至少有一次在几个月内指挥整个师。这里说的是安德鲁·巴纳德上校的事例，他在罗伯特·克劳弗德少将在罗德里戈

约翰·奥姆斯比·范德勒

城倒下，并且师里唯一一位将军约翰·奥姆斯比·范德勒受伤后，掌管威灵顿公爵阿瑟·韦尔斯利大军最宝贵的军队将近五个月，并且在巴达霍斯战役中领导这支军队。巴达霍斯攻克后，第三师似乎短暂出现了类似的状况。当时，托马斯·皮克顿中将和肯普将军都受了伤，康诺特别动队的威廉·华莱士上校指挥了这个师一到两个星期，直到威灵顿公爵阿瑟·韦尔斯利征召他的姐夫爱德华·迈克尔·帕克南少将来指挥这个师，威廉·华莱士上校在萨拉曼卡表现得十分出色[1]。

此时，英国陆军的晋升制度是以最不规律和断断续续的方式实施的，这两种晋升制度的影响力截然相反。一种是购买制度，另一种是经常但绝不频繁地由于在战

① 托马斯·皮克顿中将虽然在巴达霍斯战役中脚部受伤，但从埃斯特雷马杜拉来到伊比利亚半岛北部后，他与军队一起出发。然而，由于伤口发炎，他被迫住院。1812年6月，威廉·华莱士上校顶替他出任了几个星期的指挥官。1812年7月，爱德华·迈克尔·帕克南少将出任师指挥官。——原注

场上良好的表现获得的晋升。骑兵警卫团的做法是，战争伤亡人员的职位空缺由团内官兵填补，不需要花钱，但对所有其他空缺，购买制度起了作用。当中校、少校或上尉职位出现空缺时，下一级高级官员可以按规定价格购得这个空缺职位。但在很多情况下，下一级高级军官可以购得比规定更多东西。即将退休的军官将职位出售一事交给“佣金经纪人”，并且邀请投标。一个军衔处在领导地位的穷军官通常无法支付高昂的购买费用，并且可能会看到他身后三名或四名后辈通过购买军衔超越他在军中的位置，但他只能徒然等待由于他人死亡才留下的军衔空缺，因为只有这样，他才无须支付现金而获得晋升。涉及范围最大的交换制度对穷军官也有很大压力。其他军队的军官，在晋升方面有障碍时，也会设法通过支付巨大的差额将他们的军衔转移到似乎有可能更迅速更换军衔的各营。但有很多人出于其他原因进行交换，如军官们被命令前往条件恶劣或不受欢迎的地方，比如西印度群岛或新南威尔士时，他们向准备接受条件恶劣的目的地以换取现金的其他人提供了一笔可观的费用。通过这种谨慎的运作，一名富有的军官可以获得十分迅速的晋升。譬如，一名中尉可以用一笔相对较少的钱在西印度团购买一个上尉头衔。然后，作为这个团的上尉，他与欧洲某一驻地另一个团中一位视金钱如命的穷上尉进行第二次交换，这样他就可以在新职位中得到很好的成长，他甚至从未真正离开家，也没有在这些来来去去的军团中服过役——他的名字只是出现在文件中。据说，一名年轻的军官，由于是富有的贵族，并且其家庭在英国议会中有很大影响力，在一年内就从一名中尉晋升为一名中校。当然，这是一个十分特殊的例子，并且发生在伊比利亚半岛战争爆发前很久。但人们可能记得，威灵顿公爵阿瑟·韦尔斯利本人也通过规模较小的家庭影响力，从1787年3月7日的少尉晋升为1793年9月的中校。在经历了指挥包括五个骑兵团和两个步兵团在内数个团的七年时间内，他升了五级。威灵顿公爵阿瑟·韦尔斯利只有十九个月是上尉，六个月是少校。当他二十三岁乘船前往佛兰德斯指挥第三十三军团时，他还没有经历过战争！后来，约克和奥尔巴尼公爵腓特烈王子坚持一位军官在每个级别都必须服役一定时限，才能获得晋升。

与这种形式的晋升相比，那些可怜又无依无靠的军官在服役二十五年，经过伊比利亚半岛战争中的六次战役及两次伤病后，发现自己在四十三岁时仍然是一名上尉[①]。然而，伊比利亚半岛战争结束时，仍有很多不幸的人在经过六次战役后只是中尉，并且在1816年到1817年第二营大规模解散时，他们只得到微薄的半薪。以影响力和购买军衔获得快速晋升与绝对低级别停滞并行的制度是令人震惊和可怕的，第二种局面往往发生在穷军官身上，因为他们的团在行动中没有多少伤亡。

我认为，在所有不利于正确分配晋升的令人不安的原因中，最有害的是政治影响。正如一位当代小册子作者所写："与议会利益的无所不能相比，通过其他腐败手段获得好处的事例很少[②]。因此，为得到晋升，就产生了一些可耻的做法，即把男孩们塞进一个连里，令其凌驾于整个团的中尉和少尉之上。为制止不正当的晋升行为，约克和奥尔巴尼公爵腓特烈王子已经做出一些努力，但他永远无法移除英国议会利益的巨人。这是一种蔑视恳求的利益，也是当时首相最不方便拒绝的要求。对这种影响力，总司令必须让路——因为如果受到轻视，那么英国议会有能力将总司令和首相都撤掉。"[③]

正是由于政界大人物肆无忌惮地利用他们在议会中的影响力，军队在颁发军衔时欠下了大量"国王的艰苦交易"。一个伟大部落商人——一位辉格党成员而非托利党成员，通常通过任命他们的儿子或其他年轻的亲戚参加一个委员会，来利用其赞助人的影响。那些从事伟大政治家肮脏工作的家族不太可能由于高尚的道德或正直受到尊重。有时，提名参加某一委员会绝对是可耻的。据说，圣詹姆斯一家时髦赌场老板的儿子，其父曾有一次强迫一名政治家将其列入提名名单。无论这件事是真还是假，可以肯定的是，在整个伊比利亚半岛战争期间，不是绅士的军官随处可见[④]。毫无疑问，还有一些人的血统在其他方面是不受欢迎的，其中最突出的是一些年轻爱尔兰乡绅，他们热衷于欺凌和决斗，以及有着在圣乔治海峡外文明程度

---

① 请参阅罗伯特·布莱克尼自传中第367页到第369页的激烈言论。关于一些说明性的逸事，请参阅乔纳森·利奇中校的小书《冥河之舟上的漫步者》，书中充满了伊比利亚半岛军队的不满情绪。——原注

② 这是暗示约克和奥尔巴尼公爵腓特烈王子的情妇玛丽·安·克拉克夫人分发佣金时的影响力。——原注

③ 有关这本小册子的更多内容，请参阅乔基姆·海沃德·斯托克奎勒的《骑兵卫队史》，第60页到第67页。——原注

④ 想了解一位曾在都柏林打过台球并最终因盗窃而被解雇的少尉令人震惊的故事，请参阅《托马斯·邦伯里回忆录》，1861年，第1卷，第26页到第28页。——原注

较低的社会阶层中臭名昭著的酗酒习惯。我在一篇回忆录中发现，一名新加入伊比利亚半岛军队的少尉，对聚集在一起的军官们说：“先生们，我知道你们肯定对我的勇气嗤之以鼻。我已经在团里待了不少于六星期，但还没有参加过决斗。现在，C上尉，你是高级上尉，如果你愿意的话，那么我先与你决斗，请你说出时间和地点。”这位日记作者十分聪明地写道：“对这样的英雄，一个人的行为不能过于谨慎。”[①]

顺便说一句，在伊比利亚半岛军队中，决斗发生的次数比预期的要少许多。虽然离1829年与温奇尔西伯爵乔治·芬奇-哈顿愚蠢地“出走”已经过了很久，但在军队服役时，威灵顿公爵阿瑟·韦尔斯利坚决反对手下军官决斗，因为他不能由于私

温奇尔西伯爵乔治·芬奇－哈顿

① 乔治·埃勒斯：《第十二步兵团乔治·埃勒斯上尉回忆录》，第43页。——原注

人争斗失去优秀的军官。与当时的英国相比，伊比利亚半岛决斗发生的次数要少得多，更不用说在爱尔兰和印度，这两个地区有很多共同之处。我只在军事法庭的记录中找到了四次致命决斗的记录，虽然非致命的决斗可能已经被或者曾经被隐藏了，但非致命决斗也不是很多，因为在阅读大量回忆录和日记时，人们没有发现这些文字记录提到其中的一起决斗。奇怪的是，当决斗案件出现在军事法庭，人们总会发现，虽然毫无疑问，A上尉或B中尉已经死了，但没有确凿的证据证明他是被C或D杀害的。C和D也因在相同的情况下决斗受到审判[①]。显然，对决斗的审判是一场严肃的闹剧。但事实仍然是，决斗并不频繁出现，并且决斗者身上都留下了糟糕的印记。好的指挥官会费很大的劲阻止一场由于餐桌上的争吵而发生的决斗，尽一切努力使一方或双方为在愤怒中或喝醉酒时说的话道歉[②]。

伊比利亚半岛军队的团级军官往往是一个很奇怪的团体，可能有一位二十六岁由于购买军衔或因某些相关利益迅速晋升的中校，还有五十岁甚至六十岁的上尉，我在第七十六团找到了一位已经达到六十岁的军官的相关记录。在每个级别名单的最前方，可能有几个邪恶和令人感到失望的人，只能等待在行动中导致的伤亡人员带来的晋升，因为他们永远不希望通过购买军衔来获得晋升。尽管如此，在这种情况下，可能发生的争斗似乎并不像预期的那么多，也没有那么激烈。在大多数情况下，这种仇恨针对的是体制而不是个人。尽管有时也会被记录下来，但看到一个团体分成对立的小圈子是十分例外的现象[③]。唯一的事实是，有人总有机会因战功获得晋升，这是对某些特别英勇行为的奖励，并且这种机会经常出现，虽然威灵顿公爵阿瑟·韦尔斯利偶然会由于在公文中提到或没有提到一些军官而令人费解。在巴达霍斯城堡将法兰西第一帝国国旗扒下来的中尉，被托马斯·皮克顿中将派往总司

① 请参阅《威灵顿公爵阿瑟·韦尔斯利一般命令》中1910年4月23日和1812年7月16日的实例。——原注

② 亚历山大·迪克森：《亚历山大·迪克森文集》第622页和第623页中有一个很好的例子，亚历山大·迪克森让一名军官认为他是在“醉酒时刻被背叛”才说出侮辱性话语，另一个人说他回击的话是“在极度激怒和激情的时刻”说出来的。双方都对道歉很满意。——原注

③ 一个伊比利亚半岛营级作战单位的一系列军事法庭向我们展示了这样的画面，一方是高级上校，另一方是两名少校。前者起诉少校贪污，但与此同时，后者声称上校在战斗中怯懦。最终，骑兵卫队将所有军官分散到不同的军团，作为结束仇恨的唯一途径。——原注

令威灵顿公爵阿瑟·韦尔斯利那里，受到威灵顿公爵阿瑟·韦尔斯利的感谢，并且被设宴款待，但几年后，这位英雄仍然是一名中尉，尽管托马斯·皮克顿中将发出强烈的抗议[①]。事实上，我们有几十个这样的例子可以引用。

对法兰西第一共和国战争初期，英军对军官的专业培训并不存在。英国没有设置军官培训机构，一名军官的所有军事知识都必须在团总部通过战斗实践获得。对军官培训进行的一项重要改进是，1801年12月，英军在海威科姆设立了皇家军事学院，供培训年轻军官需要。随后，1802年5月，英军设立“初级部”，“指导那些从早年就打算从事军事方面职业的人”。这是桑德赫斯特学院的前身。1811年，“初级部”转移到桑德赫斯特，接受最小年龄为十三岁的男孩作为学员。它的第一任总检察长是法兰西第一共和国流亡者杰里，我们得益于他1804年的“轻野战步兵指令”，约翰·勒·马尔尚上校担任“副总督兼总监”。约翰·勒·马尔尚是一位杰出的骑兵军官。1812年，在萨拉曼卡战役危急时刻期间，他指挥一个旅。当时，他刚刚发起了一次决定性的冲锋。伊比利亚半岛战争爆发时，伊比利亚半岛军队中毕业于专业军校的军官已经很多了。

法军将军马克西米利安·塞巴斯蒂安·富瓦是一名证人，他的权威很难被质疑，因为他勉强承认了这一点，即大多数英国军官都是很优秀的[②]。我们越多地研究详细记录，我们就越愿意承认英军获得马克西米利安·塞巴斯蒂安·富瓦的赞扬是当之无愧的。效率低下的军官很少——由于数量太少使对手甚至没有注意到他们。战场上的不当行为是很罕见的，在由于其他罪行被拘留的数百人中，几乎有一半人员由于涉嫌懈怠而有在军事法庭的出庭记录。有相当数量的军官由于酗酒、“值班时无能”，或者打架等原因被解雇，少数人由于财务违规被“解雇”。但就通过在英国国内肆无忌惮地施舍恩惠并被扔进某个团的毫无前途的士兵而言，这些士兵的人数少得可怜。有明显数量并赢得一个特殊名字的失败阶层是“Belemites”，这个名字由位于里斯本郊区的贝伦修道院的预备部队而来。这是所有由于疗养或休假而不在前线的军官的总部。由于徘徊在界限之外的地方，在贝伦修道院的预备部队待

① 见希顿·鲍斯特德·鲁滨逊：《托马斯·皮克顿爵士的回忆录》，第2卷，第121页到第122页。——原注

② 这封信印在《军事生活》，第98页。——原注

了很长时间，那些不太渴望返回他们原来效力兵团的少数军官得到了这个绰号。威灵顿公爵阿瑟•韦尔斯利偶尔会命令里斯本的军事长官沃伦•马杜克•皮科克上校搜查这个小圈子。在这个小圈子里，总有一群人并不十分渴望回归战斗的艰苦生活，并且热衷于里斯本的赌博和其他肮脏的乐事[①]。偶然在一般命令中出现关于这些军官的告示是十分令人惊讶的，人们不会想到这些军官甚至可以得到一份佣金。例如，“里斯本的指挥官，或者第八十八团的某位少校可以发现任何驻地的指挥官，都很乐意逮捕该军官。然后，他们让这名军官加入自己的团，数月不得休假。去年10月20日以来，该军官一直在葡萄牙，没有向指挥官报告，也没有与其指挥官沟通。”[②]

有时生气的时候，威灵顿公爵阿瑟•韦尔斯利写道，好像他的大多数军官都很懒散且不服从命令。这类军官的确存在，但正如一位熟悉威灵顿公爵阿瑟•韦尔斯利的人说的那样，“通过长时间行使绝对的权力，他已经不能容忍任何轻微的挑衅，任何违反纪律的行为，无论其范围多么有限，都会使他对全军大发雷霆。因此，一般命令屡见不鲜，尽管在本质上，一般命令是不公正的，但由于少数军官的不当行为，在他手下服役的所有军官都受到谴责。实际上，军官们对其职责一无所知，普通士兵比乌合之众好不到哪去”。[③]

然而，逃避职责和声名狼藉的军官，毕竟十分罕见。在该军官所处的团中，他周围轻蔑的气氛足以令他在忍受了或长或短的时间后递交辞呈，时间长短视该军官脸皮薄厚而定。对一个只爱争吵和行为举止不绅士的人来说，团内的舆论并不那么犀利。但即使对酒鬼的容忍，伊比利亚半岛大军也是有限度的，当面对对手或成为军事指挥官时，醉酒总是致命的。

在整个伊比利亚半岛战争期间，有明显比例的军官是从普通士兵中得到晋升的。立功服役，表现出良好的作战能力和勇气，通常会使中士晋升为少尉。一个大家都记得的例子是，在科鲁尼亚撤退中，第四十三团的纽曼中士将从卢戈到贝坦索斯

① 请参阅《威灵顿公爵阿瑟·韦尔斯利一般命令》中的标题“里斯本”，第206页和第207页。——原注

② 《威灵顿公爵阿瑟·韦尔斯利一般命令》，福睿恩达，1811年12月4日。关于这位军官有逃避倾向的逸事，见威廉·格拉顿中尉的《康诺特别动队冒险》第二辑的第27页到第36页。最终，这名军官被解雇。——原注

③ 乔治·格雷格：《威灵顿公爵阿瑟·韦尔斯利回忆录》，第303页。——原注

弗雷德里克·亚当

行军中的掉队人员团结起来，击退了追赶的法军龙骑兵。另一个例子是第八十七团第二营的马斯特森中士。在巴罗萨战役中，他缴获了法军的军旗。我们还可能会引用更多例子，尽管其中没有一个例子比一名没有在伊比利亚半岛服役而参加过当时印度战役的军官更引人注目，这名军官就是著名的约翰·希普。他曾由于两次出奇大胆的行动而被委以重任。1805年，约翰·希普在对婆罗多布尔的围攻中赢得了他在强击队中的第一次勋章。后来，由于粗心大意的生活，他被调走。在1815年的第一次古尔卡战争中，他作为一名士兵加入另一个团，并且再次由于与一名尼泊尔酋长的一次战斗获得晋升。在第二次晋升机会中，约翰•希普动用了更多智慧。他当了很长一段时间的军官，当继续领取半薪时，他成为利物浦的首席警官。约翰•希普的自传是一部朴实有趣的作品，值得一读。

当一个团在战场上大显身手时，威灵顿公爵阿瑟•韦尔斯利经常指示其上校推荐一名中士获得晋升。例如，轻型师的三个营都是在布萨科战役取得光辉胜利后这样做的。然而，威灵顿公爵阿瑟•韦尔斯利并不赞同这种晋升制度，认为这是一项十分特殊的措施。在他与菲利普•斯坦诺普伯爵的谈话中，我们发现一些他对老军官措辞十分严厉的评价："他们的本性会露出来，你永远也不能完全信任他们。"[①]这尤其表现在喝酒的问题上。这似乎是威灵顿公爵阿瑟•韦尔斯利贵族式偏见的典型例子，但他的话不无道理。被提拔的士官的职位当然很难得到，一个才情出众的人才能好好利用这个职位。一般来说，他们会从事发薪官、招聘人员、营房管理员或类似职位的工作。但他们中的许多人都是高效而有用的副官，作为统帅，他们通常是不成功的。我见过一人获得正式上校军衔，两人幸运获得少校军衔。显然，军衔购买制度对他们的压力很大。没有私人资源，他们就不可能购买军衔，并且升到少校一级军官后，他们几乎总是以半薪的方式工作，或者以某种民事或半民事的身份寻找工作。

关于军官的装备、行李、马匹和骡子及雇工，我们将在另一章中提到相关信息。在这里，我们将军官作为团组织的一个部分来处理。

① 菲利普·斯坦诺普伯爵：《与威灵顿公爵阿瑟·韦尔斯利的谈话记录》，第13页和第18页。——原注

第 12 章

伊比利亚半岛军队团的内部结构：士兵

精彩看点

英军士兵的来源——民兵——新兵——招募的有犯罪前科的士兵——士兵习惯性的犯罪因素——“不受欢迎的绅士”——中士的作用

一个人如果想详细了解《亚眠和约》破裂后，英国政府为使其庞大的军队全员齐备进行的许多尝试，那么必须研究约翰•威廉•福蒂斯丘令人赞叹的几部著作。在这里，我们只关心1809年到1814年盛行的使英军全员齐备的方法，这些方法成就了威灵顿公爵阿瑟•韦尔斯利不可战胜但往往被削弱的营级作战单位。实际上，这些营在萨拉曼卡战役和图卢兹战役及在塔拉韦拉战役和布萨科战役中都取得了胜利。

在伊比利亚半岛军队中，属地名称制度几乎在所有团盛行，但在大多数情况下，地方名称与士兵们的来源没有十分密切的关系。有一定数量的团其实是全国性的，例如，大部分高地营和几乎所有的爱尔兰营，其士兵主要来自苏格兰高地和爱尔兰。即使在第七十九团或第八十八团，也有少量的英格兰新兵。在第七十一高地轻型步兵团或者第九十珀斯郡志愿军团①等名义上的苏格兰团中，英格兰士兵和爱尔兰士兵占有很大的比利。同样，几乎所有名义上的英格兰团都有大量爱尔兰士兵和一些苏格兰士兵。在一定程度上，出现这种情况的原因是，尽管这些军队在驻地招募新兵，但经常被允许派遣士兵招募团队前往伦敦、布里斯托尔、利物浦、格拉斯哥或都柏林等大城市进行募兵工作。更重要的原因是，一大半新兵不是通过以往的

① 当第九十团于1794年成立时，七百四十六名士兵中，有一百六十五名英格兰人和五十六名爱尔兰人——不到总数的三分之一。亚历山大·马林·德拉瓦：《第九十团史》，第3页。在滑铁卢战役中，第七十一团的士兵中有八十三名英格兰人和五十六名爱尔兰人。——原注

正常程序招募来的，而是通过民兵志愿者的形式进入军中的。实际上，这一制度并没有试图将希望加入正规军的民兵们的选择局限在他们所在的地方团。例如，没有什么比发现一百名国王县民兵加入第三十一团或亨廷登郡团更常见的事情了。1808年，第七十七团或东米德尔塞克斯团从印度返回欧洲。在前往伊比利亚半岛前，第七十七团完成了从第一西约克、南北梅奥、北安普顿到南林肯民兵组织的招募工作，但没有从米德尔塞克斯民兵那里招到一名士兵[①]。在类似情况下，什罗普郡郡团，即第五十三团被允许招募民兵志愿者时，确实从自己所在县的民兵组织中招募

什罗普郡郡团士兵

① 伍尔赖特：《第七十七团史》，第29页。——原注

到九十九名民兵，但从多塞特郡、东约克郡和蒙哥马利等地招募了一百四十四多名民兵[①]。1808年，前往葡萄牙前，第八十一团或皇家林肯团在都柏林、国王县、南德文郡和蒙哥马利民兵组织等处完成了新兵招募工作。这样的实例有很多。任何英格兰团都能容纳来自其名义区的大多数士兵，这是很罕见的，并且英格兰团中有五分之一甚至四分之一的爱尔兰士兵。

无论怎样夸大这一士兵招募制度对伊比利亚半岛军队带来的好处，都不为过。这种士兵招募制度是时任英国战争和殖民地事务大臣卡斯尔雷子爵罗伯特·斯图尔特的发明，使在招募的新兵中，民兵占据很大的比例[②]。新招募的士兵都会被分配到一支多年来一直处在武装状态下的军队，经历至少十二个月的训练。民兵通常训练有素，但缺少作战经验。实际上，他们比以其他方式招募的新兵优秀得多。常驻民兵是各县通过投票方式组建的，但这一机制获得的是军队替代者，而不是负责人。由于被迫在英格兰服役多年，许多民兵自愿进入前线。他们通常热爱冒险、不喜欢英格兰或爱尔兰乏味的乡村小屋[③]，必须补充的是，民兵加入正规军也是因为经不住从十六英镑到四十英镑不等的巨额赏金的诱惑[④]。

西班牙出现了许多团，团中“到处都是没有经验的民兵，有时他们的背包还别着旧式民兵的徽章”。与不合格的新兵不一样，他们的军事素养不错，因为1808年到1814年的民兵不是一个在一年中的一个月内被征召短期服役的群体，而是一个常设机构。实际上，他们是野战军的第二线。没有人被允许加入正规军，除非他在当地兵团服役满一年。一个团必须得到现役的征兵，这是能获得的最好的士兵。当然，一支急匆匆招募满大批士兵的军队需要一点时间来整顿，但吸收相应数量的普通

① 威廉·罗杰逊：《第五十三团史》，第35页。——原注

② 约翰·威廉·福蒂斯丘：《英军史》，第6卷，第180页到第183页。——原注

③ 引用第七十三团《莫里斯自传》中一条有趣的解释性说明。“民兵队伍将被列入队伍中，需要志愿者的团军官们会对他们的团赞不绝口，描述他们获得的胜利及他们获得的荣誉，最后提供奖励。如果这些诱惑对士兵们没有作用，那么他们就会采取强制性措施。民兵上校将进行沉重和长时间的训练和野外演习。这些十分烦琐且令人窒息的训练会使许多民兵接受替代方案，并且自愿成为正式士兵。”（第13页）——原注

④ 一位精明的苏格兰人以一种爱国主义、冒险精神和与精明相结合的方式对志愿服务做出解释。“在民兵中，我冒着生命危险，但我未来不太可能获得养老金。在定期服役中，在国外冒着生命危险比在家里遭受贫穷或者辛苦劳作更好。”詹姆斯·安东：《军事生活回顾》，爱丁堡，1841年，第39页。——原注

新兵需要更长的整顿时间，因为新兵既没有经过一整年的训练，也不习惯整个团的日常生活。此时，预备部队的管理似乎很松懈。在许多情况下，这是由于军官和中士的退役和无法继续服役，或者由于他们渴望在前线逃避服役造成的。

另一批新兵来到伊比利亚半岛，填补了前线一个营中永无止境的士兵缺口。从整体上讲，他们的军事素养比民兵还差。他们是征兵中士招募来的新兵，包括焦躁不安的人、被红色军装吸引的人、厌倦犁耕的乡村小伙子或徘徊在失业边缘的城镇小伙子。对他们来说，填饱肚子是一件稀罕的事。我们了解过逃跑学徒，他们逃离了一位严厉的主人[①]。我们也读过村民罗塞里奥斯的自传，那里的学徒及时逃避了纠葛[②]。此外，还有因无法忍受父亲严厉态度的儿子和无法忍受继母的继子渐渐涌入军中。在新兵中，更多的是由于骚扰和殴打，或者因为一些使教区闹得沸沸扬扬的乡村恶作剧而被警察“通缉”的粗暴的人。我见过的最奇怪的征兵事例是爱丁堡一位值得尊敬的商人家族的儿子参军的事例。这名商人的儿子对1808年到1815年第七十一团命运的描述是所有士兵传记中最好的一部。这名一心想在舞台上崭露头角的年轻人，口袋里有一点钱，经常带着一条横幅在皇家剧院演出[③]。最终，他的雄心壮志到达顶峰。一位友好的经理给了他一个短暂上台表演的机会，他得以在一次表演中饰演一个角色。他邀请所有的朋友来看表演，但当登上舞台时，他突然怯场，站在观众面前沉默着。他听到了笑声和喊叫声。于是，他穿着演出服装，带着妆容直接逃离舞台，跑到詹姆斯•利特爵士那里，随后与第七十一团的一名中士一起入伍。当晚，他们出发驶向南方。任何事情都比第二天早上面对朋友们的嘲笑要好得多，因为他曾向朋友们吹嘘自己威风凛凛，但他的朋友们已经看过他的表演[④]。

新兵都拥有良好的品质。从罪犯或半罪犯阶层招募的新兵中，有一个低得多的阶层，他们被提供给志愿者的巨额赏金吸引到军队中，但一般是为尽快再次离开。这类新兵不但有偷猎者、走私者和街头暴徒——地方当局为这些人提供了入伍和

---

① 看看第二十团威廉·劳伦斯中士的有趣叙述和他两次逃离他的石匠雇主的经历。——原注

② 参见菲利普·斯坦诺普伯爵的《与威灵顿公爵阿瑟·韦尔斯利的谈话记录》，第13页。——原注

③ 可见，他无疑是位超级演员。——原注

④ 参见约翰·康特斯布尔：《后期伊比利亚半岛战争纪念》，第1卷，第25页第七十一团T.S.的日志。——原注

坐牢两种选择，还有扒手、工匠和拦路贼，他们使伦敦或其他大城镇变得过于受欢迎。他们往往被征召。通常，他们打算开小差离开，并且在可能的情况下，“寻找另一份赏金”。但当中士发现他们招募了一名狡猾的士兵时，常常会变得目光犀利。与此同时，躲躲闪闪的新兵常常会发现自己被锁在堡垒里严加看管，并且在有机会潜逃前，被运到西班牙。“国王的特卖”的数量在不同的团之间有很大的差异，但权威人士西顿男爵约翰·科尔伯恩说，一个营如果没有五十个无可救药的坏人物、酒鬼、掠夺者、散兵、逃兵和真正的罪犯就是幸运的，因为他们“既不受惩罚也不受任何纪律的约束。招募制度是有缺陷的，从根本上说是糟糕的”。[①]就是这类人渣，虽然只占伊比利亚半岛军队士兵中的一小部分，但总在有恶作剧时，如农民被洗劫或教会被掠夺时，浮出水面，并且为军事法庭提供了审判的主题，吸引了元帅们的大部分注意力。真正的人道主义军官及知道他们在谈论什么的士兵一致表示，伊比利亚半岛军队中存在一群只有用鞭笞才能控制的人渣。

在极其贫困或面临诱惑时，这一小部分无可救药之人的不端行为有时会发展到很大规模的抢劫和骚乱。在令人憎恶的狂欢中，如洗劫巴达霍斯，或者在罗德里戈城和圣塞巴斯蒂安发生的规模较小但不光彩的骚乱中，这些罪犯开始了闹剧，并且人数更多的醉汉也参与到闹剧中。暴徒们一旦喝了酒，就会做出任何肆意的恶作剧或残忍的行为。威灵顿公爵阿瑟·韦尔斯利不止一次抱怨说，他手下最鲁莽和最难以控制的士兵就是新加入的爱尔兰士兵。喝醉酒后，他们似乎变成不负责任的疯子。实际上，新招入的爱尔兰士兵没有经过足够的军事纪律训练，并且没有养成服从的习惯。从威灵顿公爵阿瑟·韦尔斯利那些默默无闻的下属的日记偶然得到的证据中，我完全可以相信这一点。我在一名士兵的日记中读到描述军官和中士从卡舍尔到迪尔招募一大批爱尔兰新兵有多难的内容，读起来像是一场噩梦[②]。作为对英国罪犯的一个旁白，我可以引用这样一个事实。在浏览了1809年到1814年期间军事法庭的全部记录后，我发现，把对军官、非战斗人员和外国辅助

① 穆尔·史密斯：《西顿男爵约翰·科尔伯恩传》，伦敦，1904年，第396页中西顿男爵约翰·科尔伯恩的标注。——原注

② 哈里斯：《步枪手哈里斯》，第10页到第16页。——原注

人员的所有审判[①]搁置到一边后，拥有爱尔兰姓名男子的比例明显超过正常的比例，但苏格兰士兵的比例低于这个比例。前者被审判的罪行一般是开小差和暴力、掠夺或虐待农民[②]。

习惯性犯罪的案例在这一系列的法庭上表现得很明显，比如习惯性入室行窃、抢劫前往军队金库的车队或军官的私人财产及盗窃教堂牌匾，这样的案件屡见不鲜。因此，违法行为通常会受到死刑惩罚，因为威灵顿公爵阿瑟·韦尔斯利很少赦免职业窃贼，尽管他有时会通过明智的鞭笞将逃兵放走。但对军队最底层最奇怪的印象来自威廉·弗朗西斯·帕特里克·内皮尔在其著作《伊比利亚半岛战争》第五卷中记载的奇闻逸事。1813年到1814年冬，由于法兰西第一帝国的农民拒绝接受威灵顿公爵阿瑟·韦尔斯利提供的纸币或金币，威灵顿公爵阿瑟·韦尔斯利决定建立自己的铸币厂。这种铸币厂将融化西班牙和葡萄牙的银币，并且以五法郎的形式重新铸币。威灵顿公爵阿瑟·韦尔斯利私下向上校发出呼吁，要他们为自己找到伊比利亚半岛中所有专业铸币人员。上校们在圣让·德吕兹聚集了多达四十人。在专业铸币人员的帮助下，威灵顿公爵阿瑟·韦尔斯利铸造了大量钱币，还仔细地检查铸造的钱币的重量和纯度是否准确[③]。

我们偶然也会在伊比利亚半岛军队的团级作战单位中找到这样一位绅士。他通常是一个“不受欢迎的人”，由于与一个拒绝为他做更多事情的家庭发生了可耻的争吵，才应征入伍。持续酗酒、赌博或撒谎是使他崩溃的常见原因——而不是不幸或赤贫。他偶然能振作起来，成为一名优秀的士兵，并且最终能接受委任。但更多时候，他会陷入一个顽固的醉汉或罪犯的状态。第九十五团的威廉·瑟蒂斯在一个有趣的章节中给出了他认识的这类士兵中四人的传记[④]。其中第一个人多年来表现良好，并且当了几年发薪官。随后，他突然变得花天酒地，盗用了连队的公款，并

① 最后一次几乎总是为了审讯逃兵。——原注

② 在《与威灵顿公爵阿瑟·韦尔斯利一般命令》印刷的私人军事法庭记录的二百八十次审判中，我找到了八十个爱尔兰名字，还有更多也可能是爱尔兰人名，但我只见到二十三个苏格兰人名。在伊比利亚半岛军队中，爱尔兰士兵的数量是苏格兰士兵数量的两倍多，但肯定没到四倍。——原注

③ 另见菲利普·斯坦诺普伯爵的《与威灵顿公爵阿瑟·韦尔斯利的谈话记录》，第6页。——原注

④ 威廉·瑟蒂斯：《在步兵旅的二十五年》，伦敦，1881年第47页和48页。——原注

且在接受调查时自杀了。第二个人总处在磨难中。后来，他因叛逃投向法军，但最终幸运地被判终身奴役而不是死刑。第三个人，“总是过于狂野”，曾被任命为下士，但不适合担任这种或任何其他级别的职务。第四个人处在一种特殊的情况下，作为一名退休中尉，他没有朋友或经济来源，曾作为一名纯粹贫困的士兵入伍。他是个堪称楷模的人。不久，他成为上校的秘书或私人办事员，表现得很出色。最终，他恢复了原来的军衔。

一个伊比利亚半岛军队的团级作战单位的兵力取决于其从家乡营或预备部队里得到的补给是否有规律。从斯皮德启航时，每支舰队载有大量小分队，从几十人到一百多人不等，由新公布或休完病假返回的军官负责。除非天气将每个人的不适和无助降到同样的程度，否则船上经常会发生争吵。争吵不但在普通士兵之间发生，而且在负责运送小分队的年轻军官之间发生。愤怒地比较任命的确切日期后，军官们解决了泊位选择的优先问题。在处理运输船的问题上，两个负责分遣队的少

斯皮德的英军舰队

尉往往不和，这种不和一般会在前往里斯本的整段航程中一直存在。军官们的士兵兴高采烈地参加了争论。对在船上发生的频繁争吵，军事法庭上有一些荒谬的说法：争吵有时以斗殴和“官员和绅士不得体的行为”告终。

当一支分遣队抵达里斯本时，负责分遣队的军官通常是一个十六岁的小伙子。他不得不将分遣队带上陆地，或许他还要走二百多英里的山路。军官和士兵都不懂葡萄牙语，也不懂农民的举止、规矩、偏见或食物。他们在不断的错误和误解中前进。每一次征兵都会招募一定数量不受欢迎的人，甚至罪犯。因此，负责将分遣队安全送到前线的年轻军官发现自己不断与当地人发生争执，自己也往往在最后到达总部时被捕。我们只能同情这些不幸的年轻人，他们有人将一支由四十人组成的分遣队运送到目的地时只剩下二十九人。另一人发现二十人中有十四人私下里将他们的新毯子丢了[①]。管理征兵的唯一办法是依靠一两名中士，但如果中士们也是懒汉或酒鬼，那么他们的上司管理征兵就不顺利了。试想一下，少尉把他的一名士官抛在身后，去找脚酸的士兵，发现没人到达兵营，返回时却发现他的中士喝醉酒，并且在大路中间打呼噜[②]。能否成功地为一个营征兵是对下级军官品格和能力的大考验。

士官的责任不能夸大。成为中士很容易，要保证他们的素质却不容易。由于勇气或敏捷的身手被提拔的人往往不得不再次被降职，这种情况屡见不鲜，因为这些人有一些令人失望的缺点——酗酒[③]。最普通的一种军事法庭就是针对士官的法庭，士官们纵容手下并从中获利，当农民被洗劫，或车队里食物、鞋子、衣服减少时，他们被收买并被要求保持沉默。要处理士官很难，因为需要他证明发生了什么事，但他假装什么都没看到。降低军衔的案例很多，并且当在中士的包里发现了部分犯罪证据时，中士们经常会挨鞭子。

然而，也会有理想型的中士，当我们发现他时，他就是块无价之宝。他必须是

---

① 当然，这两人都移交军事法庭审判，参见《威灵顿公爵阿瑟·韦尔斯利一般命令》，第7卷。——原注

② 这起事件在F.门罗的未出版的信中，他在世的亲属将信借给了我。——原注

③ 在这方面，威灵顿公爵阿瑟·韦尔斯利的一个尖刻的概括是：“卫兵的士官们每天定期喝醉一次，即在每天20时。随后，他们很快就上床睡觉，但他们总是先完成被吩咐做的事情。”——菲利普·斯坦诺普伯爵：《与威灵顿公爵阿瑟·韦尔斯利的谈话记录》，第18页。——原注

一个有教养和富有责任感的稳重的人，他既不能容忍其部下犯严重的错误，也不能永远监视他们，每分每秒都向少校报告他们的违纪行为。机智和执行命令的能力一样必要。最终，遭到欺凌的中士会被他一直在骚扰的人抛在困境或进退两难中，但体贴的中士会获得士兵们的忠诚，而不是单纯的服从。

所有士官中最重要的是上士，关于这一职位，我只能引用一位高地士兵的话，即他比大多数“军士”更喜欢哲学论调①。

“上士身负一项艰巨的任务。在他承担或应该承担的所有由团安排的任务中，这项任务是最忙碌的。”当然，他的上校认为他是一个值得称赞的人。然后，他的上校才任命他到一名士官能达到的最高级别的职位上。此外，由于人们经常认为有必要就该团的内部经济问题征求他的意见，如果他有任何才能，那么这些才能肯定会被看到或被激发出来。幸运的是，这个团有一名好上士。他的军衔并不能使他凌驾于其他军士之上。他个人的行为是影响其他军士行动的手段。他告诫其他军士不要忍受不公正的压迫，但他不会因为指出需要采取强制措施的案件而退缩。他建议提拔有志于晋升的人。他的指挥官很少被投诉困扰，因为他能使投诉者和被告满意。没有任何唯利是图的动机驱使他调和分歧，他的双手从来没有沾染过下属的礼物。对不熟悉上士具有的影响力的人来说，这似乎是夸大其词。但对我来说，这似乎是一个事实。我说的不是一个团，而是许多团的情况。另一方面，在上校不知情的情况下，上士在军队中可能是一位小暴君。在上级看来，上士不必要的压迫行为可能是值得称赞的热诚，他的严厉可能是值得奖励的……如果指挥官拥有一种容易服从，或者一种令人厌恶、傲慢、事不关己高高挂起的态度，而通常副官又不太了解情况的话，那么在任何情况下，指挥官都会征求上士的意见。有人问上士对性格的看法，他可以随意说出自己的想法或伤害别人的自尊，因为谁会被找来反驳他？简而言之，在士官和上校之间，对士兵的不良行为，上士比这个团所有的上尉和中尉都有话语权②。

军士和士兵之间必然有一个明显的差距。士官们齐心协力，形成了自己的团体。

---

① 看詹姆斯·安东，第四十二军团，即苏格兰高地警卫团的《军事生活回顾》，爱丁堡，1841年，第239页和第240页。——原注

② 詹姆斯·安东：《军事生活回顾》，爱丁堡，1841年，第57页和第58页。——原注

“骄傲和礼节”使他们无法加入普通士兵的行列。一位为当之无愧的晋升感到自豪的老兵写道：“曾经加入中士行列的人被排除在其他团体之外。”[1]与下级很熟络的士官一般是从士兵的恶行中获利的人。总有一天，他们会因与下级分享财物或纵容下级的恶行被判有罪。

① 《第五步兵团莫利中士的回忆录》，第101页。——原注

第 13 章

伊比利亚半岛军队附属组织：德意志士兵和葡萄牙士兵

精彩看点

伊比利亚半岛军队中的两类外籍军队——早期对抗法军的外籍军事组织——英王德意志军团的组建——英王德意志军团士兵的构成——英王德意志军团士兵的后期补充——不伦瑞克·奥尔斯猎兵团士兵的组成——难以管理的不列颠猎兵团——愤怒的法兰西军官——另外两支德意志军队——葡萄牙王国军队的规模——葡萄牙王国军队的征兵方式——威廉·贝雷斯福德子爵对葡萄牙王国军队的管理——葡萄牙王国军队的战绩——葡萄牙民兵的表现

在协助组成伊比利亚半岛军队的两类国外军队中，一类是当时英国军事机构不可分割的一部分，另一类是由威灵顿公爵阿瑟•韦尔斯利部署的一个盟国特遣队。随后，威灵顿公爵阿瑟•韦尔斯利将第二类军队与葡萄牙王国的军队合并，但这类军队仍然保持了自己的民族特性。

我们必须先解释第一类国外军队，然后才能解释第二类国外军队。英王乔治三世的政府仿照英军的旧例，从美国独立战争开始，就开始花钱雇用一批国外军队。他们是汉诺威王室的支持者，查塔姆伯爵威廉•皮特在其脾气暴躁的青年时期曾猛烈地抨击汉诺威士兵，汉诺威士兵也是在美国独立战争中有显赫贡献的黑森士兵的接班人。

早期组建并与法军抗争的国外军队主要由瑞士人或法兰西第一共和国的保王党成员组成。1809年，大部分外国军队都消失了，幸存下来的外国军队大多数都在地中海或其他地方执行驻军任务①。威灵顿公爵阿瑟•韦尔斯利从来没有指挥过他们。他指挥的国外军队几乎都由德意志人组成，这些军队是在《亚眠和约》破裂后组建的。

外国军队中，人数最多的团是令人钦佩的英王德意志军团，其历史是由拉德洛•比米什以极大的谨慎和热情写成的。现在，在伊比利亚半岛作战的德意志士兵

---

① 幸存下来的团是夏尔-达尼埃尔·德·默鲁、罗勒、狄龙和路易·德·瓦特维尔的团。——原注

英王乔治三世

查塔姆伯爵威廉·皮特

美国独立战争中的黑森士兵

还活着。他们既是汉诺威选帝侯国军队的合法代表，又是参加过奥地利公国继承战争和七年战争中许多战役的英军士兵的同事。1803年6月，拿破仑·波拿巴入侵汉诺威，带领特雷维斯公爵爱德华·莫尔捷的军队占领了汉诺威。然而，组成选帝侯常备军的一万五千士兵无法进行有效的抵抗。根据1803年7月5日的《劳恩堡公约》，常备军的士兵放下武器。这份公约解散了常备军，并且允许其军官和士兵前往他们希望前往的地方，但条件是，他们不得携带武器反对法军，除非他们与落入英国政府手中的法军军官或士兵进行交换[①]。

特雷维斯公爵爱德华·莫尔捷

① 这一附带条件既没有提交，也没有得到英国政府的批准，英国政府拒绝这一附带条件。在后来许多关于交换战俘的争论中，拿破仑·波拿巴总是找到一个很好的借口中断谈判，因为他认为英王德意志军团的四千名或五千名汉诺威士兵才是需要交换的人。——原注

汉诺威军官中最优秀、最忠诚的成员一开始就前往英国，并且到了1803年年底，很多汉诺威军官不断涌入英国。接下来，汉诺威的士兵们很快开始大批跟随其军官涌入英国。1803年8月组建了两个临时步兵团后，1803年12月，一个名为英王德意志军团的更大军事组织正式成立。英王德意志军团包括轻型和线列步兵、重型和轻型骑兵、炮兵和工兵。直到1804年，新的外籍作战部队迅速成立，其士兵主要来自汉诺威，但不完全来自汉诺威，因为新部队接受了德意志其他邦国的新兵。但英王德意志军团的所有军官，几乎所有中士，以及大部分普通士兵，都来自汉诺威旧选侯国。1805年1月，英王德意志军团已经拥有一个龙骑兵团、一个轻骑兵团、四个线列营、两个轻型营及五个炮兵连。

1805年11月，当查尔斯·卡思卡特伯爵的远征军驶向威悉河，为征战奥地利公国声东击西时，整个英王德意志军团都跟随他前往征讨奥地利公国的战场。几个星期的时间里，在奥斯特里茨灾难性的和平消息传来前，法军占领了不来梅、阿勒尔河畔的费尔登、施塔德和汉诺威城。和平消息传来和法军占领这几个地方的空当期，大批汉诺威士兵蜂拥到查尔斯·卡思卡特伯爵的远征军中。在他们当中，有的

奥地利军队与俄罗斯帝国军队在奥斯特里茨惨败。拿破仑·波拿巴接受其投降

是老兵，有的是以前没有服役过的志愿者。1806年2月，撤离汉诺威时，查尔斯·卡思卡特伯爵的远征军招募了很多新兵，使英军德意志军团扩展到十个步兵营和五个骑兵团。

查尔斯·卡斯卡特伯爵招募的新兵几乎是最后一批真正在军中服役的汉诺威人，因为当汉诺威选侯国被并入热罗姆·波拿巴的威斯特伐利亚王国时，汉诺威选侯国成为法兰西第一帝国系统的一部分。大量汉诺威人由于热罗姆·波拿巴的原因被征召进法军。此后，只有少数汉诺威士兵通过迂回方式成功到达英国，加入英王

热罗姆·波拿巴

德意志军团。1807年年末的哥本哈根远征期间，英王德意志军团在斯特拉松德和丹麦招募了一些优秀的新兵。当时，英王德意志军团在波罗的海待了几个星期。

1808年，英王德意志军团的营和中队中的一大半官兵被派往伊比利亚半岛时，这些士兵仍然主要是汉诺威人。同年，一个轻骑兵团，即第三团、两个轻型营和四个线列营，即第一营、第二营、第五营、第七营，抵达葡萄牙。其中只有两个轻型营和轻骑兵团与穆尔•史密斯爵士的军队一起行军，并且在穆尔•史密斯爵士灾难性的撤退后，这支军队重新起程前往英国。与两个德意志连一样，四个线列营也留在葡萄牙，成为1809年威灵顿公爵阿瑟•韦尔斯利的伊比利亚半岛军队的最初组成部分。1809年春，第一轻骑兵团加入英王德意志军团。前面提过的第一轻骑兵团被认为是葡萄牙最有实力的轻骑兵团，也是罗伯特•克劳弗德少将率领的轻型师的长期协作部队。

1811年春，在葡萄牙的英王德意志军团特遣队获得第二轻骑兵团和两个轻型营的增援。同年，在离开伊比利亚半岛约两年后，英王德意志军团在穆尔•史密斯爵士的陪同下返回伊比利亚半岛。1811到1812年冬，两个重龙骑兵团加入威灵顿公爵阿瑟•韦尔斯利的军队。因此，1812年年初，英王德意志军团的五个骑兵团中的四个团及十个步兵营中的五个营[①]在西班牙服役。但1812年年底，由于兵力减少，第二轻骑兵团被征召回英国。

此时，英王德意志军团的成员已经不可能都是真正的汉诺威人，汉诺威人曾是英王德意志军团初期的核心力量。与汉诺威选帝侯国的沟通完全中断后，英王德意志军团必须接受任何形式的德意志新兵。新兵中的许多人是来自英国监狱营地的志愿者，数千名拿破仑•波拿巴统领的德意志军人位于英国战俘集中营，其中只有一小部分成员是土生土长的汉诺威人。当然，他们中的大多数人不可能拥有英王德意志军团初期成员的忠诚和热情，他们是莱茵邦联各统治者的下属，并且这些统治者是按照拿破仑•波拿巴的命令行军的。新招的德意志士兵的素质很差，许多人入伍只是为逃避牢狱生活。他们一到前线就立即逃亡，对其他人正为之战斗的事业毫无兴趣。英王德意志军团成立早期，逃兵现象并不常见。但从1811年开始，英王德意志军

① 此时，第七线列营已经返回英国。——原注

团中的逃兵现象变得十分普遍，并且曾经十分罕见的掠夺及其他不当行为在军队中也开始变得普遍。伊比利亚半岛战争后期，任何种类的德意志新兵都很难招到，因此，波兰人、伊利里安人和欧洲其他地区的外国人[①]被征召，以填补不断缩小的英王德意志军团。此时，征兵情况变得更糟了。但优秀的汉诺威军官们仍能继续享受到伊比利亚半岛战争伊始由普通部队提供的良好服务，尽管此时这些普通部队已不像战争伊始那样忠诚英王德意志军团，特别是骑兵团，仍然是威灵顿公爵阿瑟·韦尔斯利最值得信赖的军队之一。1812年7月23日，萨拉曼卡战役结束后第二天，位于加西亚·埃尔南德斯防线的埃博哈特·奥托·乔治·冯·博克的重龙骑兵团展开进攻。正如人们说过的，这次进攻被马克西米利安·塞巴斯蒂安·富瓦认为是整个伊比利亚半岛战争中最辉煌和最成功的骑兵进攻。1814年和平后，所有杂牌军被解散，军官和土生土长的汉诺威士兵成为新的汉诺威皇家陆军的核心。1814年，英军的外籍士兵被遣散，这是1815年，英王德意志军团各营在滑铁卢战役中表现不佳的原因。在任何情况下，英王德意志军团各营的兵力都没有达到五百人。

1810年年底到1814年，英军的另一支外籍军队在威灵顿公爵阿瑟·韦尔斯利手下服役。这支外籍军队是始建于1809年的不伦瑞克·奥尔斯猎兵团，它的起源及历史与英王德意志军团十分相似。在瓦格拉姆战役期间，乔治三世的侄子不伦瑞克-沃尔芬比特尔公爵腓特烈·威廉在德意志北部的表现十分英勇。他带领一小群冒险家，一头扎进了热罗姆·波拿巴统治的威斯特伐利亚王国，并且在那里挑起了一场暴动。特别是在不伦瑞克-沃尔芬比特尔公爵腓特烈·威廉的不伦瑞克和卢嫩堡公国，当地数千名爱国志愿军加入他的军队，令威斯特伐利亚王国的军队遭受了一系列小规模失败。但最终，不伦瑞克-沃尔芬比特尔公爵腓特烈·威廉的军队被无数威斯特伐利亚王国的军队包围。他不得不冲向大海，在弗里斯兰海岸的布拉克，与追随自己的残余部队登上英国的船。英国政府立即提出让德意志难民为英军服役，并且将他们组建为不伦瑞克·奥尔斯猎兵团和轻骑兵团，其黑色制服仿照了威灵顿公爵阿瑟·韦尔斯利旧军队制服的样式。

① 在1812年到1814年英王德意志军团的逃兵中，我注意到戈莫夫斯基、梅洛夫斯基、席林斯基、乌特戈克、普罗金斯基、博罗夫斯基、费迪南多、潘德兰、科瓦尔祖克、马特伊维奇等奇怪而非德意志人的名字。——原注

不伦瑞克－沃尔芬比特尔公爵腓特烈·威廉与他的军队

不伦瑞克·奥尔斯猎兵团的核心成员原本很优秀，军官们来自德意志北部，大部分成员是普鲁士人，他们冒着生命危险参加了一场违背普鲁士国王命令的起义。因此，不伦瑞克·奥尔斯猎兵团的军官们无法回到普鲁士王国。此外，这支军队的普通士兵是由爱国志愿军组成的。但与英王德意志军团一样，离开德意志后，不伦瑞克·奥尔斯猎兵团再也找不到拥有优秀军事素养的新兵了，并且很快，它必须依靠英国监狱营里的囚犯维持存在，这些人可以通过服役免受牢狱之苦。显然，英王德意志军团获得了英国监狱营中素质最好的人员，而其中最糟糕的成员加入了不伦瑞克·奥尔斯猎兵团。不但德意志人，而且波兰人、瑞士人、丹麦人、荷兰人和克罗地亚人都被征召入不伦瑞克·奥尔斯猎兵团。因此，这支军队成为一支民族背景复杂的军队，逃兵事件屡次发生——有好几次是一群士兵一起逃走。1811年，军事法庭审判了十名不伦瑞克·奥尔斯猎兵团的逃兵，判处四人死刑，其他人鞭刑。虽然伊比利亚半岛战争中的各次战役，不伦瑞克·奥尔斯猎兵团的士兵表现出许多美德，但他们也有雇佣兵的所有恶习。对军官们来说，将手下的士兵团结在一起是一项艰巨的任务。实际上，在前哨的不伦瑞克·奥尔斯猎兵团的士兵根本得不到信任。但不伦瑞克·奥尔斯猎兵团仍然有枪法好的士兵和大胆的冒险家，并且配备了几个独立步枪连，威灵顿公爵阿瑟·韦尔斯利正是利用这几个独立步枪连增强了伊比利亚半岛军队各旅轻步兵的实力。

然而，英军的一个外籍士兵团比不伦瑞克·奥尔斯猎兵团还难以管理。这就是在法兰西革命战争早期，法兰西第一帝国保王党人组建的不列颠猎兵团。1801年，不列颠猎兵团加入英军。1811年春，不列颠猎兵团来到葡萄牙时，完全是从各类逃兵中招募新兵。不列颠猎兵团的逃兵问题比不伦瑞克·奥尔斯猎兵团的严重得多。不伦瑞克·奥尔斯猎兵团的士兵虽然民族背景复杂，但至少不是土生土长的法兰西人。然而，法兰西人确实是不列颠猎兵团中最重要的一部分。看一眼不列颠猎兵团中士兵的名字就可以知道，排在法兰西后面，这支军队士兵最重要的来源地是意大利。此外，不列颠猎兵团还有几名波兰士兵和一些瑞士士兵。在瑞士士兵中，有一些日耳曼人。不列颠猎兵团的军官们接受英国监狱营地的志愿者作为新兵，并且让法兰西人和意大利人加入不列颠猎兵团，这似乎成为一项惯例。德意志人加入英王德意志军团或不伦瑞克·奥尔斯猎兵团，一部分瑞士人加入了不列颠猎兵团，另一部分瑞士人加入路易·德·瓦特维尔的瑞士旧团。因此，不列颠猎兵团中波兰士兵和克罗地亚士兵随处可见。当时，一名自愿为英军服役的德意志囚犯可能出于爱国动机入伍，并且成为一名优秀的士兵。一名瑞士士兵、一名意大利士兵或一名伊利里亚士兵不会由于其逃跑举动受到很大的指责，因为他是被强行征召入伍，并且被派去为拿破仑·波拿巴作战的。但法军逃兵已经不再像1794年的流亡者那样，是一名法兰西第一共和国的老保王党。此时，不列颠猎兵团的逃兵要么是为有机会背弃自己的朋友而加入这支军队，要么随时准备为报酬或参与掠夺而与自己的同胞作战，丧失了爱国情操与道德。这两类士兵都有充分的代表性：在可能的时候，前者会逃向法军，因为他经常随身携带有价值的信息。后者属于最糟糕的雇佣军阶层，因为没有什么鼓舞人心的理由让他们对国家忠诚。就个人而言，在法军服役时，他们大多是受到其所在团成员诅咒的糟糕角色。

将逃兵与冒险者聚集在一起的这项不值得羡慕的任务落在了一群军官身上，这些军官几乎无一例外都是愤怒的法兰西第一共和国的保王党，是保王党的第二代移居者。他们将与拿破仑·波拿巴的战争看作是一场家庭恩怨。在拿破仑战争中，他们曾接受许多人的领导[①]，其目的是为路易十六的死、雅各宾派统治时期恐怖政策的暴行或基伯龙的屠杀报仇。带着对波旁家族一贯的忠诚和对新的法军生力军的个人仇恨，他们成为凶猛而绝望的士兵。他们对英军外籍雇佣军——这群民族背景复杂的军队严加管教，并且随意使用鞭刑。为让不列颠猎兵团成为一支高效的作战部队，来自法兰西保王党的军官做了其个人勇气能完成的一切工作。但他们无法阻止逃兵，也无法阻止军中频繁出现的不当行为。1812年10月5日，伊比利亚半岛战争中最令人震惊的军事审判开始，审判了不少于十八名不列颠猎兵团逃兵——两名下士及十六名士兵。除了两名士兵，受审判的其余士兵都是意大利人[②]。这只是一系列不断叛逃行为中比较严重的叛逃行为。不列颠猎兵团一接近法军防线就消失了，威灵顿公爵阿瑟·韦尔斯利有一个一成不变的命令，即永远不要将前哨交给不列颠猎

① 他们的许多亲属都在俄罗斯帝国、奥地利公国或西班牙王国的军队中服役。——原注

② 在另外两名逃兵中，一名逃兵是瑞士人，另一名逃兵是克罗地亚人。——原注

兵团。然而，作为一个作战机构，不列颠猎兵团没有不良作战纪录，并且曾参加过丰特斯-德奥尼奥罗战役和许多其他战役。这是其军官们热心工作的结果——这确实是一项出色的军事技能。

严格地说，以上是威灵顿公爵阿瑟·韦尔斯利麾下军队中的外籍军队。此外，还有两支外籍军队，尽管被编入英军，但实际上，它们是规模很大、兵力占优势的德意志军队。这两支军队是第六十团第五营，即皇家美国团步枪营和第九十七团。第九十七团是作为卡斯尔雷子爵罗伯特·斯图尔特的“梅诺卡团”成立的单营团，但1804年，作为“女王的德意志人”，它在英军中占有一席之地。无论是军官还是士兵，这两个营都不是纯粹的德意志营。在最初登陆葡萄牙的第六十团第五营的登陆人员名单上，有十八名德意志军官和十名英军军官[①]。弗朗西斯·德·罗滕堡上校是外国人，但其第二名指挥官威廉·加布里埃尔·戴维是英国人。伊比利亚半岛战争爆发时，在第六十团第五营的普通士兵中，英国士兵的比例还没有那么大，但随着伊比利亚半岛战争的进行，英国士兵的人数明显增加。来自英国和爱尔兰的新兵被征召入伍，这支优秀的军队不再像1812年或1813年那样，被糟糕的德意志新兵破坏。1814年，第六十团第五营从伊比利亚半岛返回英国时，只有九名德意志军官和十二名英国军官。我想该营士兵所属民族的比例也是这样变化的。当伊比利亚半岛战争结束后与第六十团第一营合并时，第六十团第五营中有四百名英国士兵和近三百名德意志士兵。

第六十团第五营是一支杰出的军队，它向伊比利亚半岛军队中许多旅提供的绿衣步枪连因其冷静、勇敢和令人钦佩的枪法受到普遍赞扬。除了1808年到1809年的一段时间，第六十团第五营很少出现逃兵。当时，第六十团第五营征召到一批来自葡萄牙让-安托什·朱诺军的新兵，但事实证明这些新兵并不令人满意。将第六十团第五营与不伦瑞克·奥尔斯猎兵团或不列颠猎兵团归为一类，绝对是对第六十团第五营的侮辱。

第九十七团是一个单营团，除一支只能与英王德意志军团以同样的方式征召德

① 戴维、伍德盖特、加里夫、安德鲁斯、麦肯齐、霍姆斯、林斯托、温、乔伊斯、吉尔伯特等无疑都是英国人的人名。见里戈上校的《第六十团第五营史》，附录一。——原注

威廉·加布里埃尔·戴维

意志新兵的预备部队外，没有其他后备军可以维持兵力。经过伊比利亚半岛战争两年的鏖战，第九十七团人数骤减。1811年，带着威灵顿公爵阿瑟•韦尔斯利的赞许，第九十七团被送回英国。随后，第九十七团再也没有回到伊比利亚半岛战争的前线，并且一直以兵力不足的状态待在英国国内。伊比利亚半岛战争结束时，第九十七团被解散。与第六十团第五营一样，第九十七团的成员并不只是德意志人。在第九十团的军官中，我们可以找到像卡特、比斯科、威尔逊、里昂这样的英国名字。第九十七团的上校和两个少校中，有一位是英国人，并且其普通士兵中有一部分不是德意志人。第九十七团在伊比利亚半岛战争的作战时间虽然很短，但十分杰出。

接下来，我们将讨论约占威灵顿公爵阿瑟•韦尔斯利作战力量五分之二的葡萄牙王国军队。在讲述威廉•贝雷斯福德子爵及伊比利亚半岛师的组成时，我们已经谈到葡萄牙王国军队在英军中的分配方式，但葡萄牙王国军队的内部机制仍有待详细说明。1809年，除了同年3月被让-德-迪厄•苏尔特元帅在波尔图切断的第二十一团，葡萄牙王国军队有二十四个步兵团，名义上每一个团各有两个营[①]。此外，葡萄

① 直到1811年，第二营才组建。——原注

牙王国军队还有在1808年到1809年组建的六个卡加多轻步兵营，以及十二个实力较弱的骑兵团。葡萄牙王国军队的炮兵分为四个力量不等的地方团，即里斯本团、波尔图团、埃尔瓦什团和阿尔加维团。葡萄牙王国军队还提供了九个或十个野战炮兵连，以及一些把守在埃尔瓦什、阿尔梅达、阿布兰特什、佩尼谢及许多其他小堡垒的守备连。此外，葡萄牙王国军队还有一个不正常的军团——忠诚的卢西塔尼亚军团。1808年，忠诚的卢西塔尼亚军团由罗伯特·托马斯·威尔逊爵士在波尔图组建。这个军团有三个轻型步兵营、一个骑兵中队和一座不完整的炮台。1809年到1810年，忠诚的卢西塔尼亚军团在战场上表现良好。1811年，这个军团被并入正规军，其三个营成为第七卡加多营、第八卡加多营和第九卡加多营。与此同时，威灵顿公爵阿瑟·韦尔斯利下令成立三个新的轻型营，分别是第十卡加多营、第十一卡加多营和第十二卡加多营。

在名义上，一个葡萄牙双营团有一千五百四十人，一个卡加多营有七百七十人。每个营被分成六个强大的连。骑兵团名义上有五百九十人，但实际上，一个出现在战场上的骑兵团很少达到三百名作战人员。1809年后，步兵团在征兵的情况下，不包括住院人员和离队人员，各团兵力一般可以达到一千二百多人，很少减少到一千人。卡加多营的实际兵力一般比其名义上的有效兵力少一些，士兵人数很少达到五百人。

葡萄牙王国军队士兵的招募是严格按区域进行的，二十四个线列团中的每一个团都有其适当的征兵区。在二十四团中，两个团的士兵由阿尔加维省提供，五个团的士兵由阿伦特约省提供，四个团的士兵由里斯本及其周边地区组成，三个团的士兵由葡萄牙埃斯特雷马杜拉省提供，四个团的士兵由贝拉省提供，四个团的士兵由波尔图省和米尼奥-杜罗-间省提供，两个团的士兵由山后地区提供①。此外，由于一些士兵招募区的人口比其他地区的人口少，这些地区难以维持其地方团的兵力，

① 阿尔加维省，来自拉各斯的第二团和塔维拉的第十四团。阿伦特约省，第五团和第十七团，即埃尔瓦什的第一团和第二团、来自埃武拉的第八团、来自坎普马约尔的第二十团、来自塞尔帕的第二十二团。里斯本，第一团、第四团、第十团和第十六团。埃斯特雷马杜拉，来自塞图巴尔的第七团、来自卡斯凯什第十九团、来自佩尼谢的第十一团。贝拉，第三团和成立于拉梅古区的第十五团、第十一团和第二十三团，即来自阿尔梅达的第一团和第二团。波尔图地区，第六团和十八团，即波尔图的第一团和第二团、来自维亚纳的第九团、来自瓦伦萨的第二十一团。山后地区，来自沙维什的第十二团和来自布拉干萨的第二十四团。——原注

尤其是阿伦特约的五个团，因为阿伦特约地区荒地所占比例比葡萄牙王国的其他省份都大。

卡加多营主要是在居住条件较好的葡萄牙北部地区集结成立的，这些地区不但向忠诚的卢西塔尼亚军团[1]组建的三个营提供士兵，即第七营、第八营、第九营，而且成立了第三营、第四营、第六营。1811年后，葡萄牙北部地区又成立了第十营、第十一营、第十二营。葡萄牙王国南部省份只成立了第一营、第二营、第五营。这些身着棕色和深绿色制服的士兵，其制服阴暗的颜色与葡萄牙王国军队制服常用的亮蓝白色形成了鲜明对比[2]。身着暗色制服的葡萄牙士兵与身着绿色制服的英国步枪兵一起，组成了威灵顿公爵阿瑟·韦尔斯利军队的主要冲锋线。这十二个营中，有八个营是由英国军官招募和指挥的，剩下四个营由葡萄牙上校指挥。

葡萄牙并不大量出产马匹，在由葡萄牙王国骑兵组成的十二个龙骑兵团中，其中有三个团，即第二团、第三团、第十二团根本没有上过战场，而是执行守备任务。在其他九个团中，有几个团兵力一直不足。在这九个团中，从来没有五百名士兵同时出现在战场上作战，最多只出现过三百名士兵。1811年的丰特斯-德奥尼奥罗战役中，威灵顿公爵阿瑟·韦尔斯利曾使用的两个葡萄牙骑兵团根本没有四百五十名骑兵。

威廉·贝雷斯福德子爵将其在1809年率领的杂乱无章、精疲力竭的葡萄牙王国军队转变为一支可供作战使用、纪律严明的军队，这是一项了不起的成就。威廉·贝雷斯福德子爵发现这支军队毫无秩序——让-安多什·朱诺解散了整个葡萄牙王国军队，只剩下几个他派往法兰西第一帝国为拿破仑·波拿巴效力的营。葡萄牙王国军队各团已经尽最大努力集结，但军官依然不齐全，并且有很多需要改进的地方。1808年前的葡萄牙王国军队有着古代王国军队的所有典型缺点。在这支军队中，我们可以看到到处都是年迈或无能的军官，他们通过法庭阴谋或家庭影响力被安排到各自的职位上。他们的晋升方式是不正规的、随意的，一个团的下级军官全都是由于缺乏教育和相应军事知识而不适合担任更高职务的军官，他们到老都是副官，

① 忠诚的卢西塔尼亚团全部在波尔图及其附近地区成立。——原注

② 三个卢西塔尼亚营士兵身穿常春藤绿色制服，其他九个营的士兵穿深褐色制服。这两种制服的样式都是模仿英国步枪旅的制服样式。——原注

在危机中毫无用处。此外，他们的工资很低。因此，他们面临通过投机和挪用公款弥补工资不足的巨大诱惑。

1809年初春，威廉·贝雷斯福德子爵指挥葡萄牙王国军队时，他在一个本应近六万人的军队中找到了大约三万名正规军。严格执行征兵制度仅仅可以弥补葡萄牙王国军队兵力上的不足，但其组织上的缺陷无法弥补。威廉·贝雷斯福德子爵曾抱怨说："长期的玩忽职守和随之而来的懒惰，不但很难，而且几乎不可能吸引许多高级军官经常和持续注意自己的处境，奖惩也不会使他们打起精神。"[①]然而，在葡萄牙王国军队中，较低职级的军官拥有很大的热情。一大批来自社会上层的年轻军官，刚刚出于爱国动机接受了任命，但还有一群年长的懒散军官，其专业素质惊人的匮乏。

威廉·贝雷斯福德子爵将允许自由留任、解雇或提拔葡萄牙军官，以及允许将一定数量的英国军官引进葡萄牙王国军队作为他接受这一职位的一个条件。英国议会答应了他的请求。随后，威廉·贝雷斯福德子爵开始以极大的精力利用他获得的许可。葡萄牙王国军队中的许多老军官，无论是高级军官还是低级军官，都是半薪待遇——只有少数上校和将军被留用服现役。所有因其臭名昭著的低效指挥官而被指控的团都受英国军官指挥，每个团分派四五名英国军官。威廉·贝雷斯福德子爵的制度是，"既然国家情感需要管理"且"他必须幽默和满足国家的骄傲"，他就必须留给葡萄牙人足够数量更高的职位，但每一个职位都必须有英国军官位于这名葡萄牙军官之上或之下。如果一名葡萄牙将军指挥一个旅，那么其麾下两个团的上校都应该是英国人。有葡萄牙上校的地方，其高级少校是英国人。有英国上校的地方，其高级少校是葡萄牙人。此外，每个团都有两名、三名或四名英国上尉，但几乎没有任何中尉，因为为鼓励优秀军官自愿为葡萄牙王国军队服务，他规定每位自愿为葡萄牙军队效力的军官都应得到晋升。因此，在葡萄牙王国军队中，中尉升成上尉，上尉升成少校。这一制度似乎运转良好，尽管肯定会发生摩擦，因为当时，许多高级职位被授予外国人，这对葡萄牙人民族自豪感的打击是沉重的。

---

① 威廉·贝雷斯福德子爵写给威灵顿公爵阿瑟·韦尔斯利的信，参见《威灵顿公爵阿瑟·韦尔斯利补充公文》，第6卷，第774页。——原注

然而，根据掌握着新建军队工作方式的人说，这一规定的效果很令人满意。“看到自己领导的连队在效率上被英国人超越时，葡萄牙的上尉们会立即采取行动，但能做的只是模仿一种可能永远不会带给他们责任感的举动。葡萄牙王国军队的各部分成员经常通过各种间接手段和途径不知不觉地恢复自己的旧习惯，并且很依赖他们的旧习惯。如果想将依赖旧习惯的倾向扼杀在萌芽中，那么他们有必要意识到一点，即没有英国部下的不断监视，葡萄牙指挥官很少能及时得到警告。”[①]这份备忘录的作者本杰明•德本补充道，他的一大困难是确保葡萄牙老贵族家庭的下级军官完成他们的工作。“即使假设一个葡萄牙本地军官身上有足够优秀的品格，除非这名葡萄牙军官是名贵族，否则他不会采取强制或强有力的措施迫使葡萄牙贵族中的一个人履行其职责。他知道这样做会树立一个强大的对手。这样一来，他对这件事充满了恐惧，而他没有任何责任感激励自己面对这种恐惧。每当一个团被一个平民指挥时，这个团都会遭受极大的痛苦。贵族们可以为所欲为，树立了十分坏的形象。”唯一的补救办法是确保任何一个有着众多葡萄牙贵族军官的团有一名英国上校。

这是威廉•贝雷斯福德子爵及由他挑选的英国军官组成的军队面临的困难。直到1811年，葡萄牙王国军队才能与英军一起在战场上奋勇杀敌。1812年到1814年，葡萄牙王国军队为伊比利亚半岛战争做出了一些杰出贡献。而在威廉•弗朗西斯•帕特里克•内皮尔的历史著作中，葡萄牙旅的一些功绩几乎无法获得应有的突出地位。虽然威廉•弗朗西斯•帕特里克•内皮尔承认轻型师卡加多营在布萨科及其他地方的战斗十分出色，但对威廉•蒙迪•哈维在阿尔布埃拉的旅，他没有给予足够的赞扬。在阿尔布埃拉战役中，威廉•蒙迪•哈维的旅击退了维克托•德•费伊•德•拉•图尔-莫布尔率领的龙骑兵的进攻，这是任何英国军队都会引以为荣的壮举。在巴约讷附近的圣皮埃尔，查尔斯•阿什沃思的葡萄牙团不顾一切地抵抗了好几个小时，但事后没有受到足够的表扬。查尔斯•阿什沃思的葡萄牙团是罗兰•希尔子爵指挥线列的中心。当时，这条线列被法军压倒性的人数压制住了，两边侧翼不时转过身来。查尔

① 出自未出版的威廉·贝雷斯福德子爵的军需处长或者更确切地说参谋长的本杰明·德本的一份备忘录中。——原注

斯•阿什沃思的葡萄牙团整整进行了一个上午的战斗，寸步不让，尽管这个团的防线已经成了一条散落在树篱和一片树林中的散兵链。第十三团和第二十四葡萄牙团在圣塞巴斯蒂安前进，经过一座二百码宽及腰深的堡垒，被炮火横扫，但这两个团得到了威廉•弗朗西斯•帕特里克•内皮尔的赞扬。士兵们完成了一项伟大的成就——每一位受伤的士兵都注定被淹死。第十三团和第二十葡萄牙团的另一侧是熊熊燃烧的缺口，在那里遭遇可怕的屠杀后，英军的进攻已经停止，但葡萄牙团战胜了致命的河流，勇敢地进行了最后一次进攻。

总的来说，卡加多营在葡萄牙王国军队中有着良好的作战纪录，但葡萄牙骑兵的作战纪录无法令人满意。有一些葡萄牙骑兵作战功绩的记录，如在1810年的丰特•德尔•马埃斯特雷战役中，马登中队的冲锋拯救了整支拉•罗马尼亚侯爵佩德罗•卡洛的军队。此外，1812年，本杰明•德本指挥的旅为爱德华•迈克尔•帕克南少将在萨拉曼卡战役的大侧翼进攻提供了有效帮助。但有一些“令人不快的事件”，如在盖博劳战役中的逃跑事件及在进入马德里前，威灵顿公爵阿瑟•韦尔斯利在马哈达洪达战役中的恐慌。对最后一件事，本杰明•德本写道[①]：“我可怜的葡萄牙骑兵仍然是每天最不确定的战斗人员。在萨拉曼卡战役中，他们像英国龙骑兵一样跟着我进入法军的行列。昨天，他们远远没有履行他们的职责。第一次进攻时，他们只走到足够远的地方，将我送进法军的行列。第二次进攻时，我仓促地尝试，行进到离法军不足二十码的范围内。然而，他们离开了我，在法军士兵面前消失了，就像秋风中的树叶一样。他们需要一点鼓励的喊叫和鼓舞人心的欢呼。恐怕他们永远不会觉得安全，也不会镇静下来。”这些都是刻薄的话，但关于马哈达洪达战役的记录并不可信。

关于葡萄牙民兵和全民游击队的非正规征兵，没有必要在这里长篇大论。他们是威灵顿公爵阿瑟•韦尔斯利进行战争的工具中的一部分，但并不是他军队的一部分。因为除了在托里什韦德拉什防线，威灵顿公爵阿瑟•韦尔斯利从来不让民兵与正规军并肩作战，而是将他们丢在野外，用来监视葡萄牙边境地区或骚扰法军的通信线路。他们被严格命令不得参与战斗——这是像阿马兰特伯爵弗朗西斯

① 出自未出版的本杰明·德本信中写给他的朋友约翰·威尔逊的一封信。——原注

阿马兰特伯爵弗朗西斯科·达·西尔韦拉·平托·达·丰塞卡·特谢拉

科·达·西尔韦拉·平托·达·丰塞卡·特谢拉和尼古拉斯·特兰特这样有事业心的军官有时会违背命令的原因。他们的职责是保护葡萄牙边境不受法军小型分遣队骚扰，同时骚扰法军，使其无法展开军事行动。此外，他们曾俘获法军车队，或切断散兵。他们最辉煌的成就是1810年占领了科英布拉市的马塞纳医院。我们不能指望受到武力逼迫的民兵，因为他们没有合适的制服，并且受平民或从正规军中清除出来的不法分子指挥。葡萄牙民兵是威灵顿公爵阿瑟·韦尔斯利手中的宝贵资产，但不是真正的战斗部队。甚至在伊比利亚半岛战争中，直到1812年，在面对一支十分小的骑兵部队时，整个葡萄牙民兵旅都惊慌失措地解散了。就像在瓜达的不幸战斗中，尼古拉斯·特兰特和罗伯特·托马斯·威尔逊试图让葡萄牙民兵做太多的事情的结果一样。

至于国民游击队，它甚至没有民兵一样的组织。由于缺少步枪，国民游击队配备了长矛，其唯一职责是保护农村，防止法军抢夺食物。一旦被法军抓获，他们就会被当作“强盗”并被枪毙。国民游击队的惯常做法是报复，将落在其手中的所有走投无路的人和掠夺者赶走。威灵顿公爵阿瑟·韦尔斯利悬赏打击法军，但不会经常得到回应。

第 14 章

伊比利亚半岛军队的纪律和军事法庭

精彩看点

鞭刑——对军官最严厉的惩罚——判处军官停薪停职的原因——对军官的训斥——军官没有出现逃跑现象——死刑的种类——判处绞刑的原因——两起宽大处理的案件——“禁运”——不同群体士兵的犯罪比例——指挥官性格对士兵纪律的影响——鞭刑的执行过程

在有关伊比利亚半岛军队军官和士兵的章节中，我们已经谈到各级官兵中不受欢迎者的比例，以及他们的弱点和罪行。现在，我们有必要解释当时英国军事法典处罚他们的方式。

对军官们来说，惩罚的方式很多，从简单的训斥到不光彩的解雇。对士官们来说，最常见的惩罚是将其军衔降为普通士兵。但在情节严重的情况下，鞭刑作为额外的惩罚也不少见。对普通士兵来说，鞭刑是惩罚他们的万灵丹。鞭打的次数可能从最少二十五次算起。对惯犯来说，鞭打二十五次不算什么，但对失去士气的平日里言行举止良好的士兵来说，即使轻微的惩罚也是一件很严重的事情。极少数情况下，鞭打的最多次数可达到一千二百次，这是一个足以杀死许多人并使更多人永久致残的次数。但伊比利亚半岛军队并不经常判处如此可怕的鞭刑，重刑只适用于叛变、暴力抢劫或殴打军官的恶劣案件，所有这些罪行都可能被判处死刑。据我所知，1808年到1814年，在伊比利亚半岛战争的整整六年时间里，一般军事法庭只有九到十次判处鞭打一千二百次。判处一千次鞭打的次数更多——可能有五十多次，被判处鞭刑的具体罪行与获得更重惩罚的罪行相同。1811年起，在伊比利亚半岛战争后期，针对极其严重的罪行又产生了两种惩罚形式。第一种是专为逃兵设置的。逃兵没有逃到对手处，只是离开了军队，躲在伊比利亚半岛。对他们的惩罚是在殖民兵团中长期服役，如在非洲或新南威尔士的殖民兵团中。另一种更严厉的惩罚是服刑，有的士兵被判处几年有期徒刑——通常为七年，有的士兵被判处终身监禁。罪犯流放地一般都是固定的，几乎总在新南威尔士殖民地。流放一般针对屡次逃离军队而非叛逃或经常性的非暴力偷窃案件。如果发生暴力抢劫，那么罪犯可能被判处死刑，或者被判处鞭打一千次——鞭打一千次也能产生同样的处罚效果。

有趣的是，我将对一名军官可能受到最严厉的惩罚，即解雇这名军官的各种原因做一些说明。伊比利亚半岛战争期间，解雇军官事件大概发生过三十次。只有两次案件，被判处解雇的军官是因为逃避或懦弱。在其中三四起案件中，解雇是对诈骗商人的处罚。在更多案件中，是因为盗用公款或盗窃商店而对涉案军官做出的解雇惩罚。有五六次判决是因为受罚军官侮辱或公然违抗指挥官。有三四次判决是因为涉案军官喝酒——在执勤时被发现醉酒。全部解雇军官案件名单中最令人厌恶的一起案件中，醉酒是间接的而不是真正导致解雇判决的原因。三名年轻军官在一家酒馆喝完酒时，在两名军官居住房间中的一间发现了一名牧师的尸体。三名军官处理不当，他们脱下牧师的法衣，将牧师的尸体扔了出去，并且弄翻了摆在尸体旁边的蜡烛等[①]。这件令人难以接受的怪事，显然是因为三名军官在卧室附近发现一具尸体，感到愤愤不平。这还招致威灵顿公爵阿瑟•韦尔斯利写了一篇关于饮酒有害的评论，即饮酒不但使人们无法履行职责，而且使他们“不知道自己行为的性质或后果”。

其他军官解雇案件都是由于公开可耻的争吵、暴力拒捕或公然不道德等罪行导致的[②]。只有一起由于军官残暴而被解雇的案件。一位上校习惯性地欺凌手下的军官，并且对部下任意实施非法的惩罚[③]。关于这一点，我得多说几句。

以上所述的三十起解雇案件都是参与战斗的军官的案件。军队文职部门雇用的包括委员、供货商、外科医生、住院医生等人员，被解雇的案件数量基本差不多。可以想象在军需部门，对不择手段的人来说，贪污是极大的陷阱，因为军需部门的工作人员往往远离上级视线，很容易对配给的人或马的数量弄虚作假，提供假收

① 《威灵顿公爵阿瑟·韦尔斯利一般命令》，圣玛林哈，1811年3月25日。——原注

② 在这起案件中，一名官员公开与一名士兵的妻子同居，并且与这名士兵发生争执并殴打他。——原注

③ 《威灵顿公爵阿瑟·韦尔斯利一般命令》，1813年7月2日。——原注

据。他们还可能与承包商或地方当局签订有问题的协议，但事实证明承包商或地方当局应提供的粮食或饲料比实际提供的要多得多。购买公共骡子或马匹是另一种有利可图的欺诈行为。在塔拉韦拉战役中，由于从军队中潜逃和在后方散布虚假报告，两名非战斗雇员，即一名出纳员和一名商店售票员被“解雇”。

虽然不像军需工作人员那样经常犯罪，但医务人员偶然也会由于打架和酗酒被解雇，因为最终，这些行为都不可避免地导致他们在行军或住院时忽视伤员。

继解雇这一惩罚方式，对一名雇员最严重的惩罚是停薪停职几个月，通常是停薪六个月或停薪三个月。这种惩罚可能适用于种类繁多的罪行中的任何一种。截至目前，最常见导致停薪停职的过错是玩忽职守，如不经许可离开团或分遣队好几个小时，导致车队或一支军队走失，允许普通士兵拆除木柴棚屋，糟蹋庄稼，或者砍倒果树。在远离连队很远的房子或村庄里睡觉，是士兵们另一种经常发生的不端行为。我们可以把与地方政府争吵排在犯罪类别的第二位。由于一方的高压行为和另一方挑衅性的愠怒，双方争吵相当普遍。负责分遣队的军官们与地方行政长官或某一支小型守备军的长官就住处、薪资发生争执，最终，以分遣队军官侮辱或殴打与他们发生争执的官员告终。这一行为通常会导致罪犯停职六个月，因为威灵顿公爵阿瑟•韦尔斯利决定，他手下的军官不得凌驾于任何合法的地方当局之上。有时，在威灵顿公爵阿瑟•韦尔斯利对军事法庭判决的评论中，他会问如何看待一名竟然以争吵方式对待英国自治市市长或英国堡垒指挥官的中尉。

以较短或较长的“停职”方式判处的第三种犯罪通常发生在有背景的军官身上，包括上级对下级的压迫或侮辱行为及下级对上级的不服从行为。如果军事法庭的统计数据可信，那么后一种情况更常见。但毫无疑问，在许多情况下，受欺凌的下属宁愿不说话，也不愿对上尉或上校的行为或语言提出上诉，因为如果他的上诉失败，那么未来，他将处在十分危险和不愉快的境地。狂妄的话语，或者下级给上级的“不恰当”书信，是军事法庭审判的一类常见案件，甚至上校也会偶然用不恭敬的话语给将军们写信[①]。但中尉给上尉或少校的“回复”要频繁得多。有时，在读到军

① 第三十六团的科克伦上校和阿奇博尔德·坎贝尔将军之间有一场长期的争吵，起因是布伦尼尔逃离阿尔梅达时的管理不善。——原注

事法庭上关于这类小事的报告时，威灵顿公爵阿瑟·韦尔斯利会变得十分愤怒。我们可以摘录其中一条典型的评论：

我不得不认为军事法庭处理的这起案件的主题只不过是私人争吵，与公务员或军队的纪律和服从或我注意到的任何事情都没多大关系。当然，军官间的私人争吵可能是军事法庭调查的对象。但为获得对自己有利的判决，申诉人必须提出一个公正的请求。他本人绝不能犯任何违反军队一般命令或纪律的事。他不能为从自己的不当行为中得到好处而将自己作为上级的权威强加给下级，即他抱怨的对象。最重要的是，他必须避免使用辱骂或不当的语言和手势[①]。

威灵顿公爵阿瑟·韦尔斯利的另一条评论是：

军队指挥官不能不感到，在考虑军官之间不得体和不绅士的行为时，他和组成军事法庭的军官几乎没有时间考虑公务服务的好处。

对军官最温和的惩罚方式是训斥，并且训斥方式多种多样。这种惩罚可能等同于只是公布一名军官在一般命令中受到训斥的事实，但不做任何进一步的宣传。或者，军事法庭的判决可能会以公开的方式宣读给该军官所在的团，甚至是该军官所在的师。在这个判决基础上，对其惩罚可能会加上总司令威灵顿公爵阿瑟·韦尔斯利刻薄和严厉的附言。例如，“这个人可能觉得自己很幸运，因为法院对他如此从轻判决。如果对指控的证据有不同的看法，他就会由于《战争条款》被开除。军队指挥官希望他能从发生的事件中获得教训，并且今后在任何场合都以绅士的身份行事。本训斥须由指挥官在军官及军队的营地向他宣读，并且为此目的而传阅。”[②]

---

① 《威灵顿公爵阿瑟·韦尔斯利一般命令》，莱萨卡，1813年9月20日。在这起案件中，第六十团第五营的一名中尉由于拒绝将他的马从马厩里赶出来，并且“使用污秽和可耻的语言”，被他的长官以暴力反抗的罪名判刑。——原注

② 《威灵顿公爵阿瑟·韦尔斯利一般命令》，福睿恩达，1813年2月3日。——原注

训斥一般是对较小失职行为的惩罚，例如到达驻扎地时没有报告、殴打一名傲慢的士兵、与平民或葡萄牙民兵军官斗殴，或者下班时在街上喧闹和出现不体面的行为。

在整个伊比利亚半岛战争中，没有一名军官由于逃跑受到军事法庭的审判，只有在委派军官中出现过一起这样的案件。在这起案件中，1811年2月，一位爱尔兰中尉在利弗里公爵安德烈•马塞纳的军队驻扎的圣塔伦后方时，向法军前哨基地转移。当他在法军行军后方以一种毫无目的的方式游荡时，他在利弗里公爵安德烈•马塞纳撤退时被抓获，但法军发现这名爱尔兰中尉精神失常或患有妄想症。于是，这名爱尔兰中尉被送到了疯人院①。

至于对士兵的惩罚，最重的是死刑。被判处死刑的士兵，要么被射击队执行枪决，要么被宪兵司令执行绞刑。枪决几乎针对的是叛变这一触犯军法的行为，但有两三次是对叛变或殴打军官或中士的罪行。据我所知，只有一次枪决是由于一名军官抢劫了他负责守卫的商店②。就后一项罪行而言，判处绞刑是比较常见的做法，但我不知道在这起特殊案件中，罪犯为何会被判处枪决。在伊比利亚半岛战争期间，总共有七十八人被判处枪决，其中五十二人是英国人，二十六人是外国人。当然，这个比例很不对称，因为伊比利亚半岛军队大约有五十个到六十个英国营，但只有十个外籍雇佣兵营③。大部分逃兵主要来自不列颠猎兵团和不伦瑞克•奥尔斯猎兵团。正如已经解释的那样，这两个营基本上都是从德意志、意大利、波兰和其他来自英国国内监狱集中营中的外国人那里招募新兵。为获得逃跑的机会，他们自愿为英军服役，并且在第一次出征时就抓住了逃跑机会。与此相反，英王德意志军团的逃兵比例很低。1813年到1814年，在伊比利亚半岛战争的最后两年中，许多外国逃兵没有被执行枪决，而是被送往驻守在新南威尔士等殖民地的军团服役，他们无法再从殖民地逃脱。此外，还有一些逃兵被处以鞭刑。

---

① 见《威灵顿公爵阿瑟·韦尔斯利公文》，第2卷，第330页到第369页。关于回复，见斯特普尼的《日记》，第55页。——原注

② 这是1810年1月24日，第八十七团哈蒙下士的案件。——原注

③ 即这十个外国营是第六十团第五营、第九十七团、英王德意志军团第一、第二、第五、第七线列营，英王德意志军团第一营和第二轻型营，不伦瑞克·奥尔斯猎兵团和不列颠猎兵团。——原注

绞刑是对叛变以外几乎所有死刑犯执行死刑的方式，但绞刑不像枪决实行得那么频繁。一般军事法庭的记录显示，约有四十人被处以绞刑，其中几例显然是由宪兵司令针对抓到的杀害或伤害农民的罪犯执行的。

触犯很多罪行都会被处以绞刑。令人惊讶的是，我们发现有两名士兵由于杀害了他们的军官[①]被施以绞刑，而不是枪决。显然，执行绞刑的每一宗案件都被裁定为私人恩怨，而不是叛变，并且被视为简单的谋杀。有六起或八起绞刑案件，罪犯都是由于故意杀害了自己的同伴被判处绞刑。然而，应该指出的是，由于在侦察时刺伤了不忠的妻子，一名士兵被判犯有过失杀人罪，但只被判处一年监禁。然而，使用绞刑架的最常见原因是罪犯杀害或伤害试图保护自己房屋或牛免遭掠夺的农民，这也是威灵顿公爵阿瑟·韦尔斯利很少赦免的罪行。不管是在他敌视的法兰西第一

威灵顿公爵阿瑟·韦尔斯利的纹章

① 一名士兵来自第三团，一名士兵来自第四十二团。——原注

帝国领土上，还是在友好的西班牙和葡萄牙，他对这类行为的态度都一样强硬。农民是否被杀并不重要，但士兵为掠夺财物用步枪或刺刀伤害农民才是关键。当然，执行绞刑的案件清单上也有一些残暴的案件，如一家人都被谋杀或者被刺伤等死。但在另一些案件中，暴力行为只不过是用树根打了一下受害人，或者在受害人的肩膀上刺了一刀，但这些罪犯似乎不走运，没有只被施以鞭刑。在威灵顿公爵阿瑟·韦尔斯利军队的法典中，非暴力的小偷小摸行为会被判处鞭刑，武装抢劫的行为会被处以死刑。

理论上，当时，英国仍处于罪犯盗窃价值超过四十先令财物仍可判处死刑的年代[①]，我们会毫不奇怪地发现，威灵顿公爵阿瑟·韦尔斯利军队的法庭判处一部分罪犯绞刑，仅仅是因为罪犯偷窃。但这类偷窃一般是大规模的偷窃，或者是情节严重的偷窃。轻微的盗窃罪只会被判处鞭刑。在判处鞭刑的案件中，最明显的案例是两名外籍士兵成功打开了军需部的金库，并且偷走了两千多英镑。其他案件包括一士兵带着主人的骡子、行李和钱包潜逃，一个哨兵越过准将的帐篷，趁机抢走了将军野营装备和盘子，以及一名士兵护送军资并成功打开了一个桶，从桶里偷走了几百英镑。此外，有两三起案件是从一名军官、军需官或清洁工的家中或帐篷中盗用四十英镑或六十英镑大笔金额的案件。这类盗窃行为也能将罪犯带到绞刑架前。最后，还有一起罪犯因鸡奸罪被处以绞刑的案件——在伊比利亚半岛战争结束后的三十多年里，在英国法律中，鸡奸罪仍然是一项死罪。

有记录显示，在军事法庭对大多数死刑案件的判决中，有一两起十分令人吃惊的宽大处理案件。譬如，1814年，一个抢劫农民的罪犯和一个打伤一个农民的罪犯分别被判处鞭打九百次和鞭打一千次。三名偷盗西班牙将军基隆手表、钱包和文件的炮兵，被转移到新南威尔士，而不是像往常那样被处以绞刑。1814年，一名龙骑兵被判强奸罪，但幸运的是，他只受到了一次严厉的鞭刑。毫无疑问，在从轻判决的案例中，法庭考虑到了罪犯以前品行端正及忠诚的服务。

我们已经谈到了军事法庭记录中位列死刑之后的惩罚形式，如可怕的一千二百次或一千次鞭打，以及实施这类惩罚的相应罪行。军事法庭更常见的是判处七百

① 虽然此时，盗窃超过四十先令财物往往可以逃避刑罚。——原注

次、五百次或三百次鞭打。鞭打次数按百次计算，通常是罪犯犯有非暴力随意偷窃、售卖军需品——如向农民出售毯子或弹夹，或者“禁运”手推车和公牛的罪行①。在伊比利亚半岛军队中，另一项经常发生的罪行是盗取车队的鞋或食物。在这种情况下，罪犯会被处以五百次鞭打。从塔拉韦拉撤退的蜂箱偷盗者每人被鞭打七百次——这是对这一罪行的重判。蜂箱偷盗者的故事太有代表性了，不能省略。

哈赖霍塞向自己统领的饥肠辘辘的军队发出禁止掠夺农民的一般命令后，威灵顿公爵阿瑟·韦尔斯利看到康诺特别动队的一名士兵飞速地奔跑着。这名士兵将大外套裹在头上，头上顶着一个蜂箱，一群愤怒的蜜蜂飞来飞去。看到如此明目张胆地违反命令的行为，威灵顿公爵阿瑟·韦尔斯利大发雷霆，并且对康诺特别动队的这名士兵说：“你好，先生，你从哪儿弄来的蜂箱？”帕特看不见他的谈话对象，因为为避免蜇伤，他将自己的脸完全遮住了，也没有注意到总司令威灵顿公爵阿瑟·韦尔斯利说话的语气。随后，帕特用爱尔兰土腔回答道：“就在那边的小山那儿，如果你们不赶快，这些蜂箱就都没有了。”②回答的盲目好意将威灵顿公爵阿瑟·韦尔斯利的怒气止住了，他让帕特离开了，并且在晚餐时笑着讲了这个故事。但对几天后在同样的游戏中被抓到的第五十三团士兵来说，禁止掠夺农民的命令可不是什么笑话③。被抓到的第五十三团士兵得到了“吸蜜者”的绰号，并且遭到鞭打。

此外，另一个关于康诺特别动队“禁运”的故事可以作为蜂箱故事的点缀。

1812年年初，为给伊比利亚半岛军队带回一些葡萄酒，一名军需官曾驾驶乡间马车前往杜罗。虽然负责运送葡萄酒的车队的中尉十分警惕，但人们出于金钱的考虑往往会设法让车夫带着公牛逃跑，其他马车会被非法征用。其中一次，第八十八团的一个支队被派往圣若昂·达·佩斯凯拉购买葡萄酒。当他们回来时，军需官注意到，他用一辆手推车送来的两头漂亮的白牛，被换成了两头瘦弱的黑牛。军需官提起诉讼，两名负责人，包括一名下士和一名士兵被带到军事法庭。在审判中，一切真相大白，两名士兵从车夫处得到金钱。因此，白牛变成黑牛。此外，法官还收集了

① 指在没有执勤人员的情况下，从农村强行运送行李或背包。——原注

② 这个故事来源于《一般命令选编》第31页。——原注

③ 《威灵顿公阿瑟·韦尔斯利一般命令》，1809年9月22日。——原注

军需部的证据，并且对罪犯们说："否认这一事实是没有用的，这是确定无疑的。你出发时带了一对漂亮的白牛，回来时带了一对瘦弱的黑牛。对此，你能说些什么？"对法官的提问，列兵查尔斯·赖利一点也没感到羞愧，并且随时准备用借口为自己开脱。他立刻叫道："哎呀，法官大人，那些白牛，我们直到它们变成黑的才把它们带回来！"法庭对这一奇妙的狡辩并不十分满意。最终，法官对两名士兵的判决结果如下①：下士遭到解雇并被判鞭打七百次，查尔斯·赖利被判鞭打五百次。但考虑到前几天，第八十八团在罗德里戈城战役中表现出的巨大勇气，最终，两名罪犯得到了赦免。

上述所有案件都来自普通军事法庭的记录。当然，绝大多数被判处鞭刑的案件都是由团级作战单位的法庭做出的，因为团级作战单位的法庭对团内所有轻微的违法行为，如醉酒、不服从命令及其他轻微违纪行为，都有管辖权，但团法庭不能判处死刑、流放等更重的刑罚，也不能判处一千次以上的鞭刑。

从军事法庭的记录中可以看出，一些营的罪犯远远超过了应有的比例，但有些营罪犯的比例小得多。罪犯比例不同的主要原因有两个：第一个原因是，一些军队招募的不合格的新兵，即狂野的爱尔兰人或城镇人渣更多。但我认为，指挥官的性格比征召入军队不受欢迎新兵的确切比例更重要。一个能使自己既受人爱戴又令人惧怕的上校可以改造毫无前途的新兵：残暴的或者一个没有能力的人甚至可以将好士兵变成坏士兵。显然，一个过分随和松懈的指挥官，对违规行为不屑一顾，不鼓励军官们的热情，无疑会毁了一个营。在伊比利亚半岛军队的军事法庭判决中，很少有关上校的判决——没有半打。但有一次是关于一位残暴者，另一次是关于一个无所事事者，并且证据似乎表明，后者使他的部队处于与前者同样悲惨的境地。他虽然按大家允许的那样，几个月来在行政松懈、纪律松懈的情况下，得到了全团的关照，但在行军和会合时，整个团不但醉醺醺、邋遢不堪，连旅内的其他部队也总是等着这个团，准将抱怨说自己在前哨根本不信任这个团。军官们渐渐开始鄙视他们的上校，轻蔑地对待他。最后，军官们给英国皇家骑兵卫队写了一份抗议书，不但指责上校无能，而且指责他懦弱。但在随后的军事法庭上，这份抗议书被认为是一项

① 《威灵顿公爵阿瑟·韦尔斯利一般命令》，福睿恩达，1812年1月22日。——原注

毫无根据的指控证据。由于这次调查，上校受到了谴责，并且只能获得半薪。由于严重违反军纪，他的下属们都被征召入其他团。一批新挑选的军官被召集起来，重新组建了一支士气明显低落的部队，新来的人得到了“完美摘要”的绰号。

从1813年春的一次军事法庭记录中，我们可以看到一个以极其严厉和不人道地加大惩罚著称的团的相反案例①。在这一案件中，一名指挥官不但犯有“暴力行为”和“对其军官使用过分和不当言语，违反良好纪律，不符合军官和绅士的举止”等罪行，而且被指控在没有进行任何形式的审判时，对下级军官实施体罚，而当时有足够多的军官在场可以组建一个适当的团军事法庭，这名指挥官没有进行任何形式的审判，就对下级军官实施体罚。他还违反总司令威灵顿公爵阿瑟•韦尔斯利的指示，累积在不同场合对罪犯施加鞭笞的刑罚，以便同时施加几种不同的惩罚。此外，他还释放被判处刑罚的人，以便将他们送上战场。然后，在战斗结束后，这名指挥官又命人将被判处有罪的士兵押回，并且让他们继续接受鞭刑。他的最后一项做法与威灵顿公爵阿瑟•韦尔斯利的命令严重冲突，因为威灵顿公爵阿瑟•韦尔斯利认为良好的行为表现应当成为一个明确而不强加的判决因素，并且任何一个被判有罪的人在接受惩罚前，都不应被判入狱。这名指挥官被解雇了，但考虑到他过去良好的战斗记录，军事法庭依然认可他作为少校时的价值。

一本士兵的日记，即第九十四团约瑟夫•唐纳森中士的日记，有趣完整地描绘了一个营的命运。由于指挥该营的上校生病，这个营落到了一个拥有残暴灵魂的少校手中。这是一名老军官，他对士兵的诡计了如指掌，并且针对准备充当马屁精和告密者的士兵，有一套间谍制度。“通过窃听，他不但知道了另一位指挥官不屑知道的所有细节，而且对于得到的情报总是利用不当。当他指挥这个营时，他对每一个微不足道的罪行都施以鞭刑。此外，他还发明了使用可耻的、折磨人的方式实施鞭刑。但这还不够，他命令所有违纪者在他们夹克袖子上缝一小块黑色和黄色的布。每次受到惩罚时，受罚者都要在袖子上留下一个洞。这名少校实施这些惩罚措施的效果很快就显现出来：品质优良的士兵容易由于自己的些微过失遭受惩罚，他们与顽

① 刊登在《威灵顿公爵阿瑟·韦尔斯利一般命令》第5卷，1813年，被告是第四十团第一营的阿奇德尔上校。——原注

固不化、品质恶劣士兵的界限被打破。认为自己失去尊严的士兵变成心碎无能的士兵，或者其行为举止变得鲁莽起来，变成真正的犯罪分子。以前态度强硬、毫无原则的士兵，由于惩罚的盛行更接近品质优良的士兵，但他们中有人也以行为不端为荣。总之，士兵们所有关于荣誉和品格的观念都丧失了，无精打采、冷漠和恶劣的行为成了整个营的主要特征。不计后果的惩罚在两方面改变了士兵们的个人行为，一名士兵要么变得心碎而无用，要么变得无耻而坚强……要让部下保持良好的纪律，真正的方法是军官们要了解麾下每名官兵的个性和性格。一名指挥官应该努力了解部下的性格，就像医务官了解医院一样。”[①]当上校休完病假返回该营时，他惊讶地发现，他曾经引以为豪的士兵竟被这样对待。他的第一反应是摘下黄色的布。接下来，他的第二反应是取消频繁的惩罚。然而，这个营虽然有了一个公平的环境，但前几个月不善管理的影响需要很久才能消除。

某些误入歧途的军官试图通过恐怖统治来维持军纪，但更聪明的人以其他方式维持。正是在伊比利亚半岛战争时期，英军才有第一枚“长期服务和良好行为”奖章。这是由团颁发的团章，而不是由国家颁发。相比前面提到的可憎的少校曾尝试对因任何原因受到惩罚的每个人分发黑色和黄色的布，对行为端正的士兵授予荣誉奖章是一种更人道和更合理的区分行为好坏的方法[②]。此外，一些团还将士兵依其行为举止划分为不同等级，其中表现最好的士兵将享有一定的特权和福利。经过一段时间的考核后，任何一名士兵都可以被提升到一个更高的级别，这种公认的无用之人之间的竞争也有很好的效果[③]。即使没有“等级”或良好行为奖章，军官们明智体贴的行为也可以使团中任何最优秀的士兵脱颖而出。有些团没有实施过鞭刑[④]，有些团只有极少数举止十分糟糕的士兵体验过鞭刑。

---

① 约瑟夫·唐纳森中士：《一个士兵的多事之秋》，伦敦，1825年，第145页到第146页。——原注

② 1812年起，伊比利亚半岛战争时期良好行为奖章授予了第十轻骑兵团和第十一轻骑兵团、第五步兵团，即诺森伯兰燧发枪兵团、第七燧发枪兵团、第二十二团、第三十八团、第五十二团、第七十一团、第七十四团、第八十八团、第九十五团、第九十七团及其他一些团，更不用说因勇气或枪法等带来特殊功绩而获得奖章的团。——原注

③ 参见霍普·詹姆斯·阿奇博尔德的《步兵军官军事回忆录》，伦敦，1833年，1808年到1815年，第459页到第460页。——原注

④ 据说，这是在塔拉韦拉战役中倒下的唐纳伦上校指挥第四十八团第一营时的案例。——原注

此外，在一支军队中有一两次惩罚记录，是由没有被公众舆论认为是专制或无情的官员造成的，这令读者大吃一惊。我分析了一个炮兵连中因惩罚出名的士兵的名单。在四名中士和一百三十六名士兵的名单中，三名中士被“解雇”。1812年7月到1813年7月，五十七名士兵曾受到五百次以上鞭打的惩罚。虽然违纪士兵的有些罪行很严重，但有一些做法似乎完全不恰当和不合理。正如另一支部队的观察员写的：“鞭打会使拥有感情和辨别力的人的判断力变得盲目。我认识一个人，当他最喜欢的马受伤时，他哭了。然而，第二天，当看到一个可怜的坏蛋因迟到并被鞭打时，他又兴奋起来。”

鞭刑是在乐手领队和副官的监督下，由团里的鼓手实施。实施鞭刑时，罪犯的手臂将绑在三名中士中两名中士持有的长戟上，长戟插在地上形成一个三角形，然后进行鞭刑。鞭刑是在缓慢的时间内由鼓手完成的。每名鞭刑执行者用鞭子击打二十五次后就后退。外科医生总是在执行鞭刑的现场，以证明被执行人的生命不会由于继续遭受鞭刑而处在危险中。当外科医生宣布罪犯不能再忍受鞭刑时，罪犯会被带走。实际上，外科医生的干涉常常使罪犯免于受到最后的惩罚。但在一些严重的情况下，罪犯只是被送进医院。直到完全康复后，他才能继续承受剩余的惩罚。即使罪行不是很严重，不人道的指挥官有时也会拒绝任何减刑，并且坚持执行完规定的鞭打次数，即使在执行完规定的鞭打次数前，罪犯必须进两次医院。

自传中关于鞭刑的记录十分罕见，因为一名日记作者通常性格稳重，不会陷入严重的麻烦中。然而，以下例子可作为一个例外。这是第四十团第一营的威廉·劳伦斯的自传。1809年，威廉·劳伦斯是一名列兵。1813年，他获得中士军衔。对于自己受鞭刑的经历，威廉·劳伦斯在自传中写道：

> 在没有得到警卫许可的情况下，我曾缺勤二十四个小时。当我回到军队时，我发现自己遇到麻烦了。因此，我被立即关进看守所。这是我第一次犯罪，但并没有对我造成太大的影响，我被判鞭打四百次。在执行鞭刑时，我发现全团已经做好准备见证我接受鞭刑惩罚。实施鞭刑的地方在一个修道院的广场。我刚被卫兵带出来，上校就向我宣读军事法庭的

判决，并且告诉我要脱掉衣服。我坚持自己脱去衣服，并且没有接受鞭刑执行人的帮助。然后，我被绑在长戟上，上校命令鼓手们开始执行鞭刑，每个人都要依次鞭打我二十五次。刚开始，我可以忍受。然而，直到被鞭打了一百七十五次时，我感到十分痛苦，开始推长戟。实际上，由于插在石头内，长戟在广场上插得一点也不稳固。上校，我想他当时认为我已经受够了，命令道："命令那个混蛋下来。"也许没有比这更真实的话了，因为当时，我确实很郁闷。虽然血从上到下顺着我的裤子往下流，但我始终没有发出任何声音。我被人从长戟上放下来，一位下士将我的衬衫和夹克挂在肩上，然后将我送到医院，我尽我所能地呈现出一副悲惨的样子。

也许对我来说，这是件好事，因为它阻止了我犯下或许会毁灭我的更大罪行。但我认为，现在大部分惩罚可能已经被废弃，但这件事应该归功于当时统治军队的人①。

显然，在戒备时缺勤二十四小时是一项严重的罪行。威廉·劳伦斯挨了四百次鞭打中的一百七十五次鞭打，他住院近三个星期。然而，在一般情况下，鞭打三百次或四百次会被一次完成，有些人可以一声不吭地挨完三百次或四百次鞭打。

第三十四团的一名老兵写道②："体罚一年到头都在进行，士兵们由于小过失被鞭打，犯了更严重罪行的士兵们经常被鞭打致死——鞭打数千次通常由军事法庭判处。我看到士兵们在被'干掉'前遭受了五百次甚至七百次鞭打，血流进他们的鞋里，他们背部的皮像生香肠皮一样剥落。部分士兵选择忍受这种可怕的惩罚。为防止痛苦的哭喊，当遭受到二百次或三百次鞭打时，他们会咀嚼一个火枪球或一小块皮革。随后，他们似乎毫无感觉了。有时，他们头耷拉到一边，但鞭打仍在继续。外科医生不时上前检查，看看他还能承受多少。我惊恐地看到，在被拖下来前，一名犯人被鞭打了七百次。再例如，这是在整个旅的士兵与军官在场的情况下执行的军

① 威廉·劳伦斯:《威廉·劳伦斯中士自传》，伦敦，1901年，第48页和第49页。——原注

② 乔治·贝尔爵士:《简记》，伦敦，1867年，第120页。——原注

事法庭判决[1]。当然，确实有举止糟糕的人被派去填补我们军队中的空缺，但这种惩罚是不人道的。我下定决心，如果有机会指挥一个团，我一定会按照人道主义原则行事。机会确实来了，我指挥一个勇敢的团有十一年了，并且废除了鞭刑。”

然而，执行鞭刑的恐怖事件已经够多了。伊比利亚半岛军队普通士兵对鞭刑的记忆就是一场噩梦。

① 大概是第三十四团的一名列兵在愤怒中袭击了一名上尉的案件。这起发生在1813年的袭击上尉案件是1812年到1814年，乔治·贝尔爵士在第三十四团服役时，该团发生的唯一一次如此严重的处以鞭刑的案件。——原注

第15章

行军

精彩看点

正式文件中对行军的记述——行军准备——休整——军官的职责——扎营——发放口粮——准备伙食——雨天行军——雨天撤退

在关于伊比利亚半岛军队的文献中，我们很少能找到对其军事核心正常工作状态的总体描述。在个人日记或回忆录中，作者理所当然地认为自己熟悉军队的日常生活，并且只有在发生异常状况时，他们才发表评论或做笔记。此外，伊比利亚半岛军队的正式文件几乎总是涉及日常工作中的变化或变更。这类正式文件解释并评论了为何必须放弃某些具体实践的细节，或者以更严格的方式开展这些实践活动，但没有说明整个伊比利亚半岛军队的运作体系。可以通过比较威灵顿公爵阿瑟•韦尔斯利的许多一般命令，并且将其汇集成一个威灵顿公爵阿瑟•韦尔斯利调动军队的方法。不过，幸运的是，在编写这样一个梗概时，我们没有遇到很多麻烦，因为这一次，我们可以找到伊比利亚半岛军队行军状况的详细叙述。我们可以从约翰•古尔伍德上校在1837年出版的《一般命令选编》第二版的匿名介绍中找到这样的论述。显然，这篇论述不是编辑本人写的，正如编辑在介绍性说明中叙述的，这篇论述“是根据著名期刊评论作者的建议写成的，但对于通常以文学或政治为目的专栏来说，这篇论述太长太专业了。因此，编者没有加上它”[①]。由于作者们不评论自己写的书，显然，这篇评论文章是由编者的某位朋友写的，而不是约翰•古尔伍德上校自己写的。这篇评论文章大约三十七页，其中九页是关于威灵顿

① 见《一般命令选编》，第25页的脚注。——原注

公爵阿瑟•韦尔斯利军队行军的有趣长篇梗概。在以下段落中，我们会重现伊比利亚半岛军队行军的梗概。作者为公众而非专业人士写作，并且准确地告诉了我们想知道的事情。

伊比利亚半岛军队指挥官的行动命令由军需处长传达给指挥师的将官，指挥师的将官通过其助理军需处长详细地将行动命令传达给各旅的将军们，各旅的将军们立即通过旅少校将行动命令下达给旅下面的各部队。在某一时间，通常是天亮前一个半小时，各旅会响起鼓声、号角和小号声为行军做准备，目的是几个营可以在旅紧急集合地集合，以便在白天可以准时出发。必须注意的是，紧急集合地是发出警报时的集合地点。

参阅这些命令来看一个六千人的师怎样卷起毯子，穿戴整齐，将毯子打包好塞起来，列队游行，分师、分区、三人组成一组，跟随连队走到团紧急集合地，最后又走到旅紧急集合地。最终，士兵们组成紧密的纵阵，所有士兵对这些声音很熟悉，就像蓝军的下士对皇家骑兵卫队的时钟一样熟悉。枪支准备好，行李打包装填，骡子驮着储备饼干，储备管理员拿着保管好的备用弹药，所有人都准确有序地集合起来并准备按助理军需处长的指示出发。助理军需处长已经召集了向导，向导们会根据军需处长的指示前往指定的地点或城镇。与此同时，隶属于该师、令人敬畏的宪兵司令开始了巡逻。

旅少校先后向助理副官提出“人数到齐”的报告，并且由助理副官向指挥纵阵的将军报告。“三人一组，出发”一词是从右或从左发出的，这是按照军需长官的指示，根据统率军队将军的意见，在前方左右组成各自队形。随后，该纵阵的高级警卫在旅少校的监督下，在前方左右列队。高级警卫由一个力量参差不齐的连组成。整个纵阵以精确而有规律的方式行进，并且一直保持这种秩序，直到带领后面其他营的领头营接到了“稍息”的命令。在分离的团队中，妇女要么走在纵阵前面，要么跟着纵阵，但没有妇女能与纵阵随行。妇女们一般都与行李在一起，除非她们的经济状况能使她们买卖面包，或者能在行军路线附近的村庄或城镇中稍事休息。助理宪兵司令带着他的警卫，一名军官带着一名后卫兵，跟在纵阵后面。当这名后卫兵到达指定地点时，他会将所有的散兵安置在主要警卫处。在主要警卫处，获得允许的人被指示加入警卫的队伍，未受委托的军官在等待迎接散兵。

一般在出发后半小时，出发的军队会第一次停下来。随后，军队每小时停下来一次。每次等士兵们放好武器至少要停下五分钟，士兵们停下的时间可能会由于行军时的天气、行军距离或其他情况有所不同。军队停下来的目的是为让已经掉队的士兵重新加入他们所在的连队。除了生病，还有一种情况也经常发生。一名士兵想要逃跑，就必须从指挥连队的军官那里弄到一张请假单，并且将他的包裹和枪留给他所在三人组中的另两名士兵。因此，想要脱身的士兵不失时机地回到他的连队，并且归还其请假单。第一次停下来，士兵们一般是吃一片为行军准备的面包或肉。接下来，士兵们安放装备、包裹、背包和食物，以便好好坐着，并且说些昨晚宿营或其他时间宿营时的笑话，或者谈谈他们对第二天的期待。休息结束时，鼓声或号角响起了，这是代表“前进”的声音。然后，根据命令，各领队营按照行军开始时的顺序前进，其他营依次跟进，伴随着音乐行军。然后像之前一样，“稍息”，这支军队再次停下来休息。但当“注意”一词出现时，整支军队会扛上枪，以与野战日相同的顺序行军。

当军队不在交战对手的附近时，每个营有两名军官在前。其中一名军官提前二十四小时出发，当他到达指定地点时，他会收到助理军需处长提供的必要情报。另一名军官在同一天出发，指挥各连的露营人员前进，以便提早到达指定地点，并且从前一天出发军官的手中接管营区。

副助理军需处长总是先于军官与治安官安排营地：依据几个营或团的兵力，他将城镇地带分给营或团的军官。军官们再根据自己的判断将城镇分给十名后勤兵。随后，后勤兵在营地门上写上连队的字母和士兵的人数。军官首先划出指挥官、参谋、后勤室、警卫室、军需储备部队的宿舍，所有军官的宿舍都位于团营地最中央的位置。第一名军官接着走到下一个营地，第二名军官和十名后勤兵走在军队将要到达的道路上，随后陪同后勤兵前往为军队设置的紧急集合地。在总司令的指挥下，助理军需处长在镇的前面或后面指出了紧急集合地。军队在紧急集合地停了下来，就像第二天早上或在任何警报可能会响时的集合一样。各旅、各营及各连在其驻地最中央位置都有各自的紧急集合地或阵地。随后，指挥连的军官会部署部下的行动，并且向指挥官报告住宿或宿位紧缺的情况。指挥营的军官会向指挥旅的军官报告住宿情况，各旅的将军会向师的将军报告住宿情况。在一个营人满为患的情况下，助理军需处长随时准备提供更多住宿位置。为避免宿位紧缺或者应对其他团分遣队到达的情况，助理军需处长通常会在中央位置保留一些建筑物或通道。

当部队在棚屋内扎营，或者像后来一样在帐篷内扎营时，遇到的困难就少了。到达军需处长指示的位置后，指挥官会根据前线的需要、与侧翼和后方的联系情况、木材和水及地面的整洁情况，选择他认为最有利的地形供士兵扎营。此外，指挥官还会避免靠近沼泽地带，因为沼泽地带夜间潮湿，可能影响军队休息。助理军需处长会将营地地形转告各营为扎营预先派遣的几名军官。然后，将军会走到前线，表示他希望将高级炮放在哪里，并且如何与前方的骑兵前哨保持联系。如果没有高级炮，那么将军会命令用独立的哨位或哨兵掩护所有的通道。这样，任何一名士兵都不可能不被看见顺利到达前线。如果对手在夜间或白天巡查或开展其他行动，那么哨兵连应告知分离哨所和外围哨兵，并且在认为必要时由外围哨兵的外勤干事通知主力部队。为更快地传递警报，让军队有更多时间装备武器，外勤干事会有意识地向信标放火，或者发射一定数量的火枪，直到确定发布警报的确切原因为止。

师到达后，外围哨兵会立即离开，前去掩护刚才提到的前线。临时师医院和随军杂志社会被分派给指挥官、外科医生及军需官。在军官和野营人员的陪同下，各旅和各营会前往其紧急集合地、营地或野营地。随后，营地和后卫兵被部署在紧急集合地、营地或野营地。两小时后，紧急集合地、营地或野营地会由新的军队接替使用。营地卫队的哨兵负责监视前线和营地及外围哨兵之间独立哨所的通信，如果前线以任何方式发出通知，他们就会发出警报。

如果一支军队要扎营，那么在卸下其他行李前，得从紧跟在由军官带领的纵阵后面的骡子身上卸下帐篷。这些分发给各营、旅和师的帐篷将被排成一列。

如果没有帐篷，钩镰就会迅速起作用。一些人用钩镰切割树枝，其他人用钩镰将树枝劈成条，还有一些人像建筑师那样建造棚屋。建造棚屋是一种娱乐活动，而不是一种责任，看到每个人都迅速有地方住是十分美妙的。令每一个连队都引以为豪的是，他们军官的小屋应该是第一座棚屋，也是建造得最好的一座。放下武器，卸下装备、背包及重约六十磅的军罩，士兵们恢复了活力，开始认真地在棚屋里工作。虽然棚屋没有像帐篷那样被迅速地竖立起来，搭得也没那么整齐，但在地形条件允许的时候，棚屋仍然有序地排列着。有序排列棚屋或许不是必要的，但在士兵做任何事情时，仍然不应该放过任何一个机会向他们灌输养成有秩序和有规律的习惯。无论行动多么简单，士兵们都应该记住：执行命令是最容易的，他的职责就是他的利益所在。

在各连解散去搭帐篷或盖棚屋前，负责寻找面包、肉和烈酒的杂役小组经常被训斥。杂役小组一般由每连的两到三人组成，并且处在下士的领导下。当所在连物资缺乏时，杂役小组就出来寻觅物资。一般一个由一名下士和四名士兵组成的连警卫队，只有一位哨兵随身携带武器。警卫队总留在连队里，以传达信息和维持连队秩序。

指挥官们通过旅少校报告他们各自的营都收到了面包、肉、烈酒和牧草，以及每个营的供给天数。指挥官们已经离开了一个或多个这样或那样的连，前往外围哨兵指挥的哨所。陪同指挥官的后勤兵已经回来了并知道在哪里能找到他们。外围哨所受白天的野战军官指挥，军官再次收到了师助理副官的指示。与此同时，指挥官报告了随时准备在需要时为外围哨兵提供支持的连或内嵌哨兵的数量。内嵌哨兵连，以及当时负责整个旅的外勤干事，总是首先为外围哨兵服务。

所有特殊职责都由连队在高级人员领导下承担，而不是按照每连多少人的花名册的旧方式承担。例如，外围哨兵连、提供营地和后方警卫的内嵌哨兵连，一般杂役，如提供营长的军装、提供弹药、设备及除口粮外的其他用品，所有这些职责都由连队执勤人员承担。

口粮问题是遵从师或旅将军的指示由军需官规定的，按命令向各营传达，并且由所有连的个人负责，而不是由连队的杂役小组负责。在物品问题上，如面包、肉、酒或牧草等，每个连队的杂役小组，如前面描述的，由军需官从守卫中召集起来。先前得到每件物品信息的都是各连士官的手下，他们聚集在各自内嵌哨兵手下。随后，他与军需长官或军需中士一起前往发放地点。在完成物品发放后，他回到了营地哨所，报告给当值少校。当值少校是内嵌哨兵少校，他监管具体物品的发放。然后，在几名士官的组织下，物品被发放给各个连队。接下来，各连队的后勤兵会立即分发各样物品。同样的流程也发生在营区内，虽然重演发放物品的流程可能显得乏味，但整个过程都是以迅速的方式进行的。此外，在营中，给士兵留下剩余的时间比其他任何情况下都多。

在指定的时间里，各连收集了生病情况的报告，士兵们列队行进接受外科医生的检查。士兵向外科医生报告，外科医生向指挥师的将军报告，并且将其报告交给医院总监。

指挥该师的将军根据伤病员报告的重要性及当时的情况，向副官和军需长官上交报告，供伊比利亚半岛军队指挥官参考。

在对手面前，关于食物和烹调的问题都要考虑到食品和炊具摆放的位置，所有要做的事必须迅速，并且要小心，因为在煮好汤前把汤扔掉，或者在突发状况时把热汤吞下去都是不好的，但更糟的是把汤留给对手。

这一切在威灵顿公爵阿瑟·韦尔斯利的“通函”和罗伯特·克劳弗德少将令人钦佩的命令中都有充分的论述。从信中，我们可以了解到烹饪问题的大部分细节，并且在战场上证明这一点[①]。

新的锡水壶由每个班的人轮流携带。与旧式佛兰德斯铁锅相比，锡水壶有了很大的改进。佛兰德斯铁锅需要燃烧相等于整棵树或半扇教堂门的木材才能将烧水开，并且需要营地里的骡子[②]搬运。正如威灵顿公爵阿瑟·韦尔斯利在他的“十月会议纪要”中指出的那样，使用锡水壶为其他军事行动留下了许多宝贵时间。希望在今后任何战斗中，旧钩镰的重量也会有所减轻。在伊比利亚半岛战争初期，旧钩镰过于沉重，并且有边缘，士兵在试图砍掉枯死的树枝时，旧钩镰的边缘会像铅一样弯曲，因此，许多士兵将旧钩镰扔了，但更谨慎的士兵用旧钩镰换得葡萄园里葡萄牙人使用的更轻、更好的钩镰。

在野营，并且天气状况良好的时候，一切都在欢快地进行着，但时至今日，只要想起古代的风湿病，即使最坚强的人也无法抵挡。罗伯特·克劳弗德少将在科阿河的前夜、在萨拉曼卡战役和滑铁卢战役前夜及其他许多不那么令人焦虑的夜晚，暴雨不但浸湿了大地，而且不幸地浇湿了所有休息或试图休息的官兵。顺着棚顶上一些像避雷针一样东倒西歪的棍子，雨水流到士兵们最不想它们流到的地方。洪水暴发更使官兵们无法安睡。当然，在潮湿的情况下休息是不可能的，即使虫子也会从地里钻出来，因为对虫子们来说，地里太湿了。在这样的一个夜晚，士兵们饥肠辘辘地等着黎明的到来。更糟的是，他们只找到一堆子弹做早餐。但在比利牛斯山脉，在更幸运、更干净的帐篷里，山间的暴风雨将帐篷上的木桩拔了起来。随后，木桩落下来，砸在士兵身上。士兵躺在可怕的、潮湿的帆布褶皱中，挣扎着。然后，传来了笑话“啊嘿！船呀”（船员用以吸引注意力的喊声），或者一些士兵发出的笑声，他们将痛苦变成欢笑，并且重新

① 这些都可以在上面提到的《外围哨所的菲茨克拉伦斯》中找到，内容都是全文印刷的。很容易找到。——原注

② 后来，骡子被分配搬运帐篷。——原注

振作起来，从湿漉漉的地上爬出来。然而，以上都是回忆，尽管经历过痛苦，也有风湿病后遗症，但对现在躺在圣诞火炉边，参加过伊比利亚半岛战争的老兵来说，这仍然是一种令人愉快的经历。

这可能是一位来自轻型师的伊比利亚半岛战争匿名老兵对威灵顿公爵阿瑟·韦尔斯利改进军队行动方式的长篇生动描述。在此基础上，我们只需多说几句话。在实际工作中，这篇文章描述的平稳工作状态并不总能得到保障。由于匆忙、行军方向的意外变化和变幻莫测的天气，有些行军无法执行。当法军突如其来的行动迫使威灵顿公爵阿瑟·韦尔斯利将军队扔在一条他不打算走的路线上时，他的军队就无法执行提前探路的军官的精心安排。当一个师在深夜并在某个意料之外的目的地停下来时，这个师既不能选择兵舍，也不能在空地上建造前文叙述的营地。在黑暗中，一切或多或少是杂乱无章的。在炎热或暴风雪天气中，掉队者很多，“请假条”的规则也被打破了。以上的描述适用于长时间的有序行动，比如1812年前往马德里，或者1813年前往维多利亚的行军，但这篇文章没有重现混乱和痛苦的行军记忆。这种混乱和痛苦是来自仔细阅读了关于布尔戈斯撤退的任何描述，或者了解了比利牛斯战役前夕仓促拦截让-德-迪厄·苏尔特元帅发生的混乱。一位士兵日记作者①提供了一幅第一次提到的行军画面，其中的一段引文也许足以作为反面案例。

在任何时候，撤退都是一件令人痛苦的事情，在1812年11月这样糟糕的天气里，撤退就更痛苦了。倾盆大雨将我们浇透，这条路上满是黏土，黏在我们的鞋子上，并且将我们的鞋扯下来。夜色阴沉，阵阵寒风猛烈刮来，道路状况变得越来越糟。在这样糟糕的状态下行进了几个小时后，我们在路边的田野里停了下来，并且放下武器，被允许尽最大的努力放松自己。月亮在厚厚的云层中穿梭而过，有时会对形形色色挤在一起试

① 约瑟夫·唐纳森：《约瑟夫·唐纳森中士回忆录（第九十四团）》，伦敦，1825年，第179页到第181页。——原注

图休息或遮挡严寒的可怜人透出一丝短暂的光芒。有些士兵躺在潮湿的地上，裹着更湿的毯子。有些士兵将背包放在一块石头上，坐在背包上面，裹着毯子，头靠在膝盖上，冷得牙齿打战。天亮前，我们接到命令，继续撤退。雨还在下着，道路上的泥没过了膝盖。许多士兵疲惫不堪，跟不上军队撤退的速度。弹簧车不能将士兵们全部拉上。因此，许多士兵落在后面。最终，他们落入了法军骑兵手中。由于管理不善，军需物资被放在带往罗德里戈城的行李前面。我们没有食物，饥肠辘辘——一些留在师里的牛被宰杀并送到我们手中。我们尝试用潮湿的木头点火，但毫无意外地失败了。有时候，我们只是设法生起一堆烟，大家聚集在火堆周围。然而，无论我们如何努力，这堆火还是会熄灭。

一种强烈的绝望占据了我们的头脑。此时，曾经在和平日子里友好相处的士兵开始发生争吵，并且彼此用最可怕的话形容最轻微的冒犯。一种厌世的情绪占据了每位官兵的头脑。此时，山间的小溪涨成河流，我们不得不涉水穿过。许多人掉入溪中，甚至军官也不例外。看到这些人用坚定的意志拖着四肢，但最后倒在泥里，无法继续前进，真是可怜。在其他任何时候，掉下去的人看到我们路过时的绝望表情都会刺穿我们的心，但此时的我们没有感情，即使我们有同情心，也没有能力给予他们帮助。

最后雨总算小了些，但冷得厉害。在夜间，撤退的军队停下来时，许多士兵倒在泥里，祈求死亡，以减轻自己的痛苦。有些人的祈祷没有白费，因为第二天早上，我们偶然发现几个在夜里死去的人。无意中，我踩在一只脚上，于是弯下腰去摸。我永远无法忘记心中令人作呕的战栗，因为我的手碰到了死者冰冷的、湿漉漉的脸。这一天，我们比平常更早地停下来。天气变得晴朗，我们点着火，但除了我们扎营的一片树林里的橡子，没有什么食物可以供我们吃。我们贪婪地将橡子吃掉，尽管橡子的味道令人极度恶心。第二天，我们忍受的痛苦也是一样的，甚至更严重。接下来，在黑暗中接近罗德里戈城时，我们才停了下来。最终，我们听到了熟悉的“出来吃饼干”的召唤。我们终于有饭吃了。每个人都抓住了自己能抓到的东西，而不是像通常那样井然有序地接受食物。此时，折磨我们四天的寒冷和疲劳及其带来的可怕痛苦开始减轻。

第 16 章

运力及随军妇女

精彩看点

军官的私人行李——各级军官运力的配备——畜力的价格——军官的随从——葡萄牙随从——随军妇女——随军妇女对军纪的破坏——随军妇女的婚姻状况——一幅英国军人家庭画

威灵顿公爵阿瑟·韦尔斯利的军队很庞大。除了用骡子和牛车运送的公共储备物资，这支军队还要运送大量私人行李。对现代学生来说，军官的装备，尤其是高级军官的装备，是十分沉重的。对军官沉重的行李，当时法兰西的观察家们发表了很多评论。马克西米利安·塞巴斯蒂安·富瓦说："看看英军身后的大量行李和随军流动的平民，你会以为你看到的是古波斯帝国君主大流士的军队。只有当你在战场上遇到英军时，你才意识到自己必须和亚历山大的士兵们打交道。"产生大量行李的部分原因是18世纪松懈习俗的延续，但更多的是威灵顿公爵阿瑟·韦尔斯利军队驻扎的国家的特点。在西班牙或葡萄牙的内陆地区，英军没有什么东西可以采购。除了在最大的城镇，英军连最简单的小奢侈品，如茶、糖、咖啡，都无法购得。同样，更换新衣服也是不可能的。士兵们必须随身携带他们需要的任何东西。因此，伊比利亚半岛战争不像在法兰西、比利时、德意志或意大利进行的战争。在威灵顿公爵阿瑟·韦尔斯利开始执掌伊比利亚半岛军队时，他制定了一条规定①，即马车上不得携带私人行李，"携带行李的人必须配备骡子和马"。随后几年中，这一命令一再被重复颁布②。后来，伊比利亚半岛军队有了一大批为不同等级军官配备的马匹和骡子。在规模上，两名中尉必须共享一个驮兽，上尉可以用一头骡子

① 《威灵顿公爵阿瑟·韦尔斯利一般命令》，1809年5月23日。——原注

② 见《一般命令选编》中1811年和1812年的斥责，第20页。——原注

或马[①]。然而，早在1809年9月1日，军队就颁布了一项更自由的津贴政策。当天的一般命令中，我们得到了一张从总司令开始的，精心制作的各级粮草配给表。虽然中尉每人可配给一份口粮，但高级军官配给的口粮大幅度增加，指挥一个连的上尉可以获得五份口粮，一名少校可以获得七份口粮，一名中校可以获得十份口粮，一名副官甚至可以获得二十份口粮。由于对高级军官的口粮配给太慷慨了，导致马和骡子负担的行李远远超过其合理的承受范围。为在野外服役时，军官们能有足够的装备，无论是参谋还是团长，在第一次参加战斗时，都可以领取可供两百天使用的"驮鞍、行李和粮草钱"，这大概是为帮助他们购买驮兽。规定的粮草是十四磅的干草或本国稻草、十二磅燕麦或十磅大麦或印度玉米。当里斯本可以采购英国干草时，只有十磅，而不是十四磅本土干草。在这一配给制度下，上尉会给自己配一匹马，通常是一匹小型葡萄牙马，并且有一头骡子为他搬运行李。如果中尉养着一头骡子，那么他必须自己步行。但很快，地位较低的军官也开始骑马。无论如何，中尉或其他职位较低的军官经常骑马。在伊比利亚半岛军队老兵留下的日记中，最常见的莫过于年轻军官第一次到达葡萄牙时，在里斯本的马市为自己买了两头牲畜，一般是一匹野马和一头骡子。有时，他还会从英国购买一匹马[②]。更常见的是，他在里斯本的马市上买了"一匹搬运行李的骡子，还有一匹纯种马"[③]。

其中一个曾经做过这种买卖的人写道："唯一方便的购买机会是每星期二在里斯本市郊的一座集市中。那里的马、骡子和驴都是可以买卖的，并且与所有市场一样，其价格主要取决于对牲畜的需求量。有着英国骑师般热情的葡萄牙马贩子会帮你挑选合适的马，但对做生意，他们并不精通。在集市上，你可以买卖牲畜，

① "在约翰·摩尔爵士的命令下，步兵连的每一名上尉都配备一匹马或一头骡子，中尉共用一匹马或一头骡子。"根据约翰·克洛克爵士的命令，这也是这支军队的规则，中尉们允许配备一匹马或一头骡子（参见《威灵顿公爵阿瑟·韦尔斯利一般命令》，第122页）。——原注

② 我发现，例如，在日记中，抵达葡萄牙时，第二副官霍夫立刻得到"两个仆人，一匹乡间马和一头骡子"。在只是担任副官时，第九十五团的乔治·西蒙斯和哈利·史密斯就习惯性地骑马。第八十八团的威廉·格拉顿中尉也是如此。第三十四团的贝尔很穷，只能和另一个小伙子"共用一头驴子"。托马斯·邦伯里和另一位中尉"共用一匹马和一头骡子"。在第一次参加伊比利亚半岛战争的战斗时，第五十二团的威廉·海只有一头骡子，但在战场上待了不到一年，他就购买了一匹葡萄牙母马。——原注

③ 参见那首有趣的打油诗《约翰尼·尼纽康的军事历险记》。——原注

并且讨价还价，最后成交付钱，但不能变更已经完成的交易。此外，在集市上，作为支付媒介，英国基尼没有吸引力，元或摩多尔是主要的支付媒介，但1813年起，基尼成为英军的主要支付货币后，葡萄牙人开始了解基尼的价值。对想要现金的军官来说，在伦敦用汇票买房子很常见。但基尼汇率很高，基尼与美元的汇率是六比一，以六便士对一美元的价格，一美元只能换来五先令。因此，每兑换一克朗就损失了十八便士。”④

品质好、个头大的西班牙骡子的价格和西班牙小马的价格一样，或者与西班牙小马的价格差不多。五十美元到九十美元是购买一头好品质骡子的普通价格。对一匹英国马来说，三十五英镑到四十五英镑被认为是比较便宜的价格⑤，但购买一匹葡萄牙马可能只需要花费十五英镑或二十英镑。

一名在前线活跃的评论员写道："由于搬运行李困难，一个现役团不能像在英国那样维持正常的编制。每个军官都有义务管理自己的行李，军官们通常分成两人或三人的小团体。然而，这种划分小团体的方式大大影响了中尉这一军官群体，因为他们每人只被允许与人共用牲畜运载行李，或者最多只允许用一只动物运载行李。为拥有更多食物，中尉们不允许增加任何额外的行李。中尉只得到了配给的食物，还有一个供烹饪用的露营水壶。此外，我们必须想到获得额外食物的困难和军需资金的匮乏。因此，大约三分之二的中尉们能经常吃点牛肉和饼干，喝点朗姆酒和葡萄酒等通常令人讨厌的饮品。军官们主要的奢侈享受是饮用一滴白兰地和一杯塞格酒。至于衣服，中尉只被允许带一小皮箱衣物，如果一名中尉穿坏了或者丢失了团服，就得临时找一件替代衣服，如他的外套。为中尉配备的马甲的样式也很花哨，有黑色、蓝色或绿色等颜色，质地为丝绸或天鹅绒。”

然而，尽管军官，或者至少是下级军官，认为在驮运行李的重量上，自己受到严格限制，但一个团的私人骡子，特别是高级军官的骡子，至少有二四十头，此外，还有大约十三头属于团的公共骡子。在这十三头骡子中，一头骡子负责驮运每个营的

④ 参见《约翰尼·尼纽康的军事历险记》的注释，第30页。——原注

⑤ 在离开伊比利亚半岛前，第八十八团的威廉·格拉顿中尉在里斯本的马市上卖掉了他的马，并且获得一百二十五美元，按当时汇率，相当于三十一英镑五先令。布思比认为自己很幸运，因为他只用了三十基尼就买了一匹红色英国种马，一头驴只卖了十五美元。——原注

野营水壶，一头骡子负责驮运加固工具，一头骡子负责驮运出纳员的记事簿，一头骡子负责驮运外科医生的医疗柜。如果加上高级军官的私人马匹和富有的下级军官购买的马匹，那么该团的马匹和骡子会组成一支十分庞大的队伍，甚至足以挡住一条路或堵住一座堡垒。不幸的是，骡子和马必须有饲养员、马夫和骡夫。威灵顿公爵阿瑟·韦尔斯利反对从士兵中挑选骡夫①。当然，每位军官都有一个骡夫，但他们不能成为现役士兵，只能在驻扎营和营房中照料军官的驮畜。因此，英军军官不得不雇用葡萄牙当地仆人——即使是最穷的两名英军士兵也希望一个葡萄牙男孩来照顾他们的骡子。一名上校大概有三四名随从。因此，为管理私人和公共行李，每个营都有二三十名随从。在这些随从中，少数是英国人，绝大多数是西班牙人或葡萄牙人。

不可否认，西班牙或葡萄牙的随从名声不好，并且获得坏名声基本上是罪有应得。虽然在葡萄牙乡下，许多体面的农村小伙子被来得更早的英国军官雇用，并且成为忠诚可靠的仆人，但大多数随从并不令人满意。在里斯本的码头，一个新登陆团的军官们接到命令时，通常只有两三天的时间挑选随从，但他们选中的随从大多是“不受欢迎的人”。如果选中的随从中只有少数随从是“破产者”，即在任何时候都会寻找面包的农民，那么大多数随从都是海港城的渣滓、最低级的暴徒。最好的葡萄牙人都在葡萄牙王国的军队里，葡萄牙王国军队的征兵系统正在开展大范围的征兵工作，很少有体面阶层的年轻人能逃过征兵官或民兵组织。在一名英国军官手下做私人服务并不能获得葡萄牙工人的青睐，因为这名英国军官是一个难以理解的外国人，很可能是一个严厉不讲理的主人。然而，成为英国军官的仆人确实吸引了葡萄牙当地贫穷的无赖，因为他们希望有机会欺骗一个对自己的国家、自己国家的习俗及其物价一无所知的雇主。因此，这类仆人挪用公款的机会很多。此外，许多葡萄牙人希望获得更多利益。日记显示，在匆忙雇用的骡夫和仆人中，很大一部分人会在几天后带着主人的骡子和皮箱潜逃。此后，他们的踪影难觅。没有带着主人的骡子和皮箱潜逃的随从负责照看战场、营地和路旁的战利品。正是没有潜逃的葡萄牙随从抢劫了醉醺醺的士兵、守备不善的小卖部或者偏僻的村庄。在晚上，他们会溜出

① 有几次对无视这一命令，将一名仆人或骡夫挡在军队之外的军官的军事法庭审判。——原注

去，在别的团中偷偷抢劫。除非报道有失偏颇，在英军士兵看不见葡萄牙随从的时候，葡萄牙随从会习惯性地敲打法军伤员的头[①]。考虑到法军士兵在葡萄牙犯下的暴行，敲打法军伤员的头被视作自然的报复行为，但可以肯定的是，英军伤员也经常遭到抢劫，并且有时，人们怀疑英军伤员会被谋杀。西班牙籍随从比葡萄牙籍随从更残暴。当然，以上不端行为的罪魁祸首不只是军官的私人雇员，军需部门的公共骡夫及英军中的其他随从也拥有同样的坏名声。正如前面已经提到的，在整个伊比利亚半岛战争中，最大胆的盗窃行为是由两名“正式随从”犯下的。1814年，这两名“正式随从”偷偷进入葡萄牙王国议会，偷走了价值不少于两千英镑的黄金。被发现后，两名“正式随从”受到法律的严厉惩罚。从他们的姓名看，似乎一名“正式随从”是法兰西人，另一名是西班牙人。有两本日记都提到一个可怕的故事。这个故事讲述了在饥饿时期，一个营地随从将一具法兰西士兵的尸体切割，并且当成猪肉卖给英军士兵[②]。在没被抓住及枪毙前，这名营地随从逃跑了，但当时，盗尸者很常见。

英军的随从绝不完全是外国人。妨碍军队自由行动的一大严重障碍是当时普遍存在的一种令人不快的做法，即允许英军驻外军队携带一部分妇女，每连被允许携带四名到六名妇女。妇女们大多骑在驴上，其中有四十人到六十人是每团最难管理的人员。她们总是步履蹒跚，或者被甩在后面，因为她们跟不上军队经常采取的行军速度。在每一本回忆伊比利亚半岛的书中，我们几乎都可以找到这种悲剧，它们通常是最令人痛心的一种。特别是，我们可能会提到在科鲁尼亚撤退中，这些可怜的女人死在雪地里，或者落入法军手中。1812年到1814年，即伊比利亚半岛战争的最后三年，第四十二团的一名已婚中士带着他的妻子一起行军。对这段经历，他写了一本有趣的小书，书中写的是这对夫妇经历的变化和焦虑[③]。我知道关于伊比

① 一位军官说，他看到自己的骡夫，年龄在十岁或十二岁左右，在萨拉曼卡故意用一块大石头敲打法军伤员的脑袋。另一位日记作者说，一名法军伤员去找外科医生。然后当他回来时，这名法军伤员被刺伤，还被剥光了衣服。第三个人说：“我发现自己在死人和垂死挣扎人群中间，这是人性的耻辱。据说，伤病员都被剥光了衣服，有的半裸着，有的完全赤裸着，这主要是由那些人面兽心的恶魔，残忍、懦弱的葡萄牙随从、冷酷的恶棍造成的。在我们受伤的军官临死前，葡萄牙随从竟掠夺了他们的财物！”——原注

② 参见罗斯·莱文：《伊比利亚半岛战争中第三十二团》，伦敦，1832年，第205页。——原注

③ 詹姆斯·安东：《军事生活回顾》，爱丁堡，1841年，第60页和第61页。——原注

利亚半岛军队中对伊比利亚半岛军队军人妻子的最好描述是第三十四团中乔治·贝尔爵士的自传①。

许多士兵的妻子像砖块一样依附于军队。她们不遵守一切军事纪律，有时严重阻碍我们的行军，尤其是在撤退时。由于军队对她们有特殊的指导，她们成为一般命令的对象。她们不受控制，总是走来走去，并且堵住狭窄的通道，用驴子阻止军队前进。她们被反复命令跟在各自军队的后面，否则她们的驴子会被打死。在从布尔戈斯撤退的路上，我记得毕蒂·弗林太太曾说过，"我希望看到那个胆敢开枪打死我驴子的人。我相信，我早到了，他们谁也抓不到我。姑娘们，你们愿意和我站在一起吗？""是的，我们每个人都来。"她们一大早就出发了，开始讲关于师级命令、威灵顿公爵阿瑟·韦尔斯利、指挥官和下一次宿营的笑话。唉！宪兵司令提前到了。他是个当权者，对作恶者来说，他是个恶人。距小路的一个狭窄拐弯处一英里到两英里的地方，宪兵司令等着这群女士。随后，他下令射杀了前两头驴。接下来，一阵狂野、猛烈、狂暴的喊叫声响起，这是比在爱尔兰葬礼上，人们通常听到的还要恐怖的哀号与哭泣。此时，妇女们正为杀害了可怜而亲爱的无辜者生命的流浪汉祈祷。对此，她们会说："营地宪兵司令面孔丑陋，走霉运，愿秃鹫挖出他的眼睛后，他才能回家。"随后，妇女们拿起她们能携带的行李，跟团一起行进，哭泣并哀叹着她们悲惨的命运。她们能忍受这一切真是太好了——尽管有了营地宪兵司令的警告，第二天，她们还是一早就站在军队最前方。正如她们的首领斯基迪夫人说的那样，"我们必须冒着某种危险站在他们前面。他们行军和劳动后，我们要将火和一大袋泰伊酒放在他们面前。当然，如果我们运气不好，到了法军那里，他们就会俘虏我们和我们的驴。在没有我的情况下，丹·斯基迪就会完全消失。"

士兵们的妻子确实是一个非同寻常的群体。她们像钉子一样坚韧，

① 乔治·贝尔爵士：《简记》，伦敦，1867年，第74页和第75页。——原注

是专业的掠夺者。在其所在的营中，她们是优秀、狂热的游击队员，十分喜欢战斗。她们中的许多人是寡妇，她们结婚的次数高达两次甚至三次以上，因为当一名已婚男子被枪杀，并且他的妻子是一个能干又讨人喜欢的人时，她会在丈夫去世四十八小时内收到六份求婚申请。由于回到英国或爱尔兰那些很可能已经与“和士兵私奔的女孩”决裂的亲戚家是一次危险的旅程，大多数寡妇决定加入所在的营，换一个新的配偶和新的名字。随着战争的持续，许多寡妇找到了葡萄牙和西班牙当地的配偶，并且加入了西班牙王国或葡萄牙王国的军队，成为通晓多国语言的人。1814年，伊比利亚半岛战争结束时，波尔图发生了一起令人痛心的事件。当时，威灵顿公爵阿瑟·韦尔斯利发布了一项命令，即所有在上校许可下，无法证明自己与士兵合法结婚的外国人，都将被拒绝运送到不列颠群岛[①]。只有在少数情况下，士兵们才能找到钱，并且雇用私人商船将自己的外籍配偶带回家。一队归国的葡萄牙士兵带着大部分士兵妻子回到伊比利亚半岛，这是一次令人沮丧和痛苦的集会[②]。

不寻常的是，个别伊比利亚半岛军队的军官不明智地将妻子带到前线，使夫妻两人都开始焦虑不安，也给可怜的妻子们的生活带来了可怕的困难。其中，最著名的一个案例是罗兰·希尔子爵的高级副官柯里上尉。我发现他的妻子曾多次为第二师的工作人员泡茶，并且在师安顿的几天里举行了一些招待会。另一位是多比亚克夫人，她是第四龙骑兵团上校詹姆斯·查尔斯·多比亚克的妻子，威廉·弗朗西斯·帕特里克·内皮尔曾提到了詹姆斯·查尔斯·多比亚克上校在萨拉曼卡战役中的历险经历[③]。但关于多比亚克夫妇的起起落落，我们可以在哈里·史密斯爵士的自传中找到。当时，哈里·史密斯爵士是第九十五步枪兵团的一名中尉。哈里·史密斯

① 威灵顿公爵阿瑟·韦尔斯利规定，上校可以允许“少数证明自己是以结婚为目的”妇女，陪伴她们依附的士兵。参见《威灵顿公爵阿瑟·韦尔斯利一般命令》，1814年4月26日。——原注

② 详情见约瑟夫·唐纳森中士的《一个士兵的多事之秋》，伦敦，1825年，第231页，第232页。——原注

③ 查尔斯·欧曼：《伊比利亚半岛战争》，第4卷，第276页。威廉·汤姆金森的《日记》中也提到了这一点，第185页。——原注

爵士的故事众所周知，他曾在巴达霍斯战役的恐怖中解救出年轻的西班牙女士胡安娜·玛丽亚·德·洛斯·多洛雷丝·德·莱昂·史密斯。两天后，哈里·史密斯爵士与胡安娜·玛丽亚·德·洛斯·多洛雷丝·德·莱昂·史密斯结婚，并且在伊比利亚半岛战争的剩余三年，即1812年到1814年，与她在一起。他们的流浪故事，正如哈里·史密斯爵士讲述的，是最感人的爱情故事之一。忠诚的爱情，苦难中的快乐，任何人都能读懂这个故事。哈里·史密斯爵士与他的西班牙妻子胡安娜·玛丽亚·德·洛斯·多洛雷丝·德·莱昂·史密斯在风风雨雨中一起生活了四十年。她活了下来，人们以她的名字命名莱迪史密斯镇。后来，哈里·史密斯爵士在南非指挥军队，并且以他的名字命名友好小镇哈里史密斯镇。哈里史密斯镇没有拉迪史密斯镇那样著名，

胡安娜·玛丽亚·德·洛斯·多洛雷丝·德·莱昂·史密斯

路易－弗朗索瓦·勒热纳上校

因为拉迪史密斯镇总与对胡安娜·玛丽亚·德·洛斯·多洛雷丝·德·莱昂·史密斯的记忆联系在一起。

巴黎有一幅著名艺术家路易-弗朗索瓦·勒热纳上校的素描。当被囚禁在埃尔瓦什时，路易-弗朗索瓦·勒热纳画了一幅英国军人家庭的画。正如他在日记中描述的那样，“上尉先是骑着一匹上好的马，用阳伞挡住太阳。他的妻子穿着十分漂亮，戴着一顶小草帽，骑在骡子上。他的妻子不仅遮着阳伞，膝盖上还有一条黑褐色的小狗。此外，她还用一根绳子牵着一只为她提供羊奶的山羊。妻子的旁边是爱尔兰护士。这名护士抱着一个由绿色丝绸包裹的婴儿。这个婴儿是这家人全部的希望。上尉的仆人，一个手榴弹兵走了过来，偶尔用一根棍子戳一下那匹久经考验的女主人的马。军队的最后是一头驴子，它载着各种各样的行李，其中包括一只茶壶和一个金丝雀笼子。这头驴由一名身着制服的英国仆人看管。仆人骑在一匹结实的马上，手里拿着一根长长的发条鞭，偶尔会用鞭子抽打这头驴，以使它加快步伐前进。"①

这幅画的内容如果不夸张，那么肯定有助于我们理解威灵顿公爵阿瑟·韦尔斯利对前线随军妇女强烈的反对态度及我们对伊比利亚军队中各式各样行李的了解。

① 《路易-弗朗索瓦·勒热纳回忆录》，第2卷，第108页。我有一点倾向于认为，这可能是罗兰·希尔子爵的高级副官柯里的家庭状况，因为路易-弗朗索瓦·勒热纳上校曾在埃尔瓦什-奥利文萨见过这一景象，并且第二师曾驻扎在那里。——原注

第 17 章

围攻

精彩看点

伊比利亚半岛军队鲁莽的围攻——伊比利亚半岛军队的火炮配置——伊比利亚半岛军队薄弱的矿工和工兵配备——伊比利亚半岛军队改善火炮配置——巴达霍斯围攻险胜——对巴达霍斯围攻伤亡原因的分析——布尔戈斯围攻——血腥的圣塞巴斯蒂安围攻——普通士兵对围攻的厌恶

众所周知，伊比利亚半岛军队在围攻问题上的记录并不是其编年史上最精彩的部分。这里提到的不是巴达霍斯或圣塞巴斯蒂安战役后的狂欢，而是在前期行动及围攻布尔戈斯时，他们发生的不幸事件。在残酷的围攻中，伊比利亚半岛军队表现出了足够的勇气。在很大程度上，他们的毅力也得到了体现。此外，在某种程度上，伊比利亚半岛军队并不乏军事技能。但与威灵顿公爵阿瑟•韦尔斯利军队在野外取得胜利的伟大故事相比，有关围攻的故事可以说是可悲的。因为伊比利亚半岛军队缺乏装备和相应的组织，所以取而代之的是鲁莽的勇气。最终，在围攻行动中，伊比利亚半岛军队血流成河，有时甚至毫无战果。

很难说清谁该为围攻的失败负责。正如在通常情况下，当战斗失败时，显然应该是整个作战团体受到责备，而不是任何个人或小团体。大不列颠与法兰西的战争已经进行了十六年，但1794年起，大不列颠军队开展的无数次远征中，从没有被迫进行过大规模的定期围攻。对印度本土古老堡垒的袭击，对马耳他或亚历山大的封锁，对法拉盛或哥本哈根的轰炸，我们几乎没有必要提及。这些战役不是1811年或1812年，威灵顿公爵阿瑟•韦尔斯利必须进行的军事行动。很长一段时间以来，伊比利亚半岛战争一直被认为是一场纯粹的防御性战争。这场战争关系对葡萄牙的保护，可以说几乎是对里斯本的保护，从而使其不受法兰西侵略者的侵扰。英国政府不断向威灵顿公爵阿瑟•韦尔斯利派遣增援部队，但对伊比利亚半岛战争，英国政府认为，实力过于强大的法军总有一天会迫使威灵顿公爵阿瑟·韦尔斯利再次发起进攻。威灵顿公爵阿瑟·韦尔斯利认为再次发起进攻这件事绝非不可能。

但1811年春，显然，一场防御性战事可能会有进攻的插曲。利弗里公爵安德烈·马塞纳从托里什韦德拉什防线前撤退后，威灵顿公爵阿瑟·韦尔斯利不得不保护葡萄牙的边境地区。为有效保卫葡萄牙边境地区，威灵顿公爵阿瑟·韦尔斯利需要收复阿尔梅达、罗德里戈城和巴达霍斯。1810年夏，这三座城市曾被英国和葡萄牙王国军队控制，但1811年春，这三座城市又成为法军要塞。为收复这三座城市，威灵顿公爵阿瑟·韦尔斯利需要一支能展开进攻的大型军队。这支大型军队能随时为围攻做好准备，但他手里没有一支能展开进攻的大型军队。在托里什韦德拉什防线及在埃尔瓦什、阿布兰特什和佩尼谢的城墙上，盟军配备了一些重炮。为保护重炮，盟军还配备了许多葡萄牙炮兵连，几个英国连也被调去保护重炮。然而，重炮和炮手结合并不能组成一列进攻队伍。组成进攻队伍还需要大量交通工具。但1811年春，交通工具不归威灵顿公爵阿瑟·韦尔斯利指挥。在葡萄牙，几乎所有的牛车和骡子都被用来运送伊比利亚半岛野战军需要的粮食和行李。本来十分有用的水路运输只能在塔古斯河和杜罗河下游几英里处使用。1811年4月起，盟军绝对不可能对阿尔梅达展开定期围攻，这不是因为葡萄牙王国军队没有炮或炮兵，而是因为当时无法转移炮和炮兵。威灵顿公爵阿瑟·韦尔斯利甚至没有尝试过围攻，他只满足于封锁。在葡萄牙的另一边，盟军中有人试图围攻巴达霍斯。围攻巴达霍斯是有可能的，因为在巴达霍斯的几英里范围，有葡萄牙王国军队占领的埃尔瓦什要塞。从埃尔瓦什要塞，盟军借来了一支仓促组建且并不合适的攻击西班牙要塞巴达霍斯的部队。

1811年，盟军对巴达霍斯的前两次围攻都失败了，这是因为偶然组建的攻击队伍完全不适用于其所在部队。亚历山大·迪克森是一位热心而能干的军官，负责炮兵工作，接到了一项不可能完成的任务。亚历山大·迪克森手下有大约四百名葡萄牙炮手和一百二十名英国炮手，这些炮手都没有受过围攻训练，却要操控一批陈旧的无法使用的大炮。从埃尔瓦什借来的大炮口径不规则，样式古老。不可思议的是，一些二十四磅铜炮有着近两百年的历史。在有关二十四磅铜炮的记录中，观察

约翰四世

家们不但可以看到葡萄牙布拉干萨王朝第一任国王约翰四世的装备和密码，还可以看到与英格兰国王詹姆斯一世和查理一世同时代的西班牙国王腓力二世和腓力四世的装备和密码[①]。甚至葡萄牙炮兵拥有的更好的大炮都是过时的18世纪大炮。在葡萄牙炮兵提供的大炮中，没有两门大炮口径相同，其使用的炮弹大小也不一致。炮兵们必须为每一门特定的大炮选择一堆特殊的炮弹。实际上，这些炮形成了一座"火炮博物馆"，而不是一支有效的突击队。因此，炮打得又乱火力又弱，炮手也没有围攻经验。难怪他们的作战效果很差。

但这并非全部，事实上，火炮的低效也许是早期对巴达霍斯两次围攻失败的次要原因，而不是主要原因。更重要的是，在工兵和炮兵的配置方面，威灵顿公爵

① 见亚历山大·迪克森：《亚历山大·迪克森文集》，第448页。——原注

阿瑟·韦尔斯利的军队显得同样薄弱。在伊比利亚半岛军队中，受过训练的工兵军官人数很少，大概不超过三十人。然而，在工兵军官手下服役的普通军官中，几乎没人受过工程学训练。实际上，1810年，被称为“皇家军事工匠”，即“皇家工兵和矿工”的前身，只是三十四名成员。1811年，“皇家军事工匠”的人数还没达到一百人。此外，“皇家军事工匠”中的许多成员和威灵顿公爵阿瑟·韦尔斯利的野战军在遥远的贝拉边境。1811年5月，围攻巴达霍斯前，“皇家军事工匠”只有区区二十多人。对于展开围攻需要的战壕工作，工兵必须从伊比利亚半岛军队中借来未经训练的志愿者，并且让志愿者们在法军炮火下接受工兵军官的指挥。然而，志愿者的老师几乎和志愿者们一样不了解实际的围攻行动。正如人们已经说过的那样，多年来，英军几乎没有进行过围攻。

的确，伊比利亚半岛军队的军官们很热心，也很聪明。他们即使不精通围攻的简单战术，也是鲁莽勇敢的，但勇敢并不能弥补围攻经验的缺乏。显然，在早期展开的围攻中，英国和葡萄牙王国军队制订的围攻计划并不明智，普通士兵执行围攻计划也不熟练。他们在巴达霍斯选定的攻击点是其堡垒中最强和最不容易攻入的地点，而不是1811年2月，法军围攻巴达霍斯成功时采取行动的地点。之所以选择在最不容易进攻的地点展开围攻，是因为英军在“争分夺秒”地工作。此时，法军正在集结并开始救援巴达霍斯内的守军。如果围攻巴达霍斯需要花费几个星期的时间，那么法军肯定会有一支压倒性的武装力量来对付伊比利亚半岛大军，并且迫使其离开。因此，在两次不成功的围攻中，工兵军官都试图在具有决定性意义的地方攻破巴达霍斯。他们还认为，从占领外垒开始或者在城下建造一处住所是毫无用处的，这将使巴达霍斯更强大的阵地完好无损并有能力展开进一步的防御。伊比利亚半岛大军袭击了位于圣克里斯托瓦尔的高高的堡垒和高处的城堡。工兵军官争辩说，如果伊比利亚半岛军队能攻占这些堡垒中的任何一个，那么整个堡垒就由伊比利亚半岛军队控制了。然而，事实证明法军在这两个攻击点的实力太强了：圣克里斯托瓦尔的石山被证明不可能开展战壕工程。通过穿过空地的柱子并试图不顾一切地冲破堡垒的尝试也失败了，伊比利亚半岛大军损失惨重。城堡的墙壁经过长时间的破坏后，并没有崩塌成可以通行的裂口。在任何巴达霍斯的堡垒尚未攻破前，法军的援军出现了。1811年5月，威廉·贝雷斯福德子爵将军在阿尔布埃拉击败了第一条战壕的法军，然后重新发起围攻。由让-德-迪厄·苏尔特元帅和奥古斯特·冯·马尔蒙一起防守的法军第二条战壕实力相当强大，威灵顿公爵阿瑟·韦尔斯利不敢面对这条战壕。1811年7月，威灵顿公爵阿瑟·韦尔斯利率军从他废弃的战壕撤退，随后撤退到葡萄牙王国境内。

1811年秋，在围攻时，威灵顿公爵阿瑟·韦尔斯利军队的配备发生了很大变化。威灵顿公爵阿瑟·韦尔斯利终于获得许多现代英国铁炮，比葡萄牙王国旧式二十四磅铜炮战斗力要强许多。经过无限的困难和拖延，威灵顿公爵阿瑟·韦尔斯利终于组建了一支机动性强且可以展开围攻的军队，这是亚历山大·迪克森的功劳。我们上文已经提到过，1811年7月到1811年11月，亚历山大·迪克森在阿尔梅达后面默默无闻的维拉·达·庞特镇征集了大量的马车、骡子和牛车，用来搬运重型火炮和大量重型火炮使用的弹药。随后，重型大炮从杜罗河运到拉梅戈，然后被牛拖过了山丘，因为拉梅古地区的河流无法通航。有几个英国和葡萄牙枪手连被带到了战场，并且尽可能接受围攻指导。与此同时，人数依然很少的伊比利亚半岛军队的工兵正在指导志愿者们制造大量的石笼、平台、束柴及其他围攻必需品。

伊比利亚半岛军队漫长的围攻准备工作几乎没有引起法军的怀疑，因为围攻准备工作并不引人注目，并且离前线很远。随后，围攻准备工作使1812年1月，威灵顿公爵阿瑟·韦尔斯利以前所未有的速度成功完成对罗德里戈城的围攻。罗德里戈城的要塞并不坚固且防守相当薄弱。此时，伊比利亚半岛军队的进攻队伍已经完全有能力完成围攻任务。令奥古斯特·德·马尔蒙感到惊讶和沮丧的是，在他将分散的师重新集合起来前，1812年1月7日到1812年1月19日，罗德里戈城在隆冬被围困十二天后，宣布投降。

1812年3月到1812年4月，伊比利亚半岛军队对巴达霍斯第三次围攻的结果不那么令人满意。尽管最终，伊比利亚半岛军队取得了胜利。就像1811年的两次围攻一样，对巴达霍斯的第三次围攻是“被迫”的。威灵顿公爵阿瑟·韦尔斯利充分意识到，如果久攻不下，法军的救援军队就会到来。伊比利亚半岛军队这次采用的战术比1811年采用的战术更多样，尽管只有攻克罗德里戈城的部队的部分火炮才能从遥远的贝拉边境穿过山丘，其余的火炮都是从里斯本借来的舰炮。虽然法军的炮火并不充足，巴达霍斯城墙也被彻底攻破，但战壕工程和进攻还是夺去了许多英方士兵的生命。事实上，伊比利亚半岛军队展开的主要围攻行动失败了，但巴达霍斯之所以能被攻陷，是因为两次使用梯子展开的辅助袭击都取得了胜利。其中一次袭击由托马斯·皮克顿中将指挥，另一次袭击由沃克将军和第五师的一个旅完成。威灵顿公爵阿瑟·韦尔斯利将可怕的人员伤亡归咎于用没有受过训练的工匠协助他的工兵，并且工兵不擅长围攻。工兵攻击的防御点远比1811年时攻击的防御点更有希望取得胜利，并且他们在防御点上撕开了巨大的缺口，但威灵顿公爵阿瑟·韦尔斯利对他们并不满意。在给利物浦伯爵罗伯特·詹金森的一封私人书信中，威灵顿公爵阿瑟·韦尔斯利写道：

> 围攻巴达霍斯的行动是展示我军英勇表现最有力的例子之一。但我知道，我再也不会让他们进行昨天晚上那样的进攻了。我向您保证，除非伊比利亚半岛军队拥有足够训练有素的工兵和矿工，否则我不可能在不遭受巨大损失和面临失败可能性的情况下，用"蛮力"攻击要塞。缺乏必要的士兵接近一个经常设防的地方的后果是：第一，伊比利亚半岛军队的工兵虽然受过良好的教育，也很勇敢，但他们从来没有考虑过如何开展定期围攻，因为想出在我们的军事行动中不可能完成的事是毫无用处的。工兵认为，当他们建造了一个能进行安全通信的炮台时，他们已经尽到了自己的职责。第二，这些缺口必须使用蛮力攻破，并且以牺牲官兵的生命为代价……然而，这样巨大的损失是可以避免的。在我看来，如果伊比利亚半岛军队有训练有素的人员执行攻破缺口的任务，那么在每一次围攻中，伊比利亚半岛军队都能赢得时间。我声明，我从来没有见过比巴达霍斯城墙上的三座堡垒更坚固的堡垒。如果我能"接近"这三座堡垒，那么在攻破它们时，堡垒守军一定会投降。但当1812年4月6日晚，第三次攻破缺口时，我再也做不了更多事。那时，我要么冲上去，要么放弃缺口。当我下令进攻时，我确信我将会失去我军最好的军官和士兵。对任何一个人

利物浦伯爵罗伯特·詹金森

来说，这都是一种残酷的处境，我恳请在不浪费时间的情况下，您能下令组建一支工兵和矿工队。[1]

根据威灵顿公爵阿瑟·韦尔斯利的估计，围攻巴达霍斯导致巨大伤亡的部分原因是，与其他所有军队不同，伊比利亚半岛军队缺乏正规的工兵和矿工连。此外，

① 这封信是1869年在利物浦伯爵罗伯特·詹金森的文件中找到的，并且由弗罗姆的特纳先生寄给我。——原注

英军的工兵军官缺乏执行围攻最后阶段战术的经验，即通过科学的战壕工作向斜坡和沟渠推进的经验。威灵顿公爵阿瑟·韦尔斯利说，工兵军官并没有“将注意力转向”这类行动，因为从来就没有为他们配备过熟练的工人执行这类任务。此时，伊比利亚半岛军队还不存在正规的工兵和矿工，这不是威灵顿公爵阿瑟·韦尔斯利的错，也不是大臣们的错，而是英国政府专业顾问们的错，他们早就应该指出需要一支专业的工兵和矿工队伍。利物浦伯爵罗伯特·詹金森接受建议的速度并不慢，这一点可以从他立即将现有的“军事工匠”转变为工兵的事实中看出。1812年4月23日，在攻克巴达霍斯不到三星期后，利物浦伯爵罗伯特·詹金森下达了一项命令，要求指导军队开展军事野战工作。不久，六个连被命令立即派驻伊比利亚半岛。当时，它们应该接受过军事野战训练。1812年8月4日，整个“皇家军事工匠”的名称被改为“皇家工兵和矿工”[①]。当然，直到1812年年底，第一批新型工兵连才加入威灵顿公爵阿瑟·韦尔斯利的军队。1813年春，威灵顿公爵阿瑟·韦尔斯利手下已经拥有三百名受过训练的工兵或矿工。

与此同时，伊比利亚半岛军队已经来不及围攻布尔戈斯。对布尔戈斯的围攻是威灵顿公爵阿瑟·韦尔斯利指挥的所有围攻中最扫兴的一次。在这次围攻中，伊比利亚半岛军队的所有战壕工作都是由志愿者们在八名老工匠的指挥下完成的。在八名老工匠中，一人死亡，其余七人受伤。对布尔戈斯的围攻听起来像是对巴达霍斯第一次围攻的夸张重复。围攻巴达霍斯的军队已经被遗忘。由于布尔戈斯守军的力量被低估，威灵顿公爵阿瑟·韦尔斯利没有制订任何合适的围攻策略。威灵顿公爵阿瑟·韦尔斯利手下的士兵只带了八门炮——因为围攻布尔戈斯军队使用的运输工具只能供几支备用军队使用，整个卡斯蒂尔地区都没有用于运载的牲口。事实证明，这支实力极其虚弱的军队完全不足以攻克布尔戈斯。研究伊比利亚半岛战争的历史学家写道：“如果伊比利亚半岛军队有专门进行围攻的军队，即使其作战效率适中，哪怕炮兵不够，围攻也可能进行。”[②]但当时，围攻布尔戈斯的军队中只有五名工兵在场。此外，这支军队只有八名工匠。除了借来的镐和铲子，他们没有任何工

① 见托马斯·威廉·约翰·康诺利的《皇家工兵和矿工史》，第187页、第188页和第194页。——原注

② 约翰·琼斯：《伊比利亚半岛战争中的围攻》，第169页。——原注

具。除了从布尔戈斯征用的木材，围攻布尔戈斯的军队没有任何物资，也没有多少运输工具。这使围攻布尔戈斯的军队有时不得不停止开火，以等待从遥远的马德里运来新的弹药。威灵顿公爵阿瑟·韦尔斯利下令对没有完全破碎的城墙展开多次攻击，但都失败了。1812年10月21日，在挖好战壕三十二天后，威灵顿公爵阿瑟·韦尔斯利终于率军撤退了。在围攻布尔戈斯中，他损失了近两千名士兵。

事实上，威灵顿公爵阿瑟·韦尔斯利低估了布尔戈斯守军的实力，他认为布尔戈斯很容易被攻克。威灵顿公爵阿瑟·韦尔斯利如果知道布尔戈斯守军能坚持一个多月，那么在马德里缴获的法军武器库中，他可以购买更多枪支，并且可能征用军队中的所有牲畜运送枪支。然而，当开始看到布尔戈斯的守军并不打算屈服于一场单纯的示威活动时，威灵顿公爵阿瑟·韦尔斯利想要找到必要的方法攻击布尔戈斯的守军为时已晚。最后，法军集合起来，以求从伊比利亚半岛军队的围攻中解脱，但伊比利亚半岛军队不得不退却。需要补充的是，围攻的军队对自己围攻使用手段的不足深感厌恶，他们的行动没有像在罗德里戈或巴达霍斯那样有力。此外，围攻布尔戈斯的军队发起的几次袭击没有顺利推进，战壕工作也很松懈。在1811年10月3日的一般命令中，威灵顿公爵阿瑟·韦尔斯利严厉地批评道："围攻布尔戈斯的官兵们应该知道，在围困期间作战既是他们的职责，也是他们在战场上与对手交战的一部分。他们可以相信，除非他们尽职尽责地执行分配给他们的任务，否则他们无法获得士兵们在先前围攻中赢得的荣誉……总司令希望自己将来没有抱怨的理由。"①

对圣塞巴斯蒂安的围攻，即在伊比利亚半岛战争中，威灵顿公爵阿瑟·韦尔斯利指挥的最后一次围攻，与对巴达霍斯的最后一次围攻有很多相似之处。这次围攻是在一段相当焦虑的时期进行的，让-德-迪厄·苏尔特元帅的军队一直努力阻挠这次围攻。从本质上来说，圣塞巴斯蒂安的守备很坚固。它有 座高耸的城堡，脚下的城镇只通过一条狭窄的地峡与大陆相连。这个地峡的防御工事不多，从海到海，都是由峡谷后面的城堡控制。1813年7月25日的第一次围攻是在伊比利亚半岛军队的战壕离圣塞巴斯蒂安城墙很远，城内守军的火力还没有被压制时发动的。因此，第

① 《威灵顿公爵阿瑟·韦尔斯利一般命令》，第275页。——原注

一次围攻失败了，伊比利亚半岛军队损失惨重。1813年8月31日，对圣塞巴斯蒂安的第二次围攻成功了，但结果十分血腥——伊比利亚半岛军队死伤两千人。一位权威评论员写道：“围攻圣塞巴斯蒂安的行动给我军留下一个深刻的教训，那就是展开围攻时，我军要一步步前进，并且适当注意科学和规则。在圣塞巴斯蒂安，我军企图违背或践踏这种规则，造成了某个二十天的行动延长到六十天。围攻圣塞巴斯蒂安有力地证明了塞巴斯蒂安·勒·普雷斯特·德·沃邦元帅提出的格言的真谛：‘在围攻中的仓促行事，不会加速攻克被围攻的城市，反而经常会耽误围攻的进度，并且总会出现血淋淋的场景。’”①

毫无疑问，普通士兵厌恶围攻行动，与其说是因为围攻的危险——围攻从来不缺少绝望的志愿者，还不如说是因为对围攻环境感到不适。普通士兵有一种潜在的感觉，即挖沟壕不是陆军士兵的工作，而是海军士兵的工作。士兵们长期躲在狭小的位置下是绝对必要的，并且被看作是一种逃避。参与围攻的普通士兵不顾自己的人身安全是不明智的，他们暴露自己的程度远远超出必要的程度。我猜想，在某些情况下，特别是在对巴达霍斯和布尔戈斯的早期围攻中，人们普遍感到，围攻没有得到科学而充分的指导。当士兵们在没有适当手段的情况下被迫尝试一项艰巨的任务时，人们对士兵们的要求太高了。普通士兵们肯定很清楚，围攻前线的工兵太少，炮兵不足，也没有提供适当的作战工具。因此，士兵们产生了愤怒和不满的情绪。

在罗德里戈城进行第三次也是最后一次围攻时，天气情况太恶劣了，展开围攻被视作一场噩梦。在罗德里戈城，在里昂的高地上，一月的霜冻夹杂着雨水，战壕里积聚的水经常结冰，导致士兵们的脚踝深陷在夹杂着冰和泥的深沟里，加上法军不断用炮火攻击，战壕中的士兵无法走动。因此，他们不得不忍受寒冷的折磨。虽然围攻巴达霍斯时没有遭遇霜冻，但在围攻巴达霍斯的最初几星期里，连绵不绝的冰雨同样使战壕中的士兵感觉糟糕。战壕通常有两英尺深，铲子几乎毫无用处，因为堆起的泥浆从扔进去的石堆里流走，不能在栏杆上堆积成护墙。与此相反，泥浆蔓延成更大范围的淤泥，既不能掩护也不能抵挡巴达霍斯守军的子弹。

① 约翰·琼斯：《伊比利亚半岛战争中的围攻》，第97页。——原注

我认为，在很大程度上，在围攻中经历了绝望和肮脏的辛劳，在许多天里经受令人憎恶的持续的不适和危险，解释了胜利者在罗德里戈和巴达霍斯表现出的勇猛精神。这些士兵对其遭受的苦难感到盲目的愤怒。围攻结束后，他们发现了一种发泄途径。但这种发泄途径导致的不端行为，远远超过了在一场同样损失巨大的激烈战斗后，不端行为能达到的程度。一位观察家写道："士兵们的精神达到了一个可怕的高度，我说这是可怕的，因为这种精神并不代表要实现一项即将使他们受到全世界钦佩的战绩。他们的举止中有某种东西清楚地告诉他们，他们遭受了没有抱怨的劳累，看到了他们的战友和军官在他们周围被杀害。在一人身上，他们感到痛苦，但对另一人，他们有强烈的同情。只要有身体和精神的存在，他们就会窒息，但现在，在暴风雨开始前，他们有了思考的机会，每一种美好的感觉都消失了——掠夺和报复取代了美好的感觉……一种寂静而绝望的平静取代了他们通常的乐观情绪。从他们的态度中，我们观察不到什么，我们只看到一种像老虎一样焦急地想抓住猎物的表情。"①

围攻的准备以不同的方式影响着不同的士兵：有些士兵试图弥补旧日的争吵，向对方致以歉意。许多士兵写信回家，但只有在跌倒时，他们才能将信寄回家。"每个人都按照他想象中的方式安排战斗：一些士兵放低他们的弹匣，另一些士兵将弹匣转到前面，以便更方便地使用弹匣。一些士兵打开他们的储备用的箱子或解开他们的衬衫领子，还有一些士兵给自己的刺刀涂了油。那些带着妻子和孩子离开的人——这是一种感人的景象，但没有预料到的那样多，由于长期的习惯，妇女已经习惯这种危险的情景。"②

一位聪明的中士说，等待命令的时刻充满了一种其他任何事情无法带来的压力。他说："我们感到头脑中悬着一种沉重的负担。如果我们仓促地付诸行动，那么实际情况就会大不相同。漫长的警钟、漆黑的夜色、已知堡垒的力量、突如其来的进攻危险都会令人感到沉重的负担。但这并不是缺乏勇气的表现，就像当我们进入法

① 威廉·格拉顿：《康诺特别动队冒险》，伦敦，1847年，第193页和第194页。——原注

② 威廉·格拉顿：《康诺特别动队冒险》，伦敦，1847年，中有关罗德里戈城的内容，第145页。——原注

军大炮的射程时，突如其来的平静表明的那样。”[1]当士兵们终于松懈下来时，因等待产生的厌恶情绪转化成了暴力，这并不是不自然的。在巴达霍斯和圣塞巴斯蒂安中产生的一些恐惧很可能是暴力造成的，而其余的恐惧都是因军队中一些卑劣的人故意作恶。

① 约瑟夫·唐纳森中士：《约瑟夫·唐纳森中士回忆录（第九十四团）》，伦敦，1825年，第155页，他说的是对巴达霍斯的最后一次攻击。——原注

第 18 章

制服与武器

精彩看点

伊比利亚半岛军队摆脱18世纪军装——伊比利亚半岛军队的军帽——摆脱发粉与辫子——军裤的改进——外套的变化——威灵顿公爵阿瑟·韦尔斯利对军装的态度——步兵的冬装——骑兵的军装——医生与军需官的三角帽——军装的颜色——“塔式火枪”——其他火枪——剑——作战旗帜

1809年，对团的细节问题已经得到充分解释，我们不必再去深究。然而，我们有必要对伊比利亚半岛军队的军装给予一定关注。我们可以补充一点，伊比利亚半岛军队偶尔会缺衣少食。

伊比利亚半岛军队的幸运之处在于，它组建时间较晚，摆脱了18世纪遗留的最不实用的制服——这套军装曾困扰着伊比利亚半岛战争早期的军队。18世纪的军帽形似一只海狸，侧面有一支修面刷，并且曾是荷兰和埃及军队的头饰。当时，这顶帽子已经被轻薄的毡帽代替。毡帽前面有一个黄铜牌①，还有一束羊毛簇，上面有团色②，帽子上面还装饰着白色的圆环和流苏③。与以前的军帽相比，新型军帽是一个轻型头饰，重量不大于以后的沉重的、钟顶式的皮帽。伊比利亚半岛战争早期，威灵顿公爵阿瑟•韦尔斯利反对自己的军队戴新型毡帽。他说，戴上这顶帽子，在远处就能认出自己的军队，即使士兵们穿着外套，因为新型毡帽的顶部比底部更窄。与此相反，法军的头饰总是挂着铃铛，从底部到顶部都鼓起来。实际上，伊比利亚半岛军队的军帽和法军军帽的区别是有用的。毡帽有一个保护眼睛不受

① 轻型步兵没有带有团徽或军号的铜牌，而只有一个号角。——原注

② 团色有时在前面，有时在侧面。——原注

③ 轻型步兵的军帽前面有一簇绿色的茸毛；其余几个兵团的帽檐上固定着更大的直立羽毛。——原注

阳光照射的帽檐，还有一条帽带。这是一件实用的头饰，唯一的缺点是，经过长时间的磨损和暴露，军帽的毛毡会变得柔软，可能会起皱或凸起。军帽干了后，形状很难看[①]。

直到1811年，除了步兵和轻步兵团，伊比利亚半岛军队的军官们都戴着三角帽，这是18世纪开始的习俗。1812年，新型制服问世，军官和士兵都有军帽，并且更具装饰性。新型制服问世最合理的原因是，军官和士官制服的明显差别使法军射手能挑选出军官，并且用更多子弹对付军官。废弃的三角帽是一种愚蠢的古董，一位戴过三角帽的人说，这是一种“顶上有很多羽毛的帽子的滑稽表演”，但另一些人戴的帽子完全没有羽毛。1810年到1811年冬，“简化”的帽子在托里什韦德拉什防线风靡一时[②]。毡帽在各个方面都进行了很大的改进。1811年后，只有将军和参谋、医生、军需官和乐手才戴三角帽。我记得伊比利亚半岛军队最后一位戴三角帽的军官是第四团的马奎尔中尉。1813年8月，他在圣塞巴斯蒂安战役中领导“绝望的希望”，并且戴上一顶白羽毛三角帽。他这样做是“为使自己显眼，被人认出”。显然，戴三角帽在当时是完全不正常的行为[③]。

伊比利亚半岛军队逃脱的另一种不幸也和头饰有关。1808年，辫子和发粉被取缔。对伊比利亚半岛军队来说，这项命令是一个巨大的福音。正如一个忍受过辫子和发粉痛苦的人所说：“头发需要用肥皂洗、撒上发粉、卷曲，才能被扭成一个粗陋的形状，这使人感到痛苦，让人无法轻易转动头部，除非连同身体一起转动。”油脂和发粉附在头发上，很容易造成各种头皮疾病。早在大多数军官抛弃辫子和发粉以前，威灵顿公爵阿瑟·韦尔斯利就抛弃了发粉和梳妆[④]。当军中的规定允许所有军官都不用使用辫子和发粉时，威灵顿公爵阿瑟·韦尔斯利一定很高兴。并不是每一

① 第四十三团的约翰·亨利·库克上尉说道：“由于雨水和阳光的交替作用，以及作为枕头和睡帽，我们的帽子呈现出最怪异的形状。”参见约翰·亨利·库克：《对法兰西第一帝国南部事件的叙述》，第67页 ——原注

② 威廉·格拉顿：《康诺特别动队冒险》，伦敦，1847年，第51页。——原注

③ 见亚历山大·迪克森：《亚历山大·迪克森文集》，约翰·莱斯利编辑，第994页。——原注

④ 乔治·埃勒斯：《第十二兵团乔治·埃勒斯上尉回忆录》，第124页，关于1800年。“他从来都不扑面粉，尽管这是规定。他的头发剪得很短。我听他说过，发粉对健康很有害，因为它阻碍流汗。无疑，他是对的。”——原注

个人都同意他的观点，在伊比利亚半岛军队中，几名守旧的士兵仍然戴着辫子并扑发粉，但很快，这几位守旧士兵就消失了。

1808年，辫子和发粉消失了，士兵们的另一种痛苦也得到了缓解。1808年，伊比利亚半岛军队的第一支旅出海前，蓝灰色的军裤取代了马裤和紧身裤成为现役军裤。长及膝盖的多扣橡胶靴令士兵无法忍受。当靴子被淋湿时，士兵们需要十二分钟才能有效地将它们扣起来，这也是士兵们完全不想将长筒多扣军靴脱下来的原因。因此，许多天内，随时可能收到命令的军队根本不脱靴子，导致士兵腿部不洁甚至产生一些相关疾病。与此同时，军裤也做出了一个很大的改进，军裤没那么紧了，穿脱起来还很容易。通常，裤子下面穿的是短靴，平时称为鞋。

各级步兵的外套前面都剪短了，尾部也剪小了。在外套裁剪方面，外套仍然或多或少保留了18世纪后期的剪裁风格，但不同于伊比利亚半岛战争早期使用的类型，因为它有一个由皮革支撑的硬领，这是一种紧勒脖子、使人容易中风的设计。在艰苦的战斗中，如冲锋队冲锋，士兵们会解开硬领，并且将外套扔到一边[①]。在关于伊比利亚半岛战争中士兵们的图片中，最引人注意的地方是由于外套按钮护套的装饰性延长，外套前方出现了一系列白色条纹。白色宽皮十字带支撑着刺刀和子弹盒，上面装饰有带团徽的铜牌。士兵们还要背一个很重的背包。背包很重，通常由油布或有光泽的帆布制成，并且由士兵们一个腋窝下单独的带子支撑。当加上炊具时，整个背包重约六十磅。军官们只有一条从右肩到左臀部的皮带支撑剑，他们将红色腰带绕着腰缠了几圈，以便紧紧地将腰带系在自己腰上。

威灵顿公爵阿瑟·韦尔斯利最明智的一点是对军官或士兵对现役行军服装强烈厌恶的处理。第八十八团威廉·格拉顿中尉认为，如果将英军士兵带到战场上去，每名士兵携带六十发子弹，那么威灵顿公爵阿瑟·韦尔斯利从来不看士兵的军裤是黑色、蓝色，还是灰色的。士兵们如果喜欢，就可能穿得五颜六色。结果，几乎没有两名士兵身着相同的军装！有的士兵会穿灰色的编织大衣，有的士兵会穿棕色的大衣。有些士兵喜欢蓝色，但出于必要的选择，许多士兵依旧喜欢“旧红抹布”。

---

① 例如，见威廉·格拉顿在《康诺特别动队冒险》对准备进攻罗格里戈城的第四十三团的描述。——原注

有些士兵身着长边大衣，这比传统的大衣更能保护士兵的腰。我们发现很多关于军官们身着奇怪样式的军装并完成一场战役的记录。其中一条记录说，一名军官不但身着一件从牧师那里借来的长袍参加了布尔戈斯撤退，而且将长袍剪开、剪短，并配上纽扣。另一位军官是第二十九团的一位上尉，他身着一条编织皮上衣和一件带有银纽扣的丝质华丽的西班牙背心登陆英国。结果，这名上尉被一位可敬的将军当作法兰西囚犯。这位将军还祝贺上尉在被囚禁的地方获得了自由①。至于士兵们，他们穿的都是任何可以找到的衣物。在占领马德里的行动中，一批在雷蒂罗堡垒找到的法军军裤都被发给了伊比利亚半岛大军的一些军队。一个更简单的权宜之计是，1813年到1814年冬，一位衣衫褴褛的上校让所在团里的裁缝们将毯子剪下，为穿着不体面的官兵做长裤。几天后，该团进军蒙德马桑时，其着装引起了一系列轰动②。

蒙德马桑

① 《巴尔盖因的莱斯利上校军事日志》，阿伯丁，1887年，第229页。——原注

② 参见约翰·亨利·库克：《约翰·亨利·库克上尉回忆录》，伦敦，1831年，第76页。——原注

托马斯·皮克顿中将虽然头戴高高的海狸帽，身着毛毯裤，但这一切丝毫没有激怒威灵顿公爵阿瑟·韦尔斯利。实际上，威灵顿公爵阿瑟·韦尔斯利看到并忽视了托马斯·皮克顿军装的每一个细节。在伊比利亚半岛军队中，威灵顿公爵阿瑟·韦尔斯利本人的穿着最简单。他戴着一顶除英军和葡萄牙王国军队帽章外没有任何装饰的三角帽，身着一件蓝色紧扣上衣，还有一件有成堆雕像和图画的带斗篷的披风。

或许我应该提一下，步兵的冬装是一件黑白相间近乎灰色的大衣。大衣布很厚，披肩接近肘部，使肩部能得到双重保护。此外，士兵冬季戴的毡帽上有一层油皮。因此，毡帽经过多次磨损而变形时，并不总能贴合油皮。

当伊比利亚半岛军队开始首次作战时，重龙骑兵是这支军队中最古老的部队，因为他们仍然头戴乔治三世中期盛行的宽大而沉重的三角帽，穿着长及膝盖的长筒靴。在伊比利亚半岛的亚热带雨天中，只要经过一次战役，军帽就会湿透，变得不成形，并且晃晃悠悠地耷拉在士兵们的肩上。幸运的是，1812年8月的英国皇家命令废除了旧式军装。1812年冬，许多重龙骑兵团得到了经典的、带有头饰和羽状物的黄铜头盔。这套黄铜头盔虽然相当沉重，但相比以前没有形状的军帽来说，黄铜头盔是一个巨大的改进。与此同时，重龙骑兵团得到了带有宽红色条纹的灰色紧身军裤及短靴，而不是长筒靴①。这是1813年到1814年及滑铁卢战役期间重龙骑兵的制服。

1808年，轻龙骑兵戴着熊皮顶的黑漆头盔前往伊比利亚半岛。自美国独立战争以来，轻龙骑兵一直使用这种头盔。此外，他们穿着有白方块的蓝色外套和带有黑色靴子的扣皮马裤。这套军装总体效果很好，并且在使用时并非不实用。马克西米利安·塞巴斯蒂安·富瓦将军也肯定了这套军装的实用性。当维多利亚战役爆发，英军老兵和前哨身着这套新制服出现时，法国前哨感到十分困惑。这套制服是为轻骑兵引入的，引入时间与上述重骑兵改换制服的时间一致。起初，法军前哨怀疑这是从英国来的新团。1813年新设计的军帽代替了带毛皮的黑色头盔。新军帽是一顶带有直立羽毛的军帽，形状有点像铃铛，还有装饰绳和流苏，看上去像是法兰西马戏团的头饰，似乎太想取悦威灵顿公爵阿瑟·韦尔斯利了。与此同时，镶有白色花边的蓝色夹克被换成一件蓝色外套，外套前面有一块十分宽的团色，并且从领部一直延

① 长筒靴使士兵几乎不可能打斗。——原注

伸到腰部。此外，扣皮裤也被紧身长裤取代。这是在滑铁卢战役时，所有轻骑兵团的制服。

英军在伊比利亚半岛军队的大部分骑兵团都是轻骑兵团。1808年到1810年，在威灵顿公爵阿瑟·韦尔斯利指挥伊比利亚半岛战争的前三年中，伊比利亚半岛军队在战场上只有三个大型的骑兵团，并且没有英国轻骑兵团。后者是英国军队的新开篇，在1808年约翰·穆尔爵士的行动中[①]，一个轻骑兵旅出现。1813年，也有轻骑兵团出现在伊比利亚半岛战场，并且见证了伊比利亚半岛战争的最后一年[②]。在威灵顿公爵阿瑟·韦尔斯利指挥伊比利亚半岛战争的大部分时间里，随军的轻骑兵团是汉诺威团，属于英王德意志军团的一支十分高效的作战部队。众所周知，此时奇形怪状的轻骑兵制服是从一种简单的匈牙利军装的基础上发展而来的。在一件紧身夹克外，骑兵们身着一件毛茸茸的编织皮上衣。皮上衣通常不是完全穿上，而是挂在骑兵左边的肩膀上。皮上衣悬挂在后背上，与其说是一件衣服，不如说更像是一种阻碍。此外，骑兵们还穿着一件长工装裤。骑兵的军帽是一顶很大的毛皮帽，或者后来的皮毛高顶帽。我发现骑兵们对这顶军帽的批评很严厉。一位军官说："这些瘦弱的、像马甲一样的附属物包围着我们士兵的头。这顶尴尬的帽子部分是用纸板做的。在多雨的伊比利亚半岛，帽子吸收了大量的湿气，变得异常沉重并令人不快，但它没有给佩戴者提供任何保护。法军随时可以轻易地砍破我们的军帽，并且砍到我们的颅骨。"[③]采纳这顶军帽的原因似乎是摄政王乔治·奥古斯塔斯·腓特烈对军装华丽的关注，而不是其他任何原因。由于注重坚固性和对头部的保护，并且追求舒适，早期龙骑兵的轻头盔受到批评家的普遍喜欢。后来的改进使头盔的皮毛高顶帽变得更坚固、更轻，但1808年，这顶军帽显然是令人很不满意的头饰。

炮兵制服可以用几句话形容。马炮兵的制服与最初轻龙骑兵的制服基本相似，炮兵们都头戴有皮毛的黑漆头盔，身着镶黄[④]的蓝色夹克和扣皮马裤。然而，野战

---

① 这三个大型轻骑兵团是第七轻骑兵团、第十轻骑兵团、第十五轻骑兵团。1808年，第十八团仍被称为"轻龙骑兵团"。——原注

② 1813年4月，第十轻骑兵团、第十五轻骑兵团、第十八轻骑兵团出现在伊比利亚半岛战场。1813年9月，第七轻骑兵团出现在伊比利亚半岛战场。——原注

③ 罗伯特·克尔波特：《来自葡萄牙和西班牙的信，1808年到1809年》，伦敦，1809年，第219页。——原注

④ 炮兵身着镶黄的蓝色夹克，而不是龙骑兵的银色夹克。——原注

炮兵的穿着几乎与步兵差不多，只不过野战炮兵的外套是蓝色，而不是红色的。野战炮兵头戴高高的毡帽、装饰物，身着长裤和白条纹的外套，穿着打扮与前线人员一模一样。在使用毡帽以前，工兵军官和线列军官身着同样的制服。直到伊比利亚半岛战争结束时，工兵军官都戴着一顶三角帽，身着长裤。直到1813年，普通工兵——1812年前的皇家军事工匠[1]，或1812年后的皇家工兵和矿工，都头戴毡帽，身着蓝色大衣，但1813年，皇家工兵和矿工改穿红色外套，与线列兵的穿着一样。只不过皇家工兵和矿工的外套前面是黄色编织，而不是白色编织，这是皇家工兵和矿工与线列兵着装上唯一的差异。

直到伊比利亚半岛战争结束，伊比利亚半岛军队的医生和军需官们都戴着一顶三角帽，与将军或参谋的军帽一样。因此，人们会犯一些奇怪的错误。由于在黄昏或不好的天气里，人们无法看到帽子羽毛的颜色，医生和军需官会被误认为是战斗军官。据说，在西班牙和葡萄牙农民中间，甚至西班牙和葡萄牙的地方当局，一些年轻的军需官很容易冒充参谋。一则可笑的故事讲述了莫里斯·奎尔医生的一件故事。莫里斯·奎尔是康诺特别动队的外科医生，也是这支部队中最著名的幽默家[2]。一位将军在树篱后面瞥见了莫里斯·奎尔医生的三角帽。于是，这位将军将莫里斯·奎尔当作一名偷懒的参谋，打算追捕他。与此同时，莫里斯·奎尔医生对将军大喊大叫："我走了，我今天见过不少的战斗。"当莫里斯·奎尔医生与骡子和医务人员一起避难时，他愤怒的追随者才发现他不是一名战斗军官。其他戴三角帽的是乐手指挥，据说乡下人对他们多有奉承，因为乐手指挥巨大的金边头饰和华丽的编织品，使人们将他们误当作准将。

伊比利亚半岛军队中最具特色的步兵制服是步枪营的制服，其阴郁的颜色与英军制服通常采取的红色和葡萄牙王国军队采取的亮蓝色形成了鲜明对比。第六十团第五营和英王德意志军团两个轻型营的制服与第九十五团三个营的制服样式不

① 20世纪初，英国皇家军事工匠们戴着一件最不寻常、最丑陋的头饰。这件头饰是一顶带边的高帽，看起来更适合平民穿戴。除了一侧的修面刷，这件头饰没有任何军事色彩。然而，这件头饰与海军陆战队的帽子没有什么不同。关于这件头饰的说明，参见托马斯·威廉·约翰·康诺利的《皇家工兵和矿工史》，第1卷。——原注

② 在威廉·格拉顿的《康诺特别动队冒险》中有很多关于莫里斯·奎尔的故事。然而，莫里斯·奎尔的这一则故事来自乔治·贝尔爵士：《简记》，伦敦，1867年，第95页。——原注

同。其不同之处在于虽然这两种制服都是深绿色的步枪夹克，但三支德意志军队都穿着与列兵一样的灰蓝色裤子，第九十五团的制服从头到脚都是绿色的。第六十团第五营、英王德意志军官两个轻型营和第九十五团三个营的官兵都头戴黑色的高军帽，像其他团一样，他们军帽前面还有绿色的簇茸或球。军官们的头饰更加多样，第六十团第五营和英王德意志军团第一轻骑兵团的高军帽与普通士兵的军帽相似，但第九十五营和英王德意志军团第二轻骑兵团有一件奇特的头饰，有点像18世纪骑兵的头饰。这个头饰是一顶高而窄的帽子，多用对角线编结装饰，顶上没有东西遮挡眼睛，但正常军帽有遮挡眼睛的东西。此外，这顶军帽前面还有一簇绿色的毛。一段时间以来，第九十五团的军官们在他们的紧身夹克外穿了一件黑色、毛茸茸的编织皮大衣。对不断在树篱中穿行并在茂密的灌木丛中作战的官兵来说，皮大衣是件荒谬不便的累赘。当大衣被扔回来时，就像一般情况一样，一定是大衣被一根树枝“抓”住了。军官的夹克与普通士兵的排胸衣是有区别的，军官的夹克有大量的窄编织物，使他们看上去像戴着下垂的“翅膀”。除了制服颜色是棕色而不是深绿色，葡萄牙卡加多营制服十分严格地采纳了英军第六十团第五营制服的剪裁样式。

关于军备的一个词曾在关于制服的注释中出现。赢得伊比利亚半岛胜利的主要武器是线列营的“塔式火枪”，即著名的“棕贝丝”。“塔式火枪”是一把很重的燧发枪，装有一个秤盘，重约九磅，有效射程约为三百码，但当时对任何超过一百码射程的目标，士兵即使使用“塔式火枪”也无法进行准确射击。的确，一名士兵如果能击中一百码以外的一个人，那么这名士兵不但需要优良的射术，而且需要一把质量上乘的燧发枪。与步枪相比，燧发枪已经是一种更精确的武器。但实际上，燧发枪不过是一种设计效果具有偶然性的武器。在超过一百码的任何射程内，射击线依赖于子弹的效果，而不是个人的射术。然而，与欧洲大陆军队使用的武器相比，英军火枪无疑是一种更强大、更好和更精确的武器。相比自制武器，英军的盟友西班牙王国军队和葡萄牙王国军队更倾向使用英国火枪。英国火枪的口径是十六毫米，发射物是一颗圆形的铅子弹，并且比法国子弹更重。英国火枪有一个结实的弹药筒，通常士兵们能在弹药筒中放六十枚子弹。士兵们必须用牙齿撕开弹药的尾端，然后才能将子弹放入火枪筒中。随后，士兵们再将一团粉末扔进秤盘中，以捕捉火花并将粉末传递到弹匣中。弹匣被推弹杆推入枪管中。由于过于兴奋，新兵射击太快。据说，他们经常忘记在装子弹后撤回推弹杆，然后再射击——这使他们的射击毫无效果。

有效射击的最大障碍是潮湿的天气。因为持续很长时间的雨水可能会穿透弹药筒并将所有的火药弄湿，所以每个弹壳都会走火。另外，突如其来的猛烈风暴，也可能浸湿正在被处理的子弹，使子弹打开的一端无法点着火。风暴或者可以将火药吹散，或者将火药弄成糊状，导致弹药无法着火。在这两种情况下，步兵在暴风雨中战斗时不能指望任何特定的射击效果。通常，步兵每四次射击就会发生不止一次走火的状况，被骑兵惊吓得毫无秩序的步兵会很无助。步兵得救的唯一机会是形成阵形，并且信任刺刀的防御力量。刺刀是长的、三角形的，并且相当沉重。当刺刀被固定时，其重量并不能使精确射击变得更容易。

轻型步兵营有一种更轻、更精巧的武器，叫轻步兵步枪。除了更容易瞄准目标、长度略短，我看不出轻步兵步枪与普通的“塔式火枪”有多大不同。轻型燧发枪也一样，是一种更老式的轻型步枪。最初，人们以轻型燧发枪的名字命名燧发枪手。最后一次使用轻型燧发枪是在伊比利亚半岛战争后期将轻型燧发枪运送到试验营。由于十七岁以下的男孩被征召进试验营中，并且考虑到他们矮小的身材和还没长结实的肌肉，发给他们的是轻型燧发枪而不是全尺寸步枪。

第六十团第五营、第九十五团和英王德意志军团轻型营使用的步枪与英军其他部队使用的步枪完全不同。这种步枪被称为贝克步枪，以发明者的名字命名。这是一件短兵器，有一根枪管，长二点五英尺，里面有七个凹槽。贝克步枪的口径是二十毫米，很难装子弹。前往葡萄牙前，第六十团第五营的戴维少校向在科克的助理副官写了一封有趣的信。信中提到，他们需要四百五十根小木槌，目的是将子弹压到枪管里。“小木槌应该是硬木的，手柄长约六英寸。在木槌末端应有一个洞能拴住一根绳子。”他补充说，“木槌是绝对必要的”，并且每两名士兵就应该配备一个木槌①。然而，木槌只使用了几个月，人们发现它并不是必不可少的。于是，士兵们摒弃了小木槌。但由于沟槽的存在，将子弹塞进步枪内总是一件十分困难的工作。步枪手没

① 见吉贝斯·里戈将军的《第六十团第五营史》中的那封信。——原注

有带刺刀，携带的第二件武器是一把短而弯曲的剑。这把短剑比其他任何工具都更适合砍木头。

除非是在步枪营，中士们并没有像普通士兵那样配备武器，虽然中士们可以携带贝克步枪。卫兵和线列兵拥有一把七英尺的长矛，长矛尖部以下有横切件，以防止刺刀过度穿透。长矛和戟都可以用来为这件七英尺长的武器命名，尽管长矛更准确一些。原始的戟是一种切推武器，有一个尖。此外，中士还佩戴一把剑柄为黄铜制成的剑，虽然我从来没有发现有中士提到使用过它。戟一直是中士的首选武器，尽管在战斗中，中士经常捡起阵亡官兵的步枪加入战斗[①]。但与此相反，我发现一位新来的中士承认，他将戟夹在两腿间时摔了一跤。戟有点弯曲，是用来砍而不是刺的。

然而，步兵军官的剑很直、很轻。从本质上来说，步兵军官的剑是一种用来刺的武器。有很多人抱怨说这种剑太小了，不适合打仗。譬如，当在冲刺和格斗中，两人发生冲突时，这种剑无法对抗法军的骑兵剑，法军骑兵剑总能将这种剑击败。我发现步兵军官使用的剑被称为"烤叉"和其他侮辱性的名字。许多军官为自己配备了更重、更适合砍刺的外国武器，并且没有人反对这种背离规则的做法。骑兵和参谋人员手持一种不同的剑——一种弧形的宽刃剑，类似于轻骑兵使用的剑。步枪军官也使用了弯曲军刀，相当短，而不是直的步兵剑。

重骑兵使用的是带钢柄的宽剑。这种宽剑直而重，可以用来刺，也可以用来砍，但不像法军骑兵，英国龙骑兵似乎总是喜欢用尖而不是刀刃对抗法军。轻龙骑兵和轻骑兵的军刀是一种明显弯曲的武器。这种武器刀刃很宽，只适合劈砍，虽然我们偶然也听说用它来刺[②]。从法兰西和英国轻骑兵交战中的巨大伤亡比例来看，双方使用的军刀更适合伤人，而不是杀人。此外，胸甲骑兵刺刀的名声更可怕。

皇家工兵和矿工携带步枪和刺刀，就像行军中的步兵一样，但皇家工兵和矿

① 在第七团第一营约翰·斯潘塞·库珀日记第28页有一件奇闻逸事，一位中士拿着长矛跑，但长矛的一头很低并插到了地上。中士倒在长矛的另一头，长矛正好穿过他的身体。——原注

② 有一则发生在滑铁卢战役的故事，讲的是一名第十八轻骑兵团的中士长期与一名胸甲骑兵交战，胸甲骑兵有盔甲和头盔保护，中士无法攻击他。最终，中士将武器插进他的嘴里，杀死了他。我不认为这是件确定的事情。——原注

工的中士需要携带戟。马炮兵有轻龙骑兵的军刀，但野战炮兵只有弯曲的、很短的刀，就像步枪团使用的剑一样。骑兵是作为一支单独的队伍组织起来的，他们根本没有武器，因为这样他们的注意力就不会从马匹上转移开。这似乎是一个十分可疑的权宜之计，如果遭到对方骑兵的攻击，那么在战斗中，他们将十分无助。这也可能是出自这样一个情况，即18世纪，骑手根本不是士兵，而是"车夫"，一个没有制服或武器的平民。直到1794年，骑兵团才在"骑兵不是士兵"这个毫无希望的基础上成立起来。

此外，我们还应该提到伊比利亚半岛军队的作战旗帜[①]。骑兵横幅或军旗已经过时了。如果在伊比利亚半岛战争中使用过骑兵横幅或军旗，那也只是1808年的伊比利亚半岛军队使用过。后来的报告显示，所有的骑兵团要么将横幅或军旗留在英国的仓库里，要么在某些情况下留在里斯本。但在少数情况下，步兵团仍将军旗带到战场上，这是他们最后继承的习惯。直到19世纪80年代，军旗才在现役军队中消失。注定要进行长时间战斗的步枪团从来没有军旗。一些轻步兵团，如第六十八团和第七十一团，其编年史显示，出于类似原因，将军旗留在了英国。然而，这并不意味着所有轻步兵团都没有携带军旗。在整个伊比利亚半岛战争中，著名的第四十三团和第五十二团都携带军旗。

在第四十三团和第五十二团的军旗中，军旗或"国王军旗"是一面大的英国国旗，军旗上的盾牌或奖章上印有团号，通常绣有花环，有时还绣有团的徽章。另一面军旗或团旗与该团制服的颜色相同，只在军旗左上角绣有一个小的英国国旗。此外，旗子上并排绣着团号、徽章和战斗荣誉。由于制服有多种颜色，这两面军旗的效果又明显不同，国王军旗的英国国旗与团旗的红黄色、绿色、深红色或白色等颜色形成对比。

两名营少尉负责携带军旗，他们被派去保护几名军旗中士。如果旗手被杀或受伤，军士就有责任掌管军旗。在许多战斗中，这两种军旗都是由中士们保管的。军旗中士的职位是光荣而危险的。第四十团的威廉·劳伦斯中士在其日记中写道，在滑

---

① 关于作战军旗的详细信息，见萨缪尔·米尔恩先生的《陆军标准和旗帜》，利兹，1893年。——原注

铁卢战役中，他在当天晚些时候奉命掌管军旗，因为双方的少尉和所有的军旗中士都被击中。“虽然我和其他人一样习惯了战争，但掌管军旗是我不喜欢的一项工作。那天，我身边已经有十四名中士丧命或受伤，中士和军旗几乎都分开了。”[①]当然，这是十分罕见的伤亡，但少尉和军旗中士的工作总是十分危险的。

① 威廉·劳伦斯:《威廉·劳伦斯中士自传》，伦敦，1901年，第239页。——原注

第 19 章

军需部门

精彩看点

伊比利亚半岛补给的不足——主要补给来源——补给运输大队——威灵顿公爵阿瑟·韦尔斯利被迫撤退——军需部的职责——海军优势对伊比利亚半岛战争的影响——军需部的一般职责——军需部的运输工作——葡萄牙牛车运输的货物——军需部的辅助工作——军需部在乡下寻找物资的事例——对军需部门工作的总体评价

正如我在介绍伊比利亚半岛军队主要组织时说的，在伊比利亚半岛军队总部驻派代表的所有部门中，最重要的是军需处长负责的部门。当长期的战斗开始时，整个伊比利亚半岛战争的未来取决于仓促组织和缺乏经验的军需部门能否使威灵顿公爵阿瑟•韦尔斯利集中军队并向任何方向自由移动，这样说一点也不过分。

在西班牙和葡萄牙，除了少数受欢迎地区，军队无法从当地资源中获得补给。因此，任何依靠征用物资维持伊比利亚半岛军队生存的尝试都会失败。法军想继续采用他们在意大利或德意志征收物资的惯常做法，但在伊比利亚半岛经历了一系列乡村生活的尝试后，法军终于意识到无法通过征用物资维持其在伊比利亚半岛的大军。一开始，威灵顿公爵阿瑟•韦尔斯利就禁止通过征用物资维持其军队的生存，并且决定他的军队必须主要依靠从基地调来的正规物资储备维持生存。征用只是一种辅助手段，只能由授权的军需官提出，并且必须立即拿钱购买。威灵顿公爵阿瑟•韦尔斯利的不幸之处在于，英军的金币往往无法进行交易。购买物资的款项必须通过国库订单或其他纸币支付，但收到订单的农民发现国库订单或其他货币很难流通。但最终，伊比利亚半岛军队还是会以某种形式付款。

征用充其量只是获得军需物资的次要方式。伊比利亚半岛军队的主要补给品是军需处长从里斯本或其他基地运来的物资。对军需处长来说，从基地调运物资是一项艰巨的任务，因为人们记得伊比利亚半岛的交叉路是羊肠小路，重型轮式交通工具无法通过。此外，伊比利亚半岛军队经常在离其仓库一百五十英里或二百英里的地方作战。1809年，军需部的工作人员都要学习自己的工作内容，因为多年来，没有一支英国军队在一个人口稀少的大陆战区连续几个月进行大规模作战。起初，伊比利亚半岛军队日常食品供应的困难几乎无法克服。塔拉韦拉战役结束时，参战士兵们差一点被饿死，仅仅因为伊比利亚半岛军队过度依赖当地的资源，并且忽视了基地车队运输线的建设。经历了塔拉韦拉战役后，威灵顿公爵阿瑟·韦尔斯利决定伊比利亚半岛军队必须靠自己的储备物资生活，并且在整个伊比利亚半岛战争中，他都铭记这一原则。因此，军需部门承担的从基地收集和运送粮食的工作量令人震惊。伊比利亚半岛军队需要的大部分粮食由当地骡夫和驮骡旅运送，但对当地骡夫，军需部门很难进行管理，并且骡夫容易擅离职守。其余粮食由乡村马车，大部分是牛车运送的。运送军粮时，错误和拖延经常发生，一个旅或一个师偶尔会几天没有粮食。于是，在关键行动中，参战军队被迫停下来。这些都是不太好的经历，但总的说来，经历了许多辛劳和麻烦后，军需部门成功履行了自己的职责，并且英军能如此长时间地集中精力作战令法军羡慕不已。在伊比利亚半岛的乡下，法军一旦耗尽了其集结地区的资源，就被迫离开。

1811年到1812年，伊比利亚半岛的状况是，如果葡萄牙叛军和来自北方的法军集中在萨拉曼卡和罗德里戈，或者葡萄牙叛军和安达卢西亚的军队在巴达霍斯和梅里达地区联合瓜迪亚纳的军队，那么英国和葡萄牙王国联军的力量会因为兵力太弱无法面对这两个组合中任意一个。威灵顿公爵阿瑟·韦尔斯利不得不放弃进攻，并且在葡萄牙边境地区后面寻求庇护。但当威灵顿公爵阿瑟·韦尔斯利这样做时，就像1811年6月和1811年9月一样，他知道短时间内，自己面前具有压倒性优势的对手不能团结一致。从遥远地方运送来的军队没有足够的弹药和交通工具，只能在农村生活一段有限的时间。为了吃饱，前来远征的军队会被迫散开。于是，具有威胁性的对手就消失了。当对手四分五裂时，英国和葡萄牙王国联军可以再次放弃防御，并且采取一系列积极的行动。1812年深秋，从布尔戈斯撤退时，威灵顿公爵阿瑟·韦尔斯利就面临这样的状况。当时，威灵顿公爵阿瑟·韦尔斯利面对最大规模的法军联盟——葡萄牙、伊比利亚半岛北方、中部和安达卢西亚的四支军队都在向他施压。只要对手继续前进，获胜就没有希望。因此，威灵顿公爵阿瑟·韦尔斯利一直坚持撤退。但威灵顿公爵阿瑟•韦尔斯利清楚，现在追赶他的十万人的进攻必然要结束，因为在快速行进中，他们不能携带任何军事储备物资，并且在萨拉曼卡和罗德里戈之间破败不堪的地区，他的对手无法获得任何军事物资。威灵顿公爵阿瑟•韦尔斯利的军队虽然回到了基地和仓库，但很难找到有食物的地方，另一边的法军一定更痛苦。于是，威灵顿公爵阿瑟•韦尔斯利退回基地，等待着法军无法进行追击的时刻。无论法军停在萨拉曼卡，还是像实际发生的那样，在更远的地方行军，或者走得更远一点，来到葡萄牙边境，对威灵顿公爵阿瑟•韦尔斯利来说，都无关紧要。可以肯定的是，在一段时间内，法军必定失败。与此同时，威灵顿公爵阿瑟•韦尔斯利回到了自己的仓库。罗德里戈战役后，他麾下的士兵们拿到了自己的全部口粮。

军需部门的职责可分为三个部分：第一部分职责是在正规基地囤积大量海路物资。第二部分职责是通过庞大的运输系统将军需物资分配给前线部队。第三部分职责是附属任务，即通过在军队作战的农村地区采购可以采购的物资补充基地的仓库。当然，在前线可以得到的每一法内格或阿罗瓦[①]食物都是有用的。因为在前线得到的物资不必进行长距离运输，所以减轻了运输车队的工作，也能使基地的弹药库免受损耗。然而，正如前面已经说过的，在伊比利亚半岛农村地区获取的粮食一直被认为是次要的食物来源。伊比利亚半岛军队主要依赖食物运输船，运输船将寻找到的玉米运入里斯本的基地仓库，这种情况不仅发生在“大陆封锁”[②]时期的有限地区，而且在摩洛哥、亚洲的土耳其和美洲也是如此。

维持伊比利亚半岛战争完全取决于英国在所有海域的海军优势。威灵顿公爵阿瑟•韦尔斯利的军队如果不能自由地利用来自遥远地区的资源，那么他的状况就不会比法军好多少。因此，从某种意义上说，威灵顿公爵阿瑟•韦尔斯利遭受的最大危险是1812年到1814年的第二次英美战争。当时，在北大西洋，威灵顿公爵阿瑟•韦尔斯利的通信线路遭到干扰，许多活跃而有进取心的私掠船对英国航运业造成了相当大的破坏，并且自伊比利亚半岛战争爆发以来，公海第一次变得不安全。但

---

① 法内格和阿罗瓦均为西班牙旧重量单位。

② 1086年拿破仑·波拿巴对英国实行的一项政策。

幸运的是，第二次英美战争爆发与拿破仑·波拿巴的政权开始垮台几乎是在同一时间。当大西洋面临危险时，欧洲的战局却发生了有利的变化。第二次英美战争如果在1809年或1810年爆发，那么对伊比利亚半岛战争的影响会更大。

1808年到1811年，在伊比利亚半岛战争的头四年，军需部门的正常工作状态是，每天都有各种各样的物资送达里斯本。运抵的军需物资不仅有粮食，还有衣物、弹药及战争武器。随后，军需物资都必须尽快送到各支部队的驻地。1810年到1811年冬，当威灵顿公爵阿瑟·韦尔斯利军队的主力都集中在托里什韦德拉什防线的后方[①]时，军需物资的运输就比较简单了，因为此时，伊比利亚半岛军队离弹药库很近。但在1811年到1812年，英军在远离基地的地方，如瓜达、塞洛里库或阿尔梅达附近，或者在其他时间里，英军在梅里达、坎波马约尔和波塔莱格雷附近驻扎。1812年，当威灵顿公爵阿瑟·韦尔斯利向马德里和布尔戈斯挺进时，基地仓库和伊比利亚半岛野战军的距离就更远了。

军需处长的职责是确保车队定期前往前线，这样驻扎在前线的部队的物资就永远不会匮乏。这是一项艰苦的工作，因为大部分军需物资必须靠骡子驮运，其余的物资还要靠原始的小载重量牛车运输。水运本来是比较容易的，但只能在有限的范围内使用。塔古斯河一般可以通航到阿布兰特什。当伊比利亚半岛军队的主力部队驻扎在埃斯特雷马杜拉时，水运对他们运送物资帮助很大，因为他们需要的物资可以用驳船和乡间船运送，比陆路运输容易得多。在阿布兰特什卸货时，军需物资在骡子或牛车上运往埃尔瓦斯或波塔莱格雷的路程相对较短。但通常只有罗兰·希尔子爵的两个师驻守在埃斯特雷马杜拉边境，威灵顿公爵阿瑟·韦尔斯利的主力部队在贝拉边境的某个地方，并且朝向瓜达、萨布加尔和科阿。贝拉边境地区距离里斯本有一百五十英里或更远。贝拉边境地区的一边是科英布拉，另一边是阿布兰特什，并且道路崎岖，交通不便。在前线卸货时，确保必要的车队不断和定期前进并使牲畜和士兵返回基地是一项艰苦的工作。利用杜罗河作为第二条运输水路也可以起一定的作用，但杜罗河只能通航到达拉梅戈附近的比索·达·雷加。比索大河离西班牙边境地区和伊比利亚半岛军队的正常活动地很远，并且将物资运往波尔图的

① 后来，威灵顿公爵阿瑟·韦尔斯利军队的主力又集中在托里什韦德拉什防线的前方。——原注

二级基地仓库几乎没有什么好处。1811年，为组成亚历山大·迪克森在维拉·德·庞特的围攻军队，这条运输线上运送的唯一一批大型货物是重炮和弹药，因为维拉·德·庞特离拉梅戈更近，尽管两地间的路况很差。1812年，通过耐心地爆破和对杜罗河床的疏通，威灵顿公爵阿瑟·韦尔斯利的工兵们使杜罗河可以通航到卡斯特鲁·德·阿尔瓦，那里离佩索·达·雷加有四十英里，并且离阿尔梅达不远。此后，杜罗河作为一条补给线变得重要。1813年的战役开始前，杜罗河主要用于物资转运。然而，当在更大的范围内使用杜罗河时，威灵顿公爵阿瑟·韦尔斯利开始了通往维多利亚的伟大征程，维多利亚战役的胜利也使他永远离开了葡萄牙。1814年，在伊比利亚半岛战争的最后一年，威灵顿公爵阿瑟·韦尔斯利突然改变了基地，使桑坦德成为英军基地的港口。因此，杜罗河水运失去了进一步的用途。

军需处长手下的大部分工作人员都留在里斯本，但在波尔图，军需处设有一个较小的分部，负责接收来自船上的货物、卸货并重新包装手中的大量货物。每隔几天就有一支车队开往前线，这支车队由一名助理军需官、一名军需办事员或军需部门的一些下属负责。车队通常由一大群雇来的骡子组成，并且由其主人牵引。骡夫通常成群结队，并且由他们挑选的一位工头或领头担任首领，与军需部门进行谈判。一支车队很可能由五六名工头组成，并且会有许多头牲畜。负责运输的军需部门官员，要让车队每天走一条合理的路，并且确保骡夫没有偷东西或者在争吵不为人知的事时和牲畜们一起逃走，防止骡夫偷东西和逃走是不容易的事。当车队接近前线时，必须派一支护卫队——通常由返回营地的疗养员或者从英国新近招募的士兵组成，但护送军需物资并不纯粹是一件好事。护卫队成员很容易从军需物资中偷东西，无论骡夫是否纵容他们这样做。当一支没有军官掌控的小护卫队与骡队在一起时，几乎总会发生麻烦。护卫队的士兵和骡夫经常发生争吵，负责运送军需物资的助理军需官无法让护卫队队员服从他的命令。护卫队的中上将助理军需官看作是一个戴着三角帽的、会遭鄙视的平民。由于缺乏现金，骡夫经常被长期拖欠工钱。这样，助理军需官的任务变得更难了。骡夫当然会发牢骚，但总的来说，骡夫的忠心比预期的强得多。有时，骡夫好几个月都没有获得报酬，但只有一小部分骡夫逃跑了。这或许与骡夫通过登记成为英军授权的追随者并逃过征兵与其长期遭受的苦难有关，或许是真正的爱国主义对骡夫有一定的影响，因为他们都憎恨法兰西人，甚至战场附近如果无人照管，他们会很容易割断法军伤员的喉咙。

轮式运输队远不如骡队适合连续行驶。派往伊比利亚半岛的英国货车对葡萄牙的辅道来说毫无用处。最终，威灵顿公爵阿瑟·韦尔斯利放弃了所有依靠英国货车搬运货物的想法，转而选择使用骡队运送伤病员。几辆“弹簧车”①被分配给各旅，用于运送重伤的人。伊比利亚半岛战争后期，“皇家货车列车”几乎被当作一支救护车队。当然，伊比利亚半岛军队如果被迫依靠“皇家货车列车”运送食物，那么必然陷入困境。

除了用骡子驮运军需物资，伊比利亚半岛军队还用葡萄牙牛车运送物资。威灵顿公爵阿瑟·韦尔斯利不得不依靠牛车展开物资运输工作，因为他缺少更好的运货车。葡萄牙牛车的结构十分原始——侧面由柳条制成，轮子、车轴由铁皮包裹，这使人们几乎无法忍受牛车车轮研磨地面时产生的噪音。在第一次介绍前线生活时，几乎每一位参加过伊比利亚半岛战争的日记作家都会厌恶地提到牛车队给自己耳朵造成的痛苦感受。牛车的唯一优点是轻便、易修，并且专供在乡间路况糟糕的道路上运输。此外，每个农民都知道如何驾驶牛车，或者如何在危急时修理牛车。牛车的弱点是行驶速度太慢，牛车行驶速度的极限是每小时两英里。牛车载重量也很小，一次不能运送很多物资。然而，由于缺少更好的运输车辆，牛车不得不为伊比利亚半岛军队服务。事实上，没有这些牛车，伊比利亚半岛军队就无法生存。很多牛车被雇来为伊比利亚半岛军队服务，其中一部分牛车作为伊比利亚半岛军队长期运输车队的一部分，被长期正式使用，另一部分牛车是临时从驻扎地区征用的。此外，牛车很难管理。职业骡夫不反对长途跋涉，但牛车主人们不愿离开自己的家乡，他们担心在离开伊比利亚半岛前，自己可能会被带到更远的地方，如西班牙。农民们总是试图带着自己视若珍宝的公牛潜逃，抛弃相对毫无价值的车和军用物资。这类场景可以从1809年，理查德·亨尼根对一次有关运输的生动叙述中找到。当时，他不得不乘一辆“禁运”货车穿越北贝拉山脉。

① 被叫“弹簧车”是为区别没有弹簧的葡萄牙车。——原注

黄昏时分，车夫靠在牛身上，一边惊愕地望着自己刚翻越的巨大山丘，一边望着杜罗河的汹涌洪流。一些人“圣母玛利亚”的呼喊得到了另一些人“去你的”的回应，但即使是呼喊声在必要时也消失了。解开牛的枷锁，骡夫将自己的大斗篷摊在空无一人的棚子里，很快就睡着了，似乎忘记了失望。可怜的农民从家中被带走，为我们运送军需物资，他们冒着失去牛的危险，而牛是养活他们及其家庭的唯一工具。

然而，第二天早上，一幅奇怪的景象出现了。车子在那里，打包完整，但看上去好像是从地里冒出来的一样，因为车子被带到这个孤独的地方却没有留下任何痕迹。法军即将到来的谣言使葡萄牙农民决定牺牲车子，只要他们能保证自己和牛的安全就好了。此时，我们该怎么办？[①]

事实上，被遗弃的军需物资运输队不得不在原地待好几天，并且冒着法军可能到达的危险。直到最后，他们在杜罗河买了艘船，然后将军需物资运到波尔图。理查德·亨尼根雇用的车夫带着自己的公牛逃走了。显然，理查德·亨尼根和物资运输队很疲惫且毫无戒心。然而，军需部门工作人员常常密切监视车夫，并且派哨兵看守他们。在这种情况下，如果天气不佳，或者离法军太近，那么车夫会选择牺牲心爱的牲畜，放弃他们的谋生工具，逃之夭夭。

这充分说明了军需部门工作人员的普遍工作热情，尽管他们遇到了很大的困难，但还是能继续维持伊比利亚半岛军队的粮食供应。当然，伊比利亚半岛军队偶然会出现绝望的饥饿。当伊比利亚半岛军队比运输车队前进的速度快时，如1811年3月，阿尔瓦就发生了类似事件。当时，在追逐利弗里公爵安德烈·马塞纳的军队时，伊比利亚半岛大军一半的军队不得不停下几天，因为他们将缓慢移动的骡队落在了后面。向法军施压本来是最有利可图的行动，但伊比利亚半岛军队如果继续前进，穿过面前人口稀疏的地方，那么一定会由于粮食匮乏被饿死。威灵顿公爵阿瑟·韦尔斯利勉强停了下来，直到运输车队开始跟上前线军队的步伐。从布尔戈斯撤退时，由于相反的原因，伊比利亚半岛军队出现了一批士兵饱受饥饿的事件。威灵顿公

① 理查德·亨尼根：《七年战争》，伦敦，1846年，第52页。——原注

爵阿瑟·韦尔斯利被迫退却，早早命令前往罗德里戈的军队前进，以免遇到即将到来的对手。因此，后方军队必须压制追赶者并缓慢行动。当后方军队的官兵吃完了自己背包里的食物时，发现军需运输车队竟在自己前方。他们苦不堪言，两天内主要依靠行军穿过橡树林时采集的橡子果腹。但这不幸的一幕不应该被视为军需部门的过错。

正如我刚才所说，军需部门工作人员的职责不只是运送和分发由基地仓库运送的食物，还不得不从农村搜寻能得到的物资，并且将这些物资作为一种辅助资源。一位优秀的助理军需官总是在他隶属旅行军路线两边的村庄里四处奔走，寻找哪里可以买到牛和玉米。助理军需官被迫拿钱买牛和玉米，因为威灵顿公爵阿瑟·韦尔斯利严格禁止在没有付钱的情况下征用农民的物资。当军需官有钱时，事情就没那么难了，因为农民们一般都准备出售物资。然而，就像经常发生的那样，伊比利亚半岛军队的金库空空如也。因此，军需官只能口头付款，或者在纸上做出承诺。农民们很快得到了风声，藏起了玉米，将牛赶上山。在这种情况下，一位优秀的军需官可以发现并占有这块土地的隐蔽资源。但即使手头有钱，对付当地农民也需要很大的智慧，并不是每位军需部门工作人员都会为了旅的利益充分利用自己储存的现金或纸币。一位聪明的军需部门工作人员是如何工作的，军需官亚历山大·达拉斯的一张便笺记录的内容给出了答案，这份记录与1812年在安达卢西亚北部的一次行军有关①。

> 我们仔细调查了路两旁一段距离内的房屋和农场，我们计划去寻找这些房屋和农场。我们不说出自己的目的，而是请求当地农民与我们进行交易。我不记得曾经被拒绝过，尽管有时我们什么也没有得到。我们通常从谈论法军的恐怖开始。对此，安德烈有许多可怕的章节要讲。这激发了当地农民对法军造成破坏的悲痛。渐渐地，我们说了一句欢欣鼓舞的话，因为他们中有些人很懂得如何对贪婪的强盗隐瞒他们的财产。在许多场

① 亚历山大·达拉斯照顾斯克雷特旅。1812年10月，该旅从塞维利亚行进到阿兰胡埃斯，正好穿过西班牙中部。——原注

合中，我们从村子里的不同成员那里得到暗示。于是，我们能迅速得出当地农民隐藏物资的结论。这令其他成员感到惊讶，因为他们将小麦、大麦、印第安玉米等藏起来了。困难的是，当我们意识到当地存在食物时，我们很难获得食物。但我能给出一个很好的价格，并且拥有西班牙官员的全权证书证明我的汇票将在适当的时间得到兑现。

一两件事可以说明我们获得补给品的方式。安德烈在一所破旧偏僻的房子里，虽然这座房子周围的一切看起来都很贫困，但在一片茂密的树林里，我们发现有一座谷仓，谷仓内藏着货物。我告诉这所房子的女主人，我愿意高价购买她的小麦、印度玉米或牧草。在十月灰蒙蒙的黎明，我被她的丈夫吵醒了。她的丈夫告诉我，我如果能给出一个他可以接受的价格，就可以买到我想要的货物。我说我必须先看一下货物，然后再付钱。他叫我站起来，并且说会给我看这些货物。他带我走了两英里，来到一片茂密的树林。林中有一条深谷，他将我安全带到了一个藏着大量货物的地方。我以他要求的价格买走了这些货物，并且给了他一份正式的文件。在谢拉莫雷纳山脉的一个地方，我们听说有一群羊藏在森林深处。我得到了主人的许可，我如果能找到这群羊，就可以用规定的价格购买它们，因为他自己也无法指出羊群藏匿的确切地点。在收集了能得到的所有信息后，我出发了，并且希望能找到这群羊。我沿着羊群的足迹走下去，直到我到达羊群中间。我告诉那两位牧羊人，我已经买了这群羊。两位牧羊人很怀疑我的说法，其中一位牧羊人很难对付。但最终，一位牧羊人将羊赶到森林外的开阔平原。随后，他与狗一起消失在树林中，留下我驱赶羊群。驱赶羊群可不是一件容易的事，但我将羊群赶到了一个很远的围场中[①]。

如果说上面是一位在西班牙待了三年、精通西班牙语的军需官的经历，那么，当一位新来的办事员或助手被派到乡下寻找他能发现的物资时，我们很容易猜出

① 亚历山大·达拉斯：《亚历山大·达拉斯牧师自传》，伦敦，1870年，第59页和第60页。——原注

他的工作效率会有多低。这是一项吃力不讨好的工作，探寻物资者常常空手回来，并且遭到部门负责人和准将的嫌弃。当他在乡下发现食物时，会被认为是理所当然的，很少有人对他表示感谢。士兵们似乎对他们的食物提供者有一种普遍的偏见，即认为军需部门工作人员都是胆小、傲慢和自私的。用军需部门的某些害群之马的贪污行为作为对整个军需部门不诚实的指控是完全没有道理的。当然，当一名不择手段的军需官给一个农民的法内格比他收到的法内格还多，并且将现金余额分给卖方时，肯定会有不法行为发生。但总的来说，军需部门工作完成得很好，尽管从威灵顿公爵阿瑟•韦尔斯利开始，作战部门抱怨很多。从根本上讲，1810年到1812年，伊比利亚半岛战争能成功维持下去，无疑是备受诟病的军需官们的功劳，也是低报酬、有时甚至残暴的骡夫和车夫组成的杂乱无章的运输队的功劳。他们经历千辛万苦[①]，成功将饼干和朗姆酒桶、成群结队的公牛及成堆的衣物和鞋子运送到指定的目的地。

① 对于由于无法找到骡队返回前线而造成的严重拖延，可以在第九十五团的军需官威廉·瑟蒂斯的自传中找到一个相应的例子。1812年晚秋，威廉·瑟蒂斯带着新营服在阿布兰特什多待了几个星期，如他知道的他所在的营因缺营服痛苦不堪。——原注

第20章

宗教与威灵顿公爵阿瑟·韦尔斯利的大军

精彩看点

英军宗教生活兴起的原因——英军内的皈依现象——一名士兵的皈依经历——对罪的恐惧——“圣徒”的战功——威灵顿公爵阿瑟·韦尔斯利的宗教观——伊比利亚军队的随军牧师——官方牧师的奇闻逸事——军中士兵自行的祈祷活动——官方牧师与卫理公会牧师的矛盾——热衷宗教活动的军官

在本书的第一章，我指出威灵顿公爵阿瑟·韦尔斯利的军队中有很多宗教信徒。在质量较好的伊比利亚半岛战争回忆录中，有三四本回忆录是宗教信徒撰写的。在伊比利亚半岛大军中，有的宗教信徒是卫理公会信徒，有的是牧师。因此，18世纪中叶开启的伟大精神运动的英法双方都出现在宗教信徒的日记中。伊比利亚半岛战争期间，有关士兵精神生活方面的文献很少。因此，我们不能遗漏几页关于这一主题的说明性文字。

我们可以将留下回忆录的令人敬佩的牧师的存在归于两个不同的原因。第一个原因是约翰·卫斯理发起的福音运动影响了包括最底层在内的英国社会各个阶层。这场运动的影响并不局限在公开宣称的卫理公会信徒内，甚至导致了英国国教内部福音派的兴起。在整个伊比利亚半岛战争期间，英国国教内部福音派的发展相当迅速。但我认为，即使没有约翰·卫斯理一家人，由于法国大革命亵渎神明的行为，大不列颠也会有强烈支持敬虔生活和信仰基督教的行为。在法国大革命中，没有什么比“理性女神”的故事更令英国人，甚至包括不太喜欢实际宗教的英国人感到厌恶了。“理性女神”被供奉在巴黎圣母院的祭坛上，当时一场血腥的狂欢令人厌恶地谈论人道主义和自由，并且人道主义和自由是革命演说的主要内容。对基督教的侮辱、公开的邪恶生活和大规模司法谋杀的奇特结合，是法国大革命恐怖时代的特征，这种奇特结合对目击者的影响是现代任何事物都不能相提并论的。即使至今还没有十分认真对待自己信奉的宗教的人，也开始认为在上帝的创世计划中，地狱在逻辑上是必要的，就像皮埃尔·加斯帕尔·肖梅特或雅克·埃贝尔、安托万·康坦·富基耶-坦维尔或诺亚德等人的观点一样。此外，我们还可以补充说，必须用一个个魔鬼解释导致革命者疯狂邪恶行为的原因。加强宗教仪式，如参加家庭祈祷和定期参与教会活动，是当时社会的一个显著特点。宗教福音运动需要一段时间才能传播，但其效果很快显现出来。宗教福音运动形成于英国国教内的福音派，或英国国教外的卫理公会。因为福音派和卫理公会都是已经存在的核心，围绕着被法国大革命的恐怖震颤的灵魂，大不列颠迫在眉睫的危险使他们聚集在一起。

很快，“狂热”成为所有生性随和的人的恐惧的时期结束了。对一个必须为生活和国家存亡反对法兰西第一共和国的国家来说，它需要的不仅仅是18世纪的宗教情感主义和模糊的精神哲学。这些思想由于让-雅克·卢梭的一丝情感主义气息受到普遍怀疑。在英吉利海峡对岸的法兰西，我们很容易看到对某种朦胧上帝的信仰，以及对整个人类本性完美无缺和基本正义的信仰会带来的结果。对不得不面对的雅各宾派人士来说，《旧约》中的上帝是一个更令人满意的崇拜对象，加尔文主义一直被证明是一种很好的战斗信条。如果有理由相信对手处于完全被谴责的状态，并且每一位基督徒都有义务打击他们，那么法国大革命时期肯定是这样的。关于罪的普遍性和人内心自然邪恶的信念与18世纪的乐观主义哲学及其信奉的人本质上是一个仁慈的人的信念是完全相反的。人如果有时做出令人遗憾的暴力行为，那么“理解一切就是宽恕一切”。作为法国大革命某个对手的一个有效假设，加尔文主义理论对法军有利。

伊比利亚半岛军队和整个英国社会一样，有相当一部分成员因时代的压力和恐惧而担心自己的灵魂。一些人悄悄地接受了自己的宗教经验，并且以可以接受的形式得到了宗教的充分熏陶。然而，许多人对原罪和自己内心的黑暗充满了强烈的信念，只有在当时流行的“皈依”和依靠信仰的完全正义中，他们才能得到安慰。

皈依常常是一种可怕的精神痛苦和精神斗争，并且经常伴随着可怕的抑郁，但皈依有时以宗教狂热结束。第九十四团的约瑟夫·唐纳森中士，我在其他章节中经常引用他的话。他讲述了一个可怕的故事：其所在的团中有一名士兵，脾气暴躁，喜欢打架。随后，怀着强烈的宗教情感，他决心不再以这种方式得罪他人，但不幸的是，他再次以不正当的方式在于斯塔里茨村对当地的农民地主进行无理的袭击。他为自己的暴力行为感到羞愧，并且陷入绝望中。他认为“如果你的右手冒犯了你，把它砍掉”，并且断定这是治疗他暴躁脾气的唯一方法。于是，他离开了，没有任何感情流露和古怪的举止。他悄悄借到一把伐木斧头，将他的右手放在窗台上，用左手将它砍掉。然后，他十分冷静和清醒地向团里的外科医生报告自己砍去右手的行为及原因①。

在皈依的士兵中，上述极端事件十分罕见。皈依通常伴随着对罪的长期恐惧，正如一位回忆录作家记录的，“他生命中的所有罪行都在他面前排列开来。当他觉得如果只能将自己埋在地球的一个洞穴中，并且放弃与人类的一切交流，就可以轻易得到赦免与和平……那么生活不过是对那个致命时刻的可怕期待。在那个致命时刻，恶魔将被委托夺取和带走有罪的灵魂，并且将有罪的灵魂带到永恒的苦难之所。”②另一位日记作者说，当他走向巴达霍斯城墙的巨大缺口时，他一直对自己说：“天亮前你就会下地狱。”直到他受伤致残。这名步枪手，当他经历皈依时，收到了一首意料之外的格律诗作为礼物。奇怪的是，在他的自传中，我们随处可见他即兴的诗句，比如：

那为什么要让我们的思想受到束缚，
关于这些可怜人会发生什么，
我们的头发什么时候
被国王编号？

然后，这名步枪手又写道：

我要去职责召唤我的地方，
耐心承受我遭遇的一切，

① 参见约瑟夫·唐纳森：《一个士兵的多事之秋》，伦敦，1825年，第219页和第220页。——原注
② 威廉·瑟蒂斯：《在步枪旅的二十五年》，伦敦，1881年，第173页和第175页。——原注

皮埃尔·加斯帕尔·肖梅特　　雅克·埃贝尔

让－雅克·卢梭

安托万·康坦·富基耶－坦维尔

基督耶稣会带我渡过难关！

子弹、炮弹或死亡

伤害不了“更好的部分”

我要列出上帝说的话

直到他让我回家[①]

在许多小书中，皈依者狂喜的自信都被清楚地描述出来。在前几章，我曾引用过一位步兵卫队中士的回忆录，这位步兵卫队的中士提到，他所在旅在塔拉韦拉的艰苦经历中，令他感到欣慰的是，无论每一天看起来多么悲惨，“上帝现在可以拯救我们”。

“我站在法军和我军士兵中间，子弹将我周围的尘土扬起，上帝使我免于恐惧。于是，我回到了自己的阵地。我没有受伤，也没有激动。事实上，有谁会像基督的士兵那样坚定？有谁有信心说，离开基督，与基督同在，总比在下面继续劳作要好得多？”[②]还有一次，在等待登陆的很长一段时间内，这位日记作者发现约翰·卫斯理的第二百二十七首赞美诗整个上午都在他的脑海中回响。焦虑时刻，这首赞美诗安慰了他的灵魂。

然而，这种舒适的狂喜丝毫不影响士兵们对枪炮和刺刀的熟练运用。在伊比利亚半岛战争中，有一两个著名的个人战斗成果是由“圣徒”完成的。几位团级和将军级军官的日记都特别提到了第七十一团的约翰·雷，他是一名著名的卫理公会信徒。在1810年10月14日的索布拉尔战役中，他是所在营中最后一个撤退的人。约翰·雷被三名法兰西散兵困住了，他转过身来，向其中一名法兰西士兵开了枪。一眨眼，他又刺伤了另外两名法兰西士兵。约翰·雷从准将那里得到了奖章，准将是约翰·雷击退三名法兰西士兵的目击证人[③]。

---

① 摘自一本最有趣的小书威廉·格林：《步枪旅后期军号手威廉·格林的旅行和冒险》，考文垂，1857年。——原注

② 约翰·史蒂文森：《第三步兵卫队约翰·史蒂文森回忆录》，伦敦，1830年，第191页。——原注

③ 约翰·雷获得奖章记录在乔治·坦克雷德的《历史勋章》。详情见约翰·史蒂文森：《苏格兰士兵的生活》，伦敦，1827年，这是关于第七十一团的一本书，第118页。——原注

威灵顿公爵阿瑟•韦尔斯利对宗教的态度，尤其是对虔信宗教士兵的态度，从他独特的性格中可以预料到。威灵顿公爵阿瑟•韦尔斯利是英国国教支持的基督教义的忠实信徒，但他几乎没受当时福音派运动的影响。威灵顿公爵阿瑟•韦尔斯利信仰的是一种枯燥的正统宗教。对威灵顿公爵阿瑟•韦尔斯利来说，一位从事公共传教并建立宗教社团的官员没有一个嘴巴脏乱并公开蔑视神圣事物的官员那么令人讨厌。我想威灵顿公爵阿瑟•韦尔斯利会倾向于认为这两人都“不绅士”。威灵顿公爵阿瑟•韦尔斯利信仰的宗教对这样一个事实有应有的认识，即人类有一位造物主，他将一套法律准则和一个道德体系强加给人类，这套准则和体系是人类应该记住的，并且在可能的范围内，人类有义务遵守这套法律和道德准则。威灵顿公爵阿瑟•韦尔斯利已经准备好承认自己有缺点，但他相信这些缺点并不是不可原谅的。日后，两三位福音派的狂热信徒有勇气就灵魂问题与威灵顿公爵阿瑟•韦尔斯利进行探讨，他们还获得了些许益处①。

1810年起，威灵顿公爵阿瑟•韦尔斯利试图为伊比利亚半岛军队组织旅牧师，并且确保牧师们不缺乏公开礼拜的可能性，这都是他的功劳。直到1810年，神职部门一直被人忽视。没有一位牧师随同伊比利亚半岛军队进行大规模征战。1808年，第一支伊比利亚半岛军队建立时，内部很少有牧师。尽管牧师中的两人，奥姆斯比和布拉德福德碰巧留下了有趣的书，并且布拉德福德的书有很多素描插图。威灵顿公爵阿瑟•韦尔斯利抱怨说，他在1809年发现牧师的比例是完全不够的，他要求获得一个额外的机构，并且安排每个旅定期在星期日举行礼拜活动。

在1811年2月6日的一封信中，威灵顿公爵阿瑟•韦尔斯利向骑兵副官解释了自己的观点，这封信是一份很有特色的文件。“军队应该获得宗教教育的优势，因为对军队保持纪律并维持秩序，宗教教育能提供最大的支持和帮助。”但伊比利亚半岛军队没有足够的牧师，现有的牧师并不总是“可敬的”。随军牧师的职业前途不够有吸引力。退休后，牧师的处境比“除了在军队服役，还能从事任何其他职业的文员”要糟糕许多。因此，没有人想在军队中做牧师。由于缺乏充足的并有影响力的公

① 1903年出版的威灵顿公爵阿瑟·韦尔斯利与J小姐之间荒谬的半宗教书信也许会被人们记住。——原注

职牧师，伊比利亚半岛军队中建立了自发的宗教生活。仅在第一师就有三次卫理公会会议。在第九团，两名军官甚至无视上校的劝阻，开展传教活动。

> 在军营内，士兵们聚会并唱赞美诗，或者听他们的一位同伴布道。从理论上讲，在军营中参与宗教活动是无罪的，这比许多士兵沉溺其他活动更有意义。实际情况可能不同，直到宗教活动泛滥成灾，指挥官们才知道士兵们自发的宗教活动，但指挥官并不能干涉士兵们的宗教活动。

开展官方宗教教育是正确的补救方法。伊比利亚半岛军队需要“受人尊敬的牧师”，牧师“通过其个人影响和建议及真正的宗教信仰，可以缓和士兵们的宗教热情和狂热，并且防止宗教会议变成恶作剧，即使他不能说服士兵们完全停止召开宗教会议”。因此，副长官必须建立更大的拥有“体面和能干的牧师”的机构。

骑兵卫队立刻同意开展官方的宗教教育。据说，牧师应该被“国家的第一任牧师精心挑选”。牧师们的工资提高了，他们被指示用一则简短的实用布道结束每一次礼拜活动，其布道内容还要适合士兵们的习惯并易于理解。副长官补充道：“我们比以往任何时候都需要好的说教，特别是在各种教派势力存在并干涉的特殊时刻。”[①]

牧师开始出现在伊比利亚半岛的大军中。他们有好人，但总的来说，牧师的宗教教育并不是完全成功的。或许，威灵顿公爵阿瑟·韦尔斯利和骑兵卫队的共同想法，即“体面的”牧师而不是狂热的神职人员应该被征召，但这种想法也许是一个严重的错误。前线真正需要的正是狂热的神职人员，就像约翰·欧文[②]那种牧师。我们被告知约翰·欧文牧师一直在战场上从事牧灵工作，军官们曾警告约翰·欧文牧师，他肯定会被杀死。然而，约翰·欧文牧师的回答是，自己的首要职责是“为现在离开人世的人服务”[③]。我不得不说，我们如果相信当时的日记，这种值得称赞的精神似乎不是伊比利亚半岛军队的牧师最常见的特征。

---

① 1811年11月8日，副长官哈里·卡尔弗特爵士写给威灵顿公爵阿瑟·韦尔斯利。——原注

② 约翰·欧文（1754—1824），卫理公会牧师。伊比利亚半岛战争结束后，约翰·欧文牧师担任英国和外国圣经协会秘书。——原注

③ 约翰·史蒂文森：《第三步兵卫队约翰·史蒂文森回忆录》，伦敦，1830年，第172页。——原注

在伊比利亚半岛军队的牧师中，有许多牧师是作为国家牧师被直接送到前线的，他们对士兵及其行为没有特别的了解。不得不日复一日地以最粗暴的形式面对生死使牧师们感到震惊。有一起令人痛心的事件，一位年轻的牧师突然在看守帐篷里碰上五名逃兵。那天下午，这五名逃兵将被枪毙。这些逃兵都是罪犯。在罗德里戈战役中，他们曾与自己的老战友并肩作战。牧师无可奈何地为这五名逃兵念祈祷书，觉得他不能再面对被无情宣判死刑的暴徒。跟着这五名逃兵，牧师来到刑场，并且感到很不舒服。这名牧师很惭愧，甚至感到自己很没用。

在皈依的阵痛中，一位加尔文主义者描绘出地狱之火的光辉场景。他要求采取避免皈依痛苦的方法，并且拒绝接受将《新约》中的任何章节或祈祷书中的请愿书作为如何避免皈依痛苦的答案。这位加尔文主义者描绘出地狱之火的光辉场景似乎很费劲，因为这种场景非常可怕。这是从一位忏悔者，即军需官威廉·瑟蒂斯的角度来看牧师的工作状态。

这位牧师虽然善良又富有同情心，但我从他那里得到的宗教指导微乎其微。他没有告诉我一个罪人唯一的希望来源——能带走世界上罪孽的上帝。他试图使我的希望更多地集中在好的决心或行动上。谢天谢地，我已经接受了福音指出的正确救恩方法，但如正常情况，我已经更倾向于期望悔改行为带来的宽恕。如果上帝宽恕了我，我就打算去忏悔。那位好心的牧师向我写了祈祷信，似乎对我获得的福祉很感兴趣。但阅读和祈祷似乎比做礼拜更令人讨厌……的确，对我来说，《圣经》仍然是一本“封印的书”。直到上帝的恩典驱散了我们的黑暗，任何东西都没有光[①]。

显然，当军需官威廉·瑟蒂斯想要一位会以最简单的形式向自己宣讲信仰正当

① 威廉·瑟蒂斯：《在步枪旅的二十五年》，伦敦，1881年，第177页到第179页。——原注

性的布道者时，他遇到了威灵顿公爵阿瑟·韦尔斯利从牧师处请来的一位明智而平凡的牧师。

伊比利亚半岛战争老兵日记中记述了许多关于牧师的趣闻逸事。其中，大部分趣闻逸事并没有体现牧师们道德上的任何严重失误，尽管有几名牧师被指控为“贝莱姆派”，并且逃避前线的工作，但这类趣闻逸事往往证明，在执行艰难任务时，牧师们没有挺身而出。这是意料之中的事，因为对军事生活和军中习惯，大多数牧师了解甚少，并且牧师们在一个对自己来说陌生的世界中游荡了好几个月。显然，英军应该派有经验的牧师前往伊比利亚半岛。但正如威灵顿公爵阿瑟·韦尔斯利在一封信中提到的，牧师的工资太低了，只有狂热的神职人员或十分贫穷的牧师才会接受这份工作。此外，出于其他原因，威灵顿公爵阿瑟·韦尔斯利不喜欢狂热的神职人员。一名士兵似乎经常受到牧师在战场上的无助的打击。牧师被自己的仆人抢劫。在野餐场外游荡时，他又被法军俘虏，或者被明显的伪君子欺骗。一个可笑的故事讲的是一位年轻牧师的故事：当第一次提出参加一个旅的星期日礼拜时，这名牧师将作为中心标志的大鼓误认为讲道台。他努力爬上大鼓，引发了会众无法遏制的笑声。

此外，牧师们经常和卫理公会信徒发生争吵。威灵顿公爵阿瑟·韦尔斯利专门请来牧师是为阻止祈祷会的举行，其中一种祈祷会被称为“小聚会”。然而，总的说来，信奉英国国教和卫理公会的士兵间并没有经常或激烈的对抗。与伊比利亚半岛军队中的无神论者相比，信奉宗教的士兵占少数。因此，这两个教派的士兵发生争吵是荒谬的。卫理公会信徒定期从自己教派的牧师处得到圣餐，我们也经常在卫理公会信徒的祈祷会上看到牧师的身影。

在士兵的宗教生活方面，约翰·史蒂文森中士的回忆录提供了大量有用信息。约翰·史蒂文森告诉我们，1809年9月，卫理公会信徒在巴达霍斯围墙外的一个砾石坑开始举办第一师定期组织的祈祷会。从此，第一师的定期祈祷会一直没有中断。在托里什韦德拉什防线后面长时间逗留时，第一师的祈祷会在离威灵顿公爵阿瑟·韦尔斯利总部很近的卡尔塔舒村后面的一个大型酒厂里举行了好几个星期。参加第一师祈祷会的大约有一百多人，在那里确实可以清楚听到赞美诗的歌声。其他师也有类似的祈祷会，有些主要是英国国教的，有些是其他教派的，如第七十九团的长老会。约翰·史蒂文森说，对举行祈祷会，他从来没有听说过指挥官有任何反对意见。除了一位上尉，最终，他的说教因上校的阻挠而结束。当然，“圣徒们”必须忍受同伴们的大量嘲笑，尤其是有机会指证醉酒或亵渎神明的人。约翰·史蒂文森有一首诗，他将这首诗贴在第三卫兵士官的房间内，以阻止亵渎的咒骂。

听到至高无上上帝的声音，令人震颤
轻率地关注每一件琐碎的事情，
保持你的地位，粗俗鄙视；
骂人既不勇敢，也不礼貌，还不明智。

我们可以看到一种对士官自尊心的谨慎的呼吁，暗示其亵渎行为降低了自己的等级，并且犯了粗俗和无礼的罪行。人们担心，这些诗可能会被不恰当地挂在某些团的餐厅里。

在伊比利亚半岛军队的高级军官中，很多军官不只像威灵顿公爵阿瑟·韦尔斯利那样，是位官方宗教的顺从者，而是热心的基督徒，如罗兰·希尔子爵、约翰·勒·马尔尚少将[①]、西顿男爵约翰·科尔伯恩和轻型师上校约翰·贝克威思。晚年时，约翰·贝克威思致力于照顾皮埃蒙特的韦尔多教派信徒，他的晚年生活也在皮埃蒙特度过。伊比利亚战争结束后，尤其是1816年到1817年伊比利亚半岛军队大解散后，伊比利亚半岛军队所有的第二营解散，很多年轻军官做了牧师。三位牧师给我们留下了优秀的伊比利亚半岛战争日记：第八十五团的乔治·格雷格，他是《中尉》及其他作品的作者。后来，他做了随军牧师。亚历山大·达拉斯，伯福德的传道人。另一位随军牧师查尔斯·布思比写了一本关于梅达战役、科鲁尼亚撤退和塔拉韦拉战役的优秀日记。这类牧师一般都有强烈的福音主义倾向。这是很自然的，因为在当时的教会中，福音主义正真正充满活力和生机的力量。

显然，各团的宗教氛围千差万别。在有些团中，严肃和虔诚的官兵的影响力是

① 约翰·勒·马尔尚少将“从不对自己进行严格的自我检查。当他谦卑地希望与上帝和睦相处后，他将结果留给了上帝，他完全相信上帝会决定什么对他最好”。——见约翰·威廉·科尔：《伊比利亚半岛战争期间英国杰出将领回忆录》，第292页。——原注

巨大的，但在另一些团中，我们几乎看不到严肃和虔诚的官兵。上校的性格无论是好是坏都会影响宗教氛围，但我想，宗教氛围更多取决于一个团中是否存在一些不怕发表意见的军官或士官，并且形成一个稳定的、聚集在一起的宗教活动中心。虔信宗教的官兵的姓名大多被遗忘，其见证记录已经消失，或者只出现在一本很少有人阅读的传记或者一本旧宗教杂志的某个隐蔽角落。我希望一些引起共鸣的读者能用一整本书来收集和记录我在这短短一章中提到的内容。这是伊比利亚半岛军队生活中值得记录的一面，因为如果我们不注意伊比利亚半岛军队的宗教生活，那么我们了解的伊比利亚半岛战争时期军事社会生活的景象是不完整的。

译名对照表

Duke of Wellington	威灵顿公爵
Arthur Wellesley	阿瑟·韦尔斯利
Exeter College, Oxford	牛津大学埃克塞特学院
Carte Tony Atkinson	卡特·托尼·阿特金森
Historical Review	《历史评论》
History of the British Army	《英军史》
Hon.John Willian Fortescue	约翰·威廉·福蒂斯丘
History of the Peninsular War	《伊比利亚半岛战争史》
Peninsular Army	伊比利亚半岛军队
William Francis Patrick Napier	威廉·弗朗西斯·帕特里克·内皮尔
Peninsular War	《伊比利亚半岛战争》
Viscount Beresford	贝雷斯福德子爵
William Beresford	威廉·贝雷斯福德
Sir Lowry Cole	劳里·科尔爵士
Viscount Hardinge	哈丁子爵
Henry Hardinge	亨利·哈丁
Benjamin D'Urban	本杰明·德本
Albuera Campaign	阿尔布埃拉战役
Convention of Cintra	《辛特拉公约》
Sir John Moore	约翰·穆尔爵士
Battle of Bussaco	布萨科战役
Badajoz	巴达霍斯
Perth	珀斯
Coventry	考文垂

Cirencester	赛伦塞斯特
Louth	劳斯
Ashford	阿什福德
Corfu	科孚
Marcellin Marbot	马塞兰・马尔博
Rifleman Harris	《步枪手哈里斯》
Kane	凯恩
Stedman	斯蒂德曼
Tarleton	塔尔顿
Rogers the Scout	罗伯特・罗杰斯
William Duke of Cumberland	坎伯兰公爵威廉
Culloden	卡洛登
Memoirs of Captain Carleton	《卡尔顿上尉回忆录》
Duke of Marlborough	马尔伯勒公爵
John Churchill	约翰・丘吉尔
American War of Independence	美国独立战争
Roger Lamb	罗杰・兰姆
Journal	《日记》
Seven Years'War	七年战争
Minden	明登人
Quebec	魁北克人
Fort Ticonderoga	泰孔德罗加堡垒
Kloster-Kampen	克洛斯特 – 坎彭
French Revolutionary War	法国革命战争
Duke of York and Albany	约克和奥尔巴尼公爵
Prince Frederick	腓特烈王子
John Stevenson	约翰・史蒂文森
Robert Brown	罗伯特・布朗
Battle of Famars	法玛尔战役
Battle of Villers-en-Cauchies	维莱昂科希战役
Conquest of Egypt	征服埃及

Indian Wars	印第安战役
Maida	梅达
Great Britain	大不列颠
Maximilien Robespierre	马克西米利安·罗伯斯庇尔
Republicanism	共和主义
Atheism	无神论
Sedition	暴动
Baron Lynedoch	林内多男爵
Thomas Graham	托马斯·格雷厄姆
Napoleon Bonaparte	拿破仑·波拿巴
Baron Vivian	维维安男爵
Hussey Vivian	赫西·维维安
James Gardiner	詹姆斯·加德纳
George Gleig	乔治·格里格
Alexander Dallas	亚历山大·达拉斯
Charles Boothby	查尔斯·布思比
William Surtees	威廉·瑟蒂斯
British Foot Guards	英国步兵卫队
John Gurwood	约翰·古尔伍德
Waterloo	滑铁卢
Horse Guards	皇家骑兵卫队
Patronage Secretary	财政部政务次官
Record Office	档案室
Apsley House	阿普斯利邸宅
Sir Brent Spencer	布伦特·斯潘塞爵士
Chaves	查维斯
Casal Novo	卡萨尔·诺沃
Castello Branco	卡斯特略·布兰科
Vera	维拉
St. Pierre	圣皮埃尔
Pierre Belon Lapisse	皮埃尔·贝隆·拉皮斯

Bonnet	邦尼特
Louis Pierre de Montbrun	路易・皮埃尔・德・蒙布兰
Abadia	阿巴迪亚
Penne-Villemur	彭内－维尔米
O'Donnell	奥唐奈
Del Parque	德尔帕尔克
John Erskine	约翰・厄斯金
Anson	安森
Victor	维克托
John Beckwith	约翰・贝克威思
Light Division	轻型师
Black Watch	警卫团
Viscount Castlereagh	卡斯尔雷子爵
Robert Stewart	罗伯特・斯图尔特
Talavera	塔拉韦拉
Albuera	阿尔布埃拉
Wellington Supplementary Dispatches	《威灵顿公爵阿瑟·韦尔斯利补充公文》
Sergeant Buchan	巴肯中士
British Military Press	英国军事出版社
Robert Craufurd	罗伯特・克劳弗德
Portuguese Cruzado Novo	葡萄牙新克鲁扎多
Portuguese Army	葡萄牙王国军队
Ordens do Dia	《每日命令》
War Office	陆军部
Foreign Office	外交部
Admiralty	海军部
Jean-de-Dieu Soult	让－德－迪厄・苏尔特
Oporto	波尔图
Cross	克罗斯
Porchester	波切斯特
Stapleton	斯特普尔顿

Rodrigo	罗德里戈城
David Baird	戴维・贝尔德
Sir James Lieth	詹姆斯・利特爵士
William Bentinck	威廉・本廷克
Frederick Maitland	弗雷德里克・梅特兰
John Murray	约翰・默里
Tarragona	塔拉戈纳
Doyle	多伊尔
Skerret	斯凯雷
Sir Home Riggs Popham	霍姆・里格斯・波帕姆爵士
Andrew Thomas Blayney	安德烈・托马斯・布莱尼
Stuart	斯图尔特
Sir Charles Vaughan	查尔斯・沃恩爵士
Baron Cowley	考利男爵
Henry Wellesley	亨利・韦尔斯利
Madrid	马德里
Seville	塞维利亚
Cadiz	加的斯
Library of All Souls' College Oxford	牛津大学万灵学院图书馆
Archives Nationales	国家档案馆
Battle of Ocaña	奥卡尼亚战役
Juan Carlos de Areizaga	胡安・卡洛斯・德・阿雷萨加
Spanish Ministry of War	西班牙战争部
Vittoria	维多利亚
Corunna	科鲁尼亚
James Wilmot Ormsby	詹姆斯・威尔莫特・奥姆斯比
Robert Ker-Porter	罗伯特・克尔－波特
Journals of the Campaign of 1808-09	《1808 年到 1809 年战事日志》
Hawkers	霍克斯
Journal of the Talavera Campaign	《塔拉韦拉战事日志》
Stothert	斯托瑟特

Diary of 1809-11	《1809 年到 1811 年日记》
Daniel MacKinnon	丹尼尔・麦金农
Light Dragoons	轻龙骑兵团
William Tomkinson	威廉・汤姆金森
George Simmons	乔治・西蒙斯
A British Rifle Man	《一名英国步兵》
Sir William Maynard Gomm	威廉・梅纳德・戈姆爵士
Sir George Warre	乔治・沃尔爵士
Francis Seymour Larpent	弗朗西斯・西摩・拉尔庞
Private Journal	《私人日志》
Tory	托利党
Earl of Clarendon	克拉伦登伯爵
Edward Hyd	爱德华・海德
History of the Great Rebellion	《大起义史》
Robert Southey	罗伯特・骚塞
Charles Stewart	查尔斯・斯图尔特
Maximilien Sebastien Foy	马克西米利安・塞巴斯蒂安・富瓦
Amédée Girod de l'Ain	阿梅代・吉罗・德莱恩
Jean-Baptiste Jourdan	让－巴普蒂斯特・茹尔当
Guerre d'Espagne	《西班牙战争》
Vicomte de Grouchy	格鲁希子爵
Baron Ducasse	迪卡斯男爵
Pierre Emmanuel Albert	皮埃尔・埃马纽埃尔・阿尔贝
André Masséna	安德烈・马塞纳
Auguste de Marmont	奥古斯特・德・马尔蒙
Laurent de Gouvion Saint-Cyr	洛朗・德・古维翁・圣西尔
Louis-Gabriel Suchet	路易・加布里埃尔・絮歇
Catalonia	加泰罗尼亚自治区
Paul Thiébault	保罗・蒂埃博
Jean-Andoche Junot	让－安多什・朱诺
Lapéne	拉佩纳

Conquête d'Andalousie en 1810-12	《1810 年到 1812 年安达卢西亚征服》
Campagnes de 1813-14	《1813 年到 1814 年战争》
Schepeler	舍佩勒
Riegel	里格尔
Conde de Toreno	孔德·德·托雷诺
Marquis of La Romana	拉·罗马尼亚侯爵
Pedro Caro	佩德罗·卡洛
José Accursio das Neves	何塞·阿库尔西奥·达斯·内维斯
Lines of Torres Vedras	托里什韦德拉什防线
Sir John Jones	约翰·琼斯爵士
Jacques Belmas	雅克·贝尔马
John Leslie	约翰·莱斯利
Dickson Papers	《亚历山大·迪克森文集》
Robert Blakeney	罗伯特·布莱克尼
Michel Ney	米歇尔·奈伊
Sprünglin	斯普里克林
Guillaume-Mathieu Dumas	纪尧姆－马蒂厄·迪马
Jonathan Leach	乔纳森·利奇
Rough Sketches of the Life of an Old Soldier	《一位老兵的生命草图》
Leslie of Balquhain	巴克哈的莱斯利
Military Journal	《军事日志》
Sir George Bell	乔治·贝尔爵士
Rough Notes of Fifty Years' Service	《五十年军事生活概述》
Sir John Bell	约翰·贝尔爵士
The Subaltern	《中尉》
Paxos	帕克西岛
Richard Hennegan	理查德·亨尼根
Seven Years of Campaigning	《七年战争》
Gebhard Leberecht von Blücher	格布哈特·莱贝雷希特·冯·布吕歇尔
Dos de Mayo Uprising	多斯德玛约起义
Moscow	莫斯科

Poltava	波尔塔瓦
Austerlitz	奥斯特里茨
Satschan	萨尚湖
William Grattan	威廉·格拉顿
Adventures With the Connaught Rangers	《康诺特别动队冒险》
Battle of Salamanca	萨拉曼卡战役
Fuentes	丰特斯
Salamanca	萨拉曼卡
Moyle Sherer	莫伊尔·谢勒
Recollections of the Peninsula	《伊比利亚半岛回忆录》
John Kincaid	约翰·金凯德
Adventures in the Rifle Brigade	《步枪旅的冒险经历》
Sir Harry Smith	哈里·史密斯爵士
Autobiography	《自传》
Charles Lever	查尔斯·利弗
Charles O'Malley	《查尔斯·奥马利》
Joseph Donaldson	约瑟夫·唐纳森
The Eventful Life of a Soldier	《一个士兵的多事之秋》
Costello	科斯特洛
Rifle Brigade	步兵旅
William Lawrence	威廉·劳伦斯
John Spencer Cooper	约翰·斯潘塞·库珀
Jean-Baptiste Lemonnier-Delafosse	让－巴普蒂斯特·勒莫尼耶－德拉福斯
Souvenirs Militaires	《军事记忆》
Le Havre	勒阿弗尔
Battle of Oporto	波尔图战役
Alfred Armand Robert Saint Chamans	阿尔弗雷德·阿蒙·罗贝尔·圣沙芒
Pierre François Guingret	皮埃尔·弗朗索瓦·金格雷特
D'Illens	德伊伦
François Vigo-Roussillon	弗朗索瓦·维戈－鲁西永
Denis-Charles Parquin	德尼－夏尔·帕尔坎

Boulogne	布洛涅
Rocca	罗卡
Gonneville	戈纳维尔
Granada	格拉纳达
Richard Cannon	理查德·坎农
London Gazette	《伦敦公报》
Greenhill Gardyne	格林希尔·加戴恩
The Life of a Regiment	《团史》
William Henry Cope	威廉·亨利·科普
History of the Rifle Brigade	《步枪旅史》
William Moorsom	威廉·穆尔森
John Davis	约翰·戴维斯
History of the 2nd Foot	《第二步兵团史》
John James Hamilton	约翰·詹姆斯·汉密尔顿
14th Hussars	《第十四轻骑兵团》
Edward Charles Whinyates	爱德华·查尔斯·威因亚特斯
From Corunna to Sebastopol	《从科鲁尼亚到塞瓦斯托波尔》
Sir Alexander Dickson	亚历山大·迪克森爵士
Olivenza	奥利文萨
Royal Engineers	英国皇家工程兵团
Thomas William John Connolly	托马斯·威廉·约翰·康诺利
History of the Royal Sappers and Miners	《英国皇家工兵和矿工史》
Burgoyne	伯戈因
Landmann	兰德曼
North Ludlow Beamish	诺思·拉德洛·比米什
History of the King's German	《英王德意志军团史》
Captain Schwertfeger	施韦特费格上尉
Geschichte der Königlich Deutschen Legion	《德意志军团》
Colonel Kortfleisch	科尔泰伊施上校
Andrew Halliday	安德鲁·哈利迪
Present State of Portugal	《葡萄牙现状》

Excerptos Historicos	《历史摘录》
Teixeira Botelho	特谢拉·博特略
Memoirs of Bunbury	《托马斯·邦伯里回忆录》
Blakiston	布莱基斯顿
Alexander Marin Delavoye	亚历山大·马林·德拉瓦
Tudela	图德罗
Heaton Bowstead Robinson	希顿·鲍斯特德·鲁滨逊
Memoirs of Sir Thomas Picton	《托马斯·皮克顿爵士的回忆录》
Edwin Sidney	埃德温·悉尼
Life of Lord Hill	《罗兰·希尔子爵传》
Rowland Hill	罗兰·希尔
John William Cole	约翰·威廉·科尔
Viscount of Combermere	康伯米尔子爵
Stapleton Cotton	斯特普尔顿·科顿
Lady Combermere	康伯米尔夫人
William Knolly	威廉·诺利
John Le Marchant	约翰·勒·马尔尚
Andrew Leith Hay	安德鲁·利特·海
Robert Rait	罗伯特·雷特
Viscount Gough	高夫子爵
Hugh Gough	休·高夫
Moore Smith	穆尔·史密斯
Baron Seaton	西顿男爵
John Colborne	约翰·科尔伯恩
Sir Denis Pack	丹尼斯·帕克爵士
Sir John Frederick Maurice	约翰·弗雷德里克·莫里斯爵士
José Gómez de Arteche	何塞·戈麦斯·德·阿特切
Luz Soriano	卢斯·索里亚诺
Colonel Balagny	巴拉尼上校
Dupont Campaign	杜邦战役
Colonel Titeux	蒂特上校

Charles Clerc	夏尔・克莱尔
Great Duke	大公
Marquess Wellesley	韦尔斯利侯爵
Richard Wellesley	理查德・韦尔斯利
Battle of Vimeiro	维梅鲁战役
Chief Secretary of Ireland	爱尔兰事务大臣
Royal Commission	皇家委员会
Brussels	布鲁塞尔
Great Park	大公园
Sir James McGrigor	詹姆斯・麦格雷戈爵士
Colonel Henderson	亨德森上校
Sir William Erskine	威廉・厄斯金爵士
Trip	特里普
Battle of Fuentes de Oñoro	丰特斯－德奥尼奥罗战役
Imperial Guard	帝国卫队
British Guards	英国卫队
Frederick Roberts	弗雷德里克・罗伯茨
Gregorio García de la Cuesta	格雷格里奥・加西亚・德・拉・奎斯塔
Iberian Peninsula	伊比利亚半岛
Duc de Belluno	贝卢诺公爵
Claude Victor-Perrin	克劳德・维克托－佩兰
Battle of Medellín	麦德林战役
Memorandum on the Defence of Portugal	《葡萄牙国防辩护备忘录》
Tagus	塔古斯
George Canning	乔治・坎宁
Battle of Wagram	瓦格拉姆战役
Andalusia	安达卢西亚
Colonel Richard Fletcher	理查德・弗莱彻上校
Colquhoun Grant	科洪・格兰特
John Waters	约翰・沃特斯
Battle of Sorauren	索劳伦战役

Battle of Pyrenees	比利牛斯战役
Fuente Guinaldo	丰特·吉纳尔多
Battle of Assay	阿萨依战役
Frederick the Great	腓特烈大帝
Arapiles	阿拉皮莱斯
Joseph Souham	约瑟夫·苏阿姆
Castille	卡斯蒂尔
Battle of the Nive	尼夫河战役
War of the Austrian Succession	奥地利公国继承战争
Rossbach	罗斯巴赫
Leuthen	卢森
Battle of Torgau	托尔高战役
Maurice de Sax	莫里斯·德·萨克斯
Battle of Roucoux	鲁克斯战役
Fontenoy	丰特努瓦
Duc de Broglie	布罗伊公爵
Victor-François	维克多－弗朗索瓦
Duke Ferdinand	斐迪南公爵
Comte de Guibert	吉贝尔伯爵
Jacques Antoine Hippolyte	雅克·安托万·伊波利特
François-Jean de Mesnil-Durand	弗朗索瓦－让·德·梅尼－迪朗
Rhine	莱茵河
Belgium	比利时
National Assembly	国民议会
Flanders	佛兰德斯
Marengo	马伦戈
Louis Desaix	路易·德塞
Lazare Hoche	拉扎尔·奥什
Jean Victor Marie Moreau	让·维克托·马里·莫罗
Reglement d'Infanterie	《步兵条例》
Jena	耶拿

Wagram	瓦格拉姆
Borodino	博罗季诺
Bautzen	包岑
Tagliamento	塔利亚门托河
Jean Lannes	让・兰内
Eylau	艾劳
Pierre Augereau	皮埃尔・奥热罗
Friedland	弗里德兰
MacDonald	麦克唐纳
Louis Friant	路易・弗里昂
Sicily	西西里岛
Simcoe's Rangers	西姆科的突击队
Royal Americans	皇家美国团
Coote Manningham	库特・曼宁厄姆
Experimental Rifle Corps	实验性步枪军
Perthshire Light Infantry	珀斯郡轻步兵团
Peninsular Light Division	伊比利亚半岛军队轻型师
Light Battalion	轻型营
Brunswick Oels Jägers	不伦瑞克・奥尔斯猎兵团
Chasseurs Britanniques	不列颠猎兵
Battle of Maida	梅达战役
David Dundas	戴维・邓达斯爵士
Ralph Abercrombie	拉尔夫・阿伯克龙比
Battle of Calabria	卡拉布里亚战役
Jean Reynier	让・雷尼耶
Kempt	肯普
Oswald	奥斯瓦尔德
Calcutta	加尔各答
Vimeiro	维梅鲁
John Wilson Croker	约翰・威尔逊・克罗克
Battle of Flanders	佛兰德斯战役

Edward Michael Pakenham	爱德华·麦可尔·帕克南
Hougoumont	霍格蒙特
La Haye Sainte	拉艾－圣特
Ligny	利尼
Quatre Bras	卡特勒布拉斯
Honoré Charles Reille	奥诺雷·夏尔·雷耶
Egyptian Expedition	埃及远征
Caçador	卡加多营
Sir Robert Thomas Wilson	罗伯特·托马斯·威尔逊爵士
Loyal Lusitanian Legion	卢西坦军团
Abrantes	阿布兰特什
Serra	达塞拉
François Christophe de Kellermann	弗朗索瓦·克里斯托夫·德·凯勒曼
Leval	莱瓦尔
Pierre Hugues Victoire Merle	皮埃尔·于格·维克图瓦·梅勒
Bussaco	布萨科
François Jean Werlé	弗朗索瓦·让·韦勒
Battle of Sabugal	萨布加尔战役
Turón	图龙
Ferme de la Papelotte	帕佩洛特农场
William Stewart	威廉·斯图尔特
Jean-Baptiste Drouet d'Erlon	让－巴普蒂斯特·德鲁埃·德隆
Thomas Robert Bugeaud	托马·罗贝尔·比若
Castalla	卡斯塔利亚
Battle of Ordal	奥德尔战役
Orthez	奥尔泰兹
Toulouse	图卢兹
Champagne	香槟地区
New Castile	新卡斯蒂尔
La Mancha	拉曼查
Estremadura	埃斯特雷马杜拉

Aragon	阿拉贡
Ebro	埃布罗
Guadalquivir	瓜达尔基维尔河流域
Calabria	卡拉布里亚
Bay of Biscay	比斯开湾
Astorga	阿斯托加
Almeida	阿尔梅达
Blenheim	布莱尼姆
Dresden	德累斯顿
Battle of Gebora	盖博劳战役
Battle of Saguntum	萨古图姆战役
Battle of Margalef	马加莱夫战役
William Moundy Harvey	威廉・蒙迪・哈维
El Bodon	埃尔博登
Battle of Barquilla	巴基利亚战役
Garcia Hernandez	加西亚・埃尔南德斯
History of the German Legion	《德意志军团史》
Captain Gleichen	格莱亨上尉
Eberhardt Otto George von Bock	埃博哈特・奥托・乔治・冯・博克
William Lumley	威廉・拉姆利
Usagre	乌萨格雷
Battle of Venta del Pozo	文塔・德尔・波索战役
Assaye	阿萨耶
Earl Russell	拉塞尔伯爵
John Russell	约翰・拉塞尔
Campo Mayo	坎波马约尔
Battle of Maguilla	马吉利亚战役
Sir John Slade	约翰・斯莱德爵士
Charles Lallemand	夏尔・拉勒芒
William Long	威廉・朗
Bhurtpore	婆罗尔多布

Marquess of Anglesey	安格尔西侯爵
Henry Paget	亨利·佩吉特
Sahagún	萨阿贡
Benevente	贝内文特
Earl of Uxbridge	阿克斯布里奇伯爵
Battle of Usagre	乌萨格雷战役
Joseph Deni-Picard	约瑟夫·德尼－皮卡尔
Histoire de la Cavalerie	《骑兵史》
George Allan Madden	乔治·艾伦·马登
Loftus William Otway	洛夫特斯·威廉·奥特威
Villadrigo	维拉德里戈桥
Colonel Faverot	法弗罗上校
Foz d'Arouce	福斯·德·阿鲁斯
Jean-Baptiste Girard	让·巴普蒂斯特·吉拉尔
André François Bron de Bailly	安德烈·弗朗索瓦·布龙·德·巴依
Elvas	埃尔瓦什
Woodbridge Suffolk	萨福克的伍德布里奇
Águeda	阿格达
Azava	阿扎瓦
Iron Duke	铁公爵
Mr. Pickwick	皮克威克先生
Daddy Hill	希尔老爹
Bayonne	巴约讷
Nive	尼夫河
Marquess of Waterford	沃特福特侯爵
George Beresford	乔治·贝雷斯福德
Cape of Good Hope	好望角
Buenos Ayres	布宜诺斯艾利斯
Bordueax	波尔多
Thomas Gainsborough	托马斯·庚斯博罗
Lady Mary Graham	玛丽·格雷厄姆夫人

Riviera	里维埃拉
Methven	梅斯文
Earl of Mulgrave	马尔格雷夫伯爵
Henry Phipps	亨利·菲普斯
Toulon	土伦
Julius Caesar	尤利乌斯·凯撒
Oliver Cromwell	奥利弗·克伦威尔
Perthshire Volunteers	珀斯郡志愿者团
Johann Peter Beaulieu	约翰·彼得·博利厄
Dagobert Sigmund von Wurmser	达戈贝特·西格蒙德·冯·乌尔姆泽
Duke of Teschen	泰申公爵
Archduke Charles	查理大公
Minorca	梅诺卡岛
Malta	马耳他
Battle of Tudela	图德拉战役
Manuel Lapeña	曼努埃尔·拉佩尼亚
Bergen-op-Zoom	贝亨奥普佐姆
Duke of Queensberry	昆斯伯里公爵
Henry Scott	亨利·斯科特
Colonial Office	殖民地部
Colonel Fullarton	富勒顿上校
Peace Treaty of Amiens	《亚眠和约》
Connaught footpads	康诺特强盗
Battle of Quatre Bras	卡特勒布拉斯战役
Mont St.Jean	圣约翰山
John Coape Sherbrooke	约翰·科普·舍布鲁克
James Archibald Hope	詹姆斯·阿奇博尔德·霍普
Elba	厄尔巴岛
Coburg	科堡
Frieherr von Hotze	弗里德里希·冯·霍策
William Pitt the Younger	小威廉·皮特

Viscount of Melvile	梅尔维尔子爵
Henry Dundas	亨利・邓达斯
Viscount Sidmouth	西德默斯子爵
Henry Addington	亨利・阿丁顿
William Windham	威廉・温德姆
Cape Horn	合恩角
Strait of Magellan	麦哲伦海峡
John Whitelocke	约翰・怀特洛克
Shaw Kennedy	肖・肯尼迪
Combat of Côa	科阿之战
Burgos	布尔戈斯
Charles Count Alten	阿尔滕伯爵查尔斯
Archibald Campbell	阿奇博尔德・坎贝尔
Daniel Howans	丹尼尔・霍万斯
Hamilton Wade	汉密尔顿・韦德
Saturday Review	《周六评论》
Fusilier Brigade	燧发枪旅
James Kempt	詹姆斯・肯普
Edward Barns	爱德华・巴恩斯
William Hay	威廉・海
Robert Ross	罗伯特・罗斯
Colin Halkett	柯林・霍尔基特
Earl of Stafford	斯塔福德伯爵
John Byng	约翰・宾
Andrew Barnard	安德鲁・巴纳德
Potomac	波托马克
Chesapeake	切萨皮克
Sabugal	萨布格尔
Gazette	《公报》
Military Secretary	军事秘书
Quartermaster-General	军需处长

Adjutant-General	副官长
James Bathurst	詹姆斯・巴瑟斯特
Baron Raglan	拉格伦男爵
Fitzroy Somerset	菲茨罗伊・萨默塞特
Lord Raglan of the Crimean War	克里米亚战争的拉格伦勋爵
Truxillo	特鲁西略
Mérida	梅里达
George Murray	乔治・默里
James Gordon	詹姆斯・戈登
Alexander Gordon	亚历山大・戈登
Marquess of Londonderry	伦敦德里侯爵
Charles Vane	查尔斯・文
August Neidhardt von Gneisenau	奥古斯特・奈德哈特・冯・格奈泽瑙
Helmuth von Moltke the Elder	老赫尔穆特・冯・毛奇
Royal Artillery	皇家炮兵
Edward Howarth	爱德华・豪沃思
William Borthwick	威廉・博斯威克
Framingham	弗拉明汉
Royal Military Artificers	皇家军事工兵
Royal Sappers and Miners	皇家工兵和矿工
St. Sebastian	圣塞巴斯蒂安
William George Keith Elphinstone	威廉・乔治・基思・埃尔芬斯通
Provost Marshal	宪兵司令
Corps of Guides	军团指挥部
Judge-Advocate-General	法官－检察长
Prince of Orange	奥兰治亲王
William II	威廉二世
Henry Cadogan	亨利・卡多根
Medical department	医疗部门
Inspector of Hospital	医院督察
Purveyor's Department	供应部门

Paymaster-General	支付总长
Doubloon	达布隆
Robert Kennedy	罗伯特·肯尼迪
John Bisset	约翰·比塞特
Storekeeper-General	仓库管理员
Low Countries	低地国家
Mondego River	蒙德古河
Hew Whitefoord Dalrymple	休·怀特福德·达尔林普尔
Baronet Lymington	莱明顿男爵
Harry Burrand	哈里·伯拉德
Thomar	托马尔
William Payne	威廉·佩恩
John Randoll MacKenzie	约翰·兰道尔·麦肯齐
Guadiana	瓜迪亚纳
Douro	杜罗河
Francis John Coleman	弗朗西斯·约翰·科尔曼
Thomas Bradford	托马斯·布拉德福德
Santarém	圣塔伦
Mongrels	蒙古人
Battle of Arroyo dos Molinos	莫利诺斯河战役
Almaraz	阿尔马拉斯要塞
Redinha	雷迪尼亚
Baron Aylmer	艾尔默男爵
Matthew Whitworth-Aylmer	马修·惠特沃思－艾尔默
Kenneth Alexander Howard	肯尼思·亚历山大·霍华德
Charles Ashworth	查尔斯·阿什沃思
Foot Guards	警卫步兵团
The Coldstream Guards	冷溪近卫团
Scot Fusiliers	苏格兰燧发枪兵团
Bermuda	百慕大
House of Commons	下议院

Coimbra	科英布拉
Walcheren	瓦尔赫伦
Guadiana	瓜迪亚纳
Caya	卡亚
Cimitière	西米蒂艾尔
Frederick Adam	弗雷德里克・亚当
John Ormsby Vandeleur	约翰・奥姆斯比・范德勒
William Wallace	威廉・华莱士
Earl of Winchelsea	温奇尔西伯爵
George Finch-Hatton	乔治・芬奇－哈顿
High Wycombe	海威科姆
Royal Military College	皇家军事学院
Sandthurst	桑德赫斯特
Belém	贝伦
Warren Marmduke Peacocke	沃伦・马杜克・皮科克
Lugo	卢戈
Betanzos	贝坦索斯
Masterson	马斯特森
John Shipp	约翰・希普
Ghoorkha War	古尔卡战争
Bristol	布里斯托尔
Glasgow	格拉斯哥
King's County Militia	国王县民兵
Huntingdonshire Regiment	亨廷登郡团
East Middlesex Regiment	东米德尔塞克斯团
Mayo	梅奥
Northampton	北安普顿
South Lincoln Militia	南林肯民兵组织
Middlesex Militia	米德尔塞克斯民兵
Shropshire Regiment	什罗普郡团
Dorset	多塞特郡

Montgomery	蒙哥马利
Royal Lincoln	皇家林肯团
King's County	国王县
South Devon	南德文郡
Montgomery Militia	蒙哥马利民兵组织
Lotharios	罗塞里奥斯
Cashel	卡舍尔
Deal	迪尔
St-Jean-de-Lu	圣让・德吕兹
Spithead	斯皮德
Hanoverians	汉诺威王室
Earl of Chatham	查塔姆伯爵
William Pitt	威廉・皮特
Hessians	黑森士兵
Hanover	汉诺威
Duke of Trévise	特雷维斯公爵
Édouard Mortier	爱德华・莫尔捷
Convention of Lauenburg	《劳恩堡公约》
Earl Cathcart	卡思卡特伯爵
Charles Cathcart	查尔斯・卡思卡特
Weser	威悉河
Bremen	不来梅
Verden an der Aller	阿勒尔河畔的费尔登
Stade	施塔德
Jérome Bonaparte	热罗姆・波拿巴
Kingdom of Westphalia	威斯特伐利亚王国
Stralsund	斯特拉松德
Baltic	波罗的海
Rheinbund	莱茵邦联
Illyrians	伊利里安人
Duke of Brunswick-Wolfenbüttel	不伦瑞克－沃尔芬比特尔公爵

Frederick William	腓特烈・威廉
Duchy of Brunswick and Lüneburg	不伦瑞克和卢嫩堡公国
Brake	布拉克
Bourbons	波旁家族
Minorca Regiment	梅诺卡团
Queen's Germans	女王的德意志人
Francis De Rottenbourg	弗朗西斯・德・罗滕堡
William Gabriel Davy	威廉・加布里埃尔・戴维
Carter	卡特
Biscoe	比斯科
Wilson	威尔逊
Lyon	里昂
Peniche	佩尼谢
Alemtejo	阿伦特约省
Beira	贝拉省
Entre-Douro-e-Minho	米尼奥－杜罗－间省
Tras-os-Montes	山后地区
Battle of Fuente del Maestre	丰特・德尔・马埃斯特雷战役
Battle of Majadahonda	马哈达洪达战役
Ordenança	全民游击队
Count of Amarante	阿马兰特伯爵
Nicholas Trant	尼古拉斯・特兰特
Guarda	瓜达
Articles of War	《战争条款》
Giron	基隆
Jaraicejo	哈赖霍塞
St. João da Pesqueira	圣若昂・达・佩斯凯拉
Charles Reilly	查尔斯・赖利
Selected General Orders	《一般命令选编》
October Minute	十月会议纪要
Biddy Flyn	毕蒂・弗林

Dan Skiddy	丹・斯基迪
Captain Currie	柯里上尉
Mrs Dalbiac	多比亚克夫人
James Charles Dalbiac	詹姆斯・查尔斯・多比亚克
Ladysmith	莱迪史密斯镇
Harrismith	哈里史密斯镇
Louis-François Lejeune	路易－弗朗索瓦・勒热纳
Flushing	法拉盛
Braganza	布拉干萨王朝
San Cristóbal	圣克里斯托瓦尔
Villa da Ponte	维拉・达・庞特
Lamego	拉梅戈
General Walker	沃克将军
Sébastien Le Prestre de Vauban	塞巴斯蒂安・勒・普雷斯特・德・沃邦
Maguire	马奎尔
Mont-de-Marsan	蒙德马桑
Hanoverians	汉诺威团
George Augustus Frederick	乔治・奥古斯塔斯・腓特烈
Maurice Quill	莫里斯・奎尔
Major Davy	戴维少校
Celorico	塞洛里库
Portalegre	波塔莱格雷
Villa de Ponte	维拉・德・庞特
Castro De Alva	卡斯特鲁・德・阿尔瓦
Peso Da Regoa	佩索・达・雷加
Santander	桑坦德
Alva	阿尔瓦
Sierra Morena	谢拉莫雷纳山脉
John Wesley	约翰・卫斯理
Notre Dame	圣母院
Pierre Gaspard Chaumette	皮埃尔・加斯帕尔・肖梅特
Jacques HéBert	雅克・埃贝尔